U0154399

中共政治改革的邏輯：

【四川、廣東、江蘇的個案比較】　蔡文軒／著

chung/Guangdong/Jiangsu

經「中國大陸研究」審查通過

推薦序

　　這本書是由文軒的博士論文所改寫。本人身為文軒的指導教授，看著此書從起稿、修正、成書，甚感欣慰。本書的寫作過程雖然只有兩年，但從問題的構思、研究設計、撰寫，佔去了文軒大部分的博士生涯。期間，我們針對部分關鍵性的議題，做了充分的討論。我相信，藉由本書的出版，可以為中國政治研究的領域，提供一本可以審思的作品。

　　本書回答了一個學界鮮少注意的問題，那就是中國大陸各省之間，為何會推動不同模式的政治改革？作者揚棄了過去文獻慣有的寫作方式，也就是從中央的角度去看待政改，而將焦點放在省際的比較，並對於這個問題提出解釋。這是本書的創新之處。另外，本書提出「政績」與「派系」的解釋，實際上是屬於「正式制度」與「非正式制度」的範疇，這也是政治學在看待中共政治的兩大途徑。這兩個解釋項，承襲了中共政治研究的傳統，作者並做了適度的調和。這是本書另一個值得品味的地方。

　　文軒對於本書的資料整理，顯然是下過功夫。過去我們發現中共政治研究的部分文獻，其理論精湛，但論證的資料稍嫌不足；抑或擁有極為翔實的資料，但欠缺宏觀的分析架構與理論探討。本書不但有一個創新的架構，還可以看到文軒對於實證資料整理的用心。本書引用的原始資料主要來自於省級與地方的報刊，作者透過耐心的閱讀並做出時序整理。在2009年3月間，我們一同前往香港中文大學蒐集資料。我看到文軒在中大「中國研究服務中心」的工作情形。他從堆滿報紙的書庫，搬出江蘇的「新華日報」，再依據研究所需的時段，依次閱讀、影印。文軒透過質性研究的方式，來還原四川、廣東、江蘇的

政改歷程，並整理出有意義的歷史敘事。這是一項非常不容易的工作。

　　我相信對於中國政治發展有興趣的讀者們，能夠藉由本書閱讀，發現一個存在於四川、廣東、江蘇的有趣故事，也就是中央與地方菁英，是如何透過理性的判斷，將政改做為推動仕途發展的捷徑。簡言之，本書跳脫傳統文獻的寫作模式，另闢蹊徑，並提煉出令人印象深刻的理論。本人願意將此書推薦給學界，以及對中共政治有興趣的朋友，並期許文軒在未來能更上層樓，產出更多的著作。

寇健文

政治大學政治系教授

2011/4/18

自序

　　本書是由筆者在政治大學東亞研究所的博士論文修改而成。該書的內容，記錄了我在東亞研究所博士班時期的一段思索過程。本書的架構建立、資料蒐集、理論驗證，以及內容的撰寫，都讓筆者倍感壓力。從碩士班開始，我就明白自己的資質並非特別突出，一個很簡單的問題，往往要思考很久才想得通。本書的諸多關鍵問題，筆者也是反覆推敲才逐漸釐清。縱使本書的許多內容尚有可改進之處，但就現今的個人能力而言，實際上只能做到這個程度。如有讀者在閱讀此書時，發現任何缺失，歡迎來信指正。未來若有機會改版，筆者必將針對本書的不足之處，就教更多學術先進，以求精益求精。

　　本書在於回答一個顯而易見的問題：為何中國大陸一些省份所出現的大規模政治改革，其模式與進程都不盡相同？筆者在本書當中，試圖結合「政績」與「派系」的因素，來提出一個解釋架構。在浩卷繁帙的文獻中，我們往往可以看到學者多從中央的角度，去描繪中共推行了何種政治改革，但卻欠缺從地方比較的角度，去剖析這個問題。如果中央有一套既定政改方針，那何以地方會呈現出不同類型的政治發展？只要我們仔細思考這個問題，就會發現似乎有一些特殊的因素，制約著中央、地方領導人對於政治改革的認知與方針。這些特殊的因素究竟是什麼？筆者反覆思索了近三年，並將這段日子的「愚者之得」寫成本書。

　　本書是在政治大學政治系寇健文教授的指導下所撰寫。自碩士班時期，寇老師就提供筆者長期的工讀機會，使筆者無經濟壓力。寇老師對於論文品質的要求與把關的嚴謹，讓筆者不敢絲毫懈怠。博士論文從初稿到定版，前後被

寇老師退回數次。每次的退稿，更讓筆者反覆思索理論的不足之處，以督促修改。在此，謝謝寇老師在百忙當中，仍願意撥冗指導，並允許筆者得以選擇喜歡的研究主題與寫作方式。此外，筆者也感謝寇老師願意為本書撰寫推薦序。

幾位老師的提攜與指導，也是令筆者難以忘懷的。口試委員楊開煌老師、吳玉山老師、徐斯儉老師、張執中老師，針對筆者原稿提出了許多建設性的建議與質疑，令筆者感到受益匪淺。邱坤玄所長是東亞所的大家長，所長的處世風範一直是筆者敬仰的對象。關向光老師是筆者碩士班的指導老師，筆者永遠感念關老師對筆者的照顧。李英明老師是帶領筆者踏進中國大陸研究領域的入門老師，碩士班時期上李老師的中共意識型態課程，其回憶仍是歷歷在目。政大國發所的趙建民老師對於中共黨政事務的熟悉，是筆者常常請益的對象。遠在上海財經大學的耿曙老師，也是筆者的啟蒙老師。耿老師對於研究方法與論文寫作的指導，是筆者在學生時期的另一個收穫。冷則剛老師、王信賢老師、陳至潔老師為本書寫的推薦語，更令拙作增色不少，筆者在此要一併致謝。

許多機構對於本書的幫助，是筆者永遠感謝的。政治大學國關中心的「中國大陸研究」期刊，願意審查本書，並提供許多翔實的改進建議。筆者要感謝期刊主編丁樹範老師與執編黃純珊小姐的協助，以及國科會社科中心補助審查經費。中研院政治所籌備處給與筆者一年的培育經費，讓筆者專心撰寫博士論文，筆者感謝吳玉山主任與政治所的諸位師長，願意給與筆者這個難得的機會。筆者曾在2008年透過陸委會的「中華發展基金」，赴上海社科院進行一個多月的資料蒐集與訪談。在此，筆者謝謝陸委會的資助，以及陳德昇老師運用在大陸的豐沛人脈，為這個敏感的研究主題，找到接待單位與指導老師。最後，筆者感謝五南圖書允諾出版該書，以及劉靜芬主編與李奇蓁小姐的行政協助。

筆者自碩士班起，在東亞所求學近八年，對於東亞所有著深厚的感情。筆者感謝東亞所的師長、學長、同學以及學弟妹，陪伴這八年的歲月。筆者也誠心期盼，東亞所永遠是國內在中國研究方面的翹楚。在師長與學長的帶領下，共同為台灣的中國研究而努力。千言萬語訴之不盡，筆者永遠以東亞所為榮！

本書能夠完成，筆者還要感謝家人的諒解與協助。謝謝父母的養育之恩，以及這幾年對筆者學術之路的支持。愛妻張怡倩女士，是我此生最佩服的人。全世界大概只有她才能忍受我的個性。在研究煩悶之餘，怡倩總是想辦法幫我抒解壓力，或是煮美味的點心給我品嚐，或陪我聊天，或一塊遊山玩水、逛街、看電影。學術是孤寂的道路，但有怡倩的陪伴，生活總是充滿溫馨。筆者願意將本書獻給敬愛的父母與愛妻，感謝他們為我做的一切。

蔡文軒
2011/2/23

目次
CONTENTS

表次
CONTENTS

圖次
CONTENTS

第 一 章 「最高領導人」調控下的政治改革

　　在1997年的十五大，中共開啟了另一扇政治改革的「機會之窗」
（windows of opportunity）。當江澤民提出要「高舉鄧小平理論偉大旗幟」之
時，[1]層峰菁英正面對國內外經社環境的巨變。這批「後革命世代」在欠缺偉
人餘蔭的庇佑下，希望能透過政治改革，來調適新時代的政局。學界對於中共
的政治改革曾做了許多探討，但本研究的關懷，在於解釋一個有趣但被忽視的
現象：中央決定發動政治改革後，為何各省份的政改會出現不同的類型？中共
向來強調「全國一盤棋」的決策，在「統一安排」的原則下，調動地方的積極
性。[2]對於政治改革而言，中央是如何調控地方的積極性，使得地方領導人能
因地制宜的選擇不同改革路徑？筆者希望對於這個問題提出一套整體的因果解
釋，並做出學理上的貢獻。

第一節　研究問題

　　在本節當中，筆者將明確指出本研究的問題意識。此外，筆者將檢閱目
前的文獻，是否無法回答筆者所關注的問題：為何各地政治改革的模式不盡相
同？如果文獻欠缺合理的解釋，則我們應該進行更全面性的理論建構。

1　江澤民，「高舉鄧小平理論為大旗幟，把建設有中國特色社會主義事業全面推向二十一世
　　紀」（1997年9月12日），中共中央文獻研究室（編），**十五大以來重要文獻選編（上）**
　　（北京：人民出版社，2000年），頁1。
2　「全國一盤棋」，人民日報，1959年2月24日，第1版。

一、解釋地方政改模式為何迥異？學界所忽略的問題

本研究的問題意識，在於回答：是什麼因素，導致中國大陸各省份的政治改革，呈現出不同的類型？如果中央有統一的政改方略，那為何地方會在底下，競相選擇不同的改革路徑？為了針對這個議題做回答，我們先來檢閱文獻對於政改的探討，並探求是否能夠在學者的論點中，汲取本書所需的養分。

學界對於中國大陸政治改革的討論頗多，但這些文獻多是描述性質，[3]較少從「解釋」的角度去進行分析。此外，這些文獻多從全國整體性的角度去討論政改。詳閱其論點，主要為中共的政改受到中國文化傳統以及中共革命歷史經驗的影響，使得政治改革不會朝向西方「三權分立」的路徑前進。[4]但這種論點無法說服我們，為何同受儒教文明與中國近代記憶瀰沾的中華大地，省級政改的進程和模式並不相同？如果我們從省級比較的觀點來剖析政改的模式，會發現這種全國性的文化／歷史解釋論，存在著相當的侷限性。

除了全國整體性的文獻外，學界對於地方政改的探討亦有著墨。自1990年代末期以降，曾經引起學界重視的政治改革甚多，包括村委會選舉、鄉鎮領導的直選和公推公選、黨內民主、依法行政等。[5]學界對於這些政改的討論，常聚焦於一個「試點」的細微探討。[6]但即便我們深入的耙梳這些「試點」的

---

[3] 這類文獻甚多，中國大陸出版的相關文獻多屬此類。例如：王長江，**中國政治文明視野下的黨的執政能力建設**（上海：上海人民出版社，2005年）；高放，**中國政治體制改革的心聲**（重慶：重慶出版社，2006年）；周天勇等（編），**攻堅：十七大後中國政治體制改革研究報告**（五家渠：新疆生產建設兵團出版社，2007年）。

[4] 這方面的文獻從歷史、文化解釋的角度，去探討中共政改的未來，可參見Andrew J. Nathan, *Chinese Democracy* (New York: Distributed by Random House, 1985), pp. 67-86; Chih-yu Shih, *Collective Democracy: Political and Legal Reform in China* (Hong Kong: Chinese University Press, 1999); David L. Hall, and Roger T. Ames, *The Democracy of the Dead: Dewey, Confucius, and the Hope for Democracy in China* (Chicago: Open Court, 1999), p. 166; Shaohua Hu, "Confucianism and Western Democracy," in Suisheng Zhao ed., *China and Democracy: The Prospect for a Democratic China* (New York: Routledge, 2000), pp. 66-67; Baogang He, *The Democratization of China* (New York: Routledge, 1996), p. 46.

[5] John L. Thornton, "Long Time Coming: The Prospects for Democracy in China," *Foreign Affairs*, vol. 87, no. 1 (January/February 2008), pp. 2-22.

[6] 例如蔡文軒對於「雅安模式」的討論，以分析黨內民主的重要制度與實行的侷限。蔡文軒，「『雅安模式』的發展與侷限：『制度張力』的解釋」，**遠景基金會季刊**，第9卷第1期（2008年1月），頁75-118。

改革脈絡，但卻難以回答這些政治改革的動因為何？為何各省的政改模式不盡相同？中央、省級、基層的互動為何？這些政改的制度創新是否有可能擴至全中國？換言之，過去的文獻在討論中國大陸的政改時，多犯了見樹不見林的弊病，欠缺從比較的觀點去分析各地政改類型為何迴異？

部分大陸學者已經注意到中國大陸省份改革的迴異，但其觀點散見於一些座談會發言與時評文章。李凡針對四川與浙江的政改模式，做出精闢的洞察。他認為四川的改革是政府所推動的，著眼於政府體制內部的改革，因此指導性較強；而浙江的改革則重視政府與人民之間的關係，因此自發性較強。[7]有學者從經濟發展的觀點，去解釋溫嶺為何實施「民主懇談」。一位浙江大學的教授認為浙江的經濟發達已到了一定程度，使得官員不再以經濟增長率來互相攀比，更重視社會綜合發展的狀況，這使得「民主懇談」在溫嶺得以推動。[8]史衛民指出，中國基層民主政治的發展路徑存在「自上而下」、「自下而上」與「中間突破」的爭論。[9]這些不同的改革路徑，有可能會造成改革模式的迴異。上述學者的觀點，提供筆者一些靈感，但由於多數文章並非嚴謹的學術著作，因此欠缺周延的理論架構以及翔實的資料。

我們反覆追問：是什麼因素，導致中國大陸地方的政治改革，呈現出不同的類型？這個議題之所以重要，是因為至今較有意義的政改，僅出現在地方，而以「試點」的形式展開。為何這些政改出現不同類型？是否是和中央或地方領導人的意志有關？是什麼因素決定了中央與地方領導人在不同地區的政改選擇？這些問題的背後反映了一個可能的邏輯，那就是中國大陸的地方的政改路徑是否被某種因素所制約，而非自主性的選擇政改的類型？如果答案是肯定的，那我們對於中國大陸的政治發展似乎不應投注過多的樂觀預期。

7　此為大陸期刊「決策」舉辦的研討會，李凡在會議上所表示的觀點。楊敏，「四川的人與浙江的事」，決策，Z1期（2008年2月），頁27。

8　筆者無法查證該教授為誰，此為胡念飛的引述。參見：胡念飛，「對溫嶺市新河鎮公共預算改革的有關媒體報導」，南方周末，2006年3月16日，第C20版。

9　史衛民、潘小娟，中國基層民主政治建設發展報告（北京，中國社會科學出版社，2008年），頁447。

　　筆者認為在改革的過程中，中央有權威去控制地方的進程。黃亞生的研究也指出，在改革開放後，中央政府對於省級經濟的控制並未有鬆綁的趨勢。[10]就政治改革的議題來說，到底中央或地方官員是如何決定各地的政改類型？各地的政改是否有可能溢出中央的期待，星火燎原的引起中國大陸「民主化」的推展？這些問題關係著中共黨國體制內生邏輯的運作，讓我們更能去認識到中共政權到底是「如何統治」，以維繫其屹立不搖的執政地位。

二、文獻：解釋地方的「制度變遷」──為何各地的發展模式不盡相同？

　　政治改革的相關文獻，對於解釋地方政改為何不同，論述甚少，更遑論提出令人滿意的解答，這促使筆者必須轉向更宏觀的理論面向來看待這個問題。要解釋地方政改的模式為何不一，必須著重的是地方領導在中央既有政策的前提之下，如何選擇一條有利於地方發展的道路。實則，這項討論所聚焦的核心，觸及到「制度變遷」（institutional change）的議題。「新制度主義」（new institutionalism）在分析「制度變遷」時，主要是從「理性選擇論」（rational choice theory）和「歷史制度論」（historical institutionalism）去探究。前者重視行為者如何從「個人的最大收益」（individual maximization），去進行制度選擇；後者則強調歷史遺緒對於制度選擇的影響。[11]筆者在進行文獻回顧時，主要是取決於該文獻是強調理性選擇的面向，抑或歷史遺緒的觀點。

（一）幹部的理性抉擇：地方保護主義的滋長

　　為何地方的制度變遷不盡相同？文獻指出，地方幹部基於地方保護主義的考量，而衍生出符合地方利益的制度，可能是導致地方的制度迥異之關鍵。

---

[10] Yasheng Huang, "Central-Local Relations in China during the Reform Era: the Economic and Institutional Dimensions," *World Development*, vol. 24, no 4 (April 1996), pp. 655-672.

[11] B. Guy Peters, *Institutional Theory in Political Science: The 'New Institutionalism'* (London; New York: Pinter, 1999), pp. 43-77.

許慧文（Vivienne Shue）在《國家的觸手》（*The Reach of the State*）一書中，提出「蜂巢」（honeycomb）結構的概念。筆者認為在毛澤東時期，由於鄉村單位的封閉與孤立，因此阻礙了國家對於社會的整合能力。[12]地方的「蜂巢結構」，使得幹部得以排拒國家力量的穿透，而發展出適合地方利益的制度。白蘇珊（Susan H. Whiting）發展了許慧文的觀點，她在一篇文章中，以「委託／代理」（principal agent）的角度去分析地方領導的行為。她認為上級領導在考核下級幹部時，對於考核指標有給分的高低，這促使地方幹部在給分較高的考核項目來進行表現。[13]地方幹部爭取給分較高的考核項目，以爭取利益最大化。上級的政策如果沒有賦予相對高報酬在誘因，則下級幹部不一定會執行該政策。政策誘因的不同，是導致幹部推動不同制度的原因。

白蘇珊後來更精緻了她的觀點。她從地方保護主義的面向出發，對於樂清、松江、無錫的稅收能力變化，進行比較。白蘇珊發現無錫縣由於產業多為鄉鎮和鄉村集體企業，在地方政府和企業的「共謀」之下，稅收迴避的情形非常嚴重，政府不希望這些稅收上繳中央。樂清縣恰好相反，該縣的私營企業占絕大多數，集體企業的成分非常少，地方政府在無利可圖下，非常樂於向企業徵稅上繳國家，以增加政治籌碼。松江的狀況該好處於這兩縣之間，其私營企業的成分較無錫高，但較樂清為低，因此政府稅收能力剛好也介於無錫和樂清之間。[14]白蘇珊巧妙的運用產權模型和幹部考核制度的多因解釋，去看待地方幹部可能存在的「道德風險」（moral hazard）。她認為如果地方的稅收迴避能獲得更多利益，則幹部有可能不會執行國家的法令，這造成地方稅收能力呈現高低之別。

[12] Vivienne Shue, *The Reach of the State: Sketches of the Chinese Body Politic* (Stanford, Calif.: Stanford University Press, 1988).
[13] Susan Whiting, "The Cadre Evaluation System at the Grass Roots: The Paradox of Party Rule," in Barry Naughton and Dali L. Yang eds., *Holding China Together: Diversity and National Integration in the Post-Deng Era* (New York: Cambridge University Press, 2004), pp. 101-119.
[14] Susan H. Whiting, *Power and Wealth in Rural China: the Political Economy of Institutional Change* (New York: Cambridge University Press, 2001).

（二）受制於歷史結構的制度變遷

從理性選擇的角度去看待地方的制度變遷，是從效用最大化的角度，去分析幹部的行為。這類經濟學途徑的缺失，是將個人「偏好」（preference）視為「內生」（endogenous）的給定。但「歷史制度論」會聚焦於制度創立初始，人類偏好是受到什麼情境所形成。[15]部分文獻在討論中國大陸地方制度變遷的動因時，也從歷史的面向，去分析為何地方領導人為何會選擇該項制度。

夏明曾提出一個有趣的概念，稱作「雙元發展型國家」（dual developmental state）。他的理論扣緊歷史發展脈絡，認為在看待改革開放之後的中國大陸，不能僅聚焦於中央層級，而必須重視地方的發展脈絡。中央在尋求發展的邏輯下，會適度的放權讓利給地方政府，使得中國大陸成為中央／地方的「雙線結構」（two-tired structure）發展模式。夏明以深圳特為例，認為鄧小平是基於「轉型成本」（transition costs）的考量，在共黨體制延續的前提下，讓部分地區有條件的建立自由市場。「轉型成本」的另一個考量是地區制度變遷的可行性。深圳由於靠近香港、台灣的地緣因素，更適合推動改革開放。此外，地方幹部與中央領導的關係亦重要。在深圳的例子中，深圳的領導幹部在後鄧時期，藉助江澤民的力量來鞏固特區的地位。[16]這些因素都說明了為何在改革開放後，深圳地區的發展幅度領先了大陸的多數地區。

夏明的視野是較為宏觀的，他從歷史發展的背景，提出「雙元發展型國家」的概念。楊大利亦從歷史與制度的觀點，去探討在歷經大躍進的動盪之後，對於地方制度變遷所造成的影響。他提出「飢荒效應」（famine effect）、「空間效應」（spatial effect）、「收入效應」（income effect）的假設。「飢荒效應」指的是飢荒嚴重的省份，可能導致更多的制度變革；而「空間效應」亦影響制度變遷，距離北京更遠的地方，更具備制度變遷的可能性，這和中國古諺「天高皇帝遠」的含意不謀而合。「收入效應」指的是經濟發展

---

[15] Kathleen Thelen, "Historical Institutionalism in Comparative Politics," *Annual Review of Political Science*, vol. 2 (June 1999), p. 375.

[16] Ming Xia, *The Dual Developmental State: Development Strategy and Institutional Arrangements for China's China* (Aldershot; Brookfield: Ashgate, 2000), pp.196-206.

較差的地區，產生制度變遷的可能性愈高。[17]該部專著可以洞察省份的制度變遷，和歷史、地理的因素，有緊密的聯繫。

我們整理了兩種不同的分析途徑。這兩類文獻對於我們去看待地方的改革路徑不一致，有相當大的啟發。然而，這兩種途徑並非截然互斥，很大程度應該是互相補充，以解釋人類行為是如何基於理性的思考，在歷史結構中做出利己的抉擇。[18]「歷史制度論」從歷史結構分析制度變遷的情境，而「理性選擇論」則對於幹部行為的動機做出解釋。這兩類文獻指在討論地方制度的變遷時，多集中在「地方幹部」的角度，筆者認為必須從更高層次的「國家中心論」視野，去看待國家力量究竟是如何形塑地方幹部的制度選擇動機。

（三）文獻的缺憾：忽略「最高領導人」的角色

從「理性選擇論」或「歷史制度論」出發，主要是從地方幹部的角度，去解釋地方菁英為何會選擇因地制宜的制度。這有助於吾人理解，地方的改革為何不盡相同。但這種解釋的缺憾，是並從「最高領導人」的角度，去剖析中央與各地政改模式的關連性。我們可以追問：地方之間制度的迥異，是否是最高領導人有意塑造的結果？最高領導人是否傾向於「放權讓利」給特定的省級領導，使之享有較大的改革先行權？如果中央的因素是導致地方政改迥異的關鍵，那我們是否應該將目光移向更高層的視野，去討論中央和省級的菁英政治，是如何影響政治改革。

換言之，影響地方層級政改的變項，有可能來自於中央。不論是從理性選擇或是歷史制度的角度去分析地方改革的路徑，都是有缺憾的。研究者在設定解釋的變項時，必須考量這組變項對於要解釋的現象而言，是否相對獨立。[19]地方領導人的態度對於制度變遷而言，真的是一個獨立的自變項嗎？筆者抱持

---

[17] Dali L. Yang, *Calamity and Reform in China: State, Rural Society and Institutional Change Since the Great Leap Famine* (Stanford, Calif.: Stanford University Press, 1996), pp. 134-135.

[18] Thelen, "Historical Institutionalism in Comparative Politics," p. 373.

[19] John Gerring, "Causation: A Unified Framework for the Social Science," *Journal of Theoretical Politics*, vol. 17, no. 2 (April 2005), pp. 185-186.

懷疑論。筆者不否認地方領導人在進行制度變遷時，有可能受到最大利益或歷史結構的考量，而做出因地制宜的改革，但前提恐怕是中央的首肯或默許。即便是地方領導人有意願推動改革，但中央不願同意，則這種改革是推動不下去的。例如中央常以宏觀調控的方式，來抑制地方諸侯過渡追逐利益。[20]

　　吾人在探究省級領導人的意向時，很難忽視「最高領導人」的態度。[21]從理論的角度而言，它反映出中國研究的「國家典範」始終存在重要性。[22]學者對這個議題的爭辯，背後的旨趣是中央在下放權力的同時，是否能有效兼顧經濟發展與政治穩定。王紹光和胡鞍鋼認為中國大陸在1980年代之後實行財政劃分，造成「弱中央、強地方」的窘境。[23]但黃亞生認為王紹光等人的觀點過於忽視中央的權威，因為中共藉由中央對地方官員的任命制度，而使得地方幹部不敢過於追逐地方利益。此外，中共在政府內部安排大量財經官員，以解決通貨膨脹等問題，其結果是中國大陸的通貨膨脹率較之其他發展中國家來的低。[24]黃亞生認為王、胡的觀點忽視政治力量對於市場經濟發展的介入，從中國大陸的改革過程中，看不到中央對於省級幹部的調控有下降的趨勢。

　　筆者認為，最高領導人的因素對於地方領導人的政改發動，是一個更為重要的變項。本書所探討的最高領導人，實際上為「中共中央委員會總書

[20] 「溫總憂經濟過熱，命落實宏調，嚴令諸侯認清形勢，聽從中央」，**香港經濟日報**，2007年7月3日，第A3版。

[21] 「最高領導人」在中共政治體系所指的概念，曾經出現變化。就正式職務來說，「黨主席」和「總書記」都曾經是「最高領導人」。十二大之後，中共廢除「黨主席」的設置，因此「總書記」可視為正式職務的「最高領導人」。此外，鄧小平在六四事件之後，雖卸除一切職務，但就非正式的個人權威來說，無人可否定他在辭世之前，仍是「最高領導人」。大抵而言，本書所觸及的年限，是環繞在後鄧時期，因此「最高領導人」指的就是「總書記」。關於「最高領導人」的概念演變，可參閱：趙建民，**當代中共政治分析**（台北：五南出版社，1997年），頁14-19。

[22] 從某種角度而言，「國家」的分析單位應該下降到「個人」的層次，方能提供吾人一個清楚的分析架構。Nordlinger所言，只有個人才有偏好與行為，而「國家」本身是一個形上學的概念。筆者在相當程度上，主張「國家」的主要分析單位就是「最高領導人」。Eric A. Nordlinger, *On the Autonomy of the Democratic State* (Cambridge: Harvard University Press, 1981), p. 9.

[23] 王紹光、胡鞍鋼，**中國國家能力報告**（香港：牛津大學出版社，1994年），頁30-91。

[24] Huang, "Central-Local Relations in China during the Reform Era," pp. 665-668.

記」。[25]在地方幹部的面向，筆者聚焦於省委書記的層級。[26]如果最高領導人和省委書記存在「派系關係」，該省較容易出現政治改革。我們加入「最高領導人」的變項，去分析其與省委書記的關係，以解釋省級的政治改革。筆者將這個解釋架構，繪於圖1-1。

　　筆者認為地方政改模式不同，很可能是國家有意塑造的結果。由於政改是一個「摸著石頭過河」的進程，最高領導人只會出台一些鼓勵改革的文件，但對於如何改革，並無具體的實行措施。在這個前提下，最高領導人一方面鼓勵地方的改革，但一方面卻將改革幅度做了限制。最高領導人在觀察地方的改革後，確認有實質效益，才能進一步推廣至全國，但如果爭議過大，則提前終

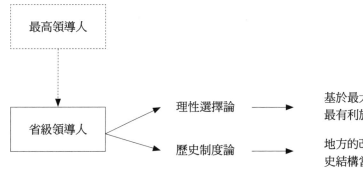

說明：虛線指的是文獻較少處理的部分，也是本書的切入點。
資料來源：筆者自行整理。

圖1-1　解釋省級的改革

---

[25] 本書為了化約解釋模型，僅討論總書記的層次。但這種分析的侷限，是忽略了其他政治局常委的角色。不同的常委與省委書記之間，可能也存在派系關係，因此「最高領導人」和省委書記的派系連結，應該是更為複雜的多元面貌。在本書所提出的三個省份中，省委書記恰好都是胡錦濤的派系。但不同常委與省委書記的關係，以及對於政治改革的影響，需要更精緻的研究來分析。

[26] 省級是最大的地方層級，而省委書記又是省級「一把手」。在中共「以黨領政」的架構下，省委書記對於省級的政治決策擔負最關鍵的角色。是以，筆者將地方領導人的討論聚焦於省委書記。

止。換言之，造成地方政改模式迥異的主因，可能是來自於更上層的單位──
最高領導人。避免地方走上相同模式的改革，恰好助於最高領導人嘗試不同的
改革途徑。

第二節　「最高領導人」如何調控政治改革

筆者聚焦於最高領導人的層次，去解釋為何省級政治改革的模式並不
一致。筆者在本節，將提出最高領導人調控政改的兩種途徑。其一，是「正
式政治」（formal politics）的「幹部考核制」；其二，是「非正式政治」
（informal politics）的「派系政治」。這兩個變項，將是全書的核心關鍵。

一、幹部考核制──省級幹部追求「政績最大化」的動因

最高領導人調控政改的第一種方式，是借重「幹部考核制」。本書所指
的「幹部考核制」是採取廣義解釋，它泛指中央對於幹部選拔的憑藉與標準。
筆者所討論的幹部僅限於「領導幹部」的範疇，其泛指「縣級以上地方黨政
領導班子及其成員」，[27]它比較類似西方概念下的「政務官」，其工作表現稱
為「政績」。「非領導幹部」的工作表現，則不在本書的討論範圍。對於領
導幹部的考核項目有五類：德、能、勤、績、廉。[28]「績」指的就是「工作實
績」，亦即領導幹部的「政績」，其內容為中共重視的「經濟發展」和「社會
維穩」。

中共對「政績」的重視，可追溯到計劃經濟年代。在「大躍進」時期，中

---

[27] 參見「體現科學發展觀要求的地方黨政領導班子和領導幹部綜合考核評價試行辦法」第五
條。中共中央組織部，「體現科學發展觀要求的地方黨政領導班子和領導幹部綜合考核評價
試行辦法」（2006年7月3日），中共中央組織部（編），**幹部人事制度改革政策法規文獻選
編**（北京：黨建讀物出版社，2007年），頁191。

[28] 中共中央組織部，「體現科學發展觀要求的地方黨政領導班子和領導幹部綜合考核評價試行
辦法」，頁194。

共責令相關幹部必須確保煉鋼的質量,當時稱做「崗位責任制」。[29]1980年代初期推行的農業聯產承包制也引入崗位責任制,強調「國家幹部」必須緊抓農業產量,在此之後各行政機構紛紛建立崗位責任制。[30]由於中共在1950至1960年代所創建的新職位,未賦予明確的職責,導致「崗位」職權不明而難以課責。[31]為了解決這個問題,中共在1993年正式發布「國家公務員暫行條例」,嘗試建立「國家公務員」來劃分職級,以德、能、勤、績為考核標準。其中,以「績」(工作實績)最為重要。[32]中共各級部門也參照「國家公務員暫行條例」的職務與級別,[33]使得所有幹部都有明確的職責。崗位責任制的提法在1990年代之後,已鮮少見於中共官方文件中,代之而起的是以「領導幹部」或「國家公務員」為對象的考核法規。

領導幹部的工作表現稱為「政績」,其考核內容多和中央的政經發展方針有關。1998年的「黨政領導幹部考核工作暫行規定」,所考核的實績是指經濟建設、社會發展和精神文明建設、黨的建設,以及推進改革、維護穩定取得成績和效果。[34]中共在2006年頒布了「體現科學發展觀要求的地方黨政領導班子和領導幹部綜合考核評價試行辦法」,其規定的考核實績包括:履行職責成效、解決複雜問題、基礎建設。[35]這種將幹部考核的指標緊扣國家發展需要的制度,金山愛(Maria Edin)認為是一種發展型國家的模式。[36]幹部考核的指

---

[29] 「上鋼兩個轉爐車間建立崗位責任制,鋼的質量穩步上升」,人民日報,1959年5月19日,第2版。

[30] 「機關也要建立崗位責任制」,人民日報,1983年2月22日,第1版。

[31] King W. Chow, "The Management of Cadre Resources in Mainland China: The Problems of Job Evaluation and Position Classification, 1949-1987," *Issues & Studies*, vol. 24, no. 8 (August 1988), p. 18.

[32] 浦興祖,中華人民共和國政治制度(上海:上海人民出版社,2002年),頁465。

[33] 中共中央組織部,「關於中國共產黨機關參照『國家公務員暫行條例』的實施意見」(1993年9月3日),中央辦公室法規室等(編),中國共產黨黨內法規選編:1978-1996(北京:法律出版社,1996年),頁372-373。

[34] 中共中央組織部,「黨政領導幹部考核工作暫行規定」(1998年5月26日),中央辦公室法規室等(編),中國共產黨黨內法規選編:1996-2000(北京:法律出版社,2001年),頁218。

[35] 中共中央組織部,「體現科學發展觀要求的地方黨政領導班子和領導幹部綜合考核評價試行辦法」,頁205。

[36] Maria Edin, "Local State Structure and Developmental Incentives in China," in Richard Boyd and

標就如同一張嚴密的蜘蛛網，包裹住幹部的行為動機。領導幹部若要進一步晉升，必須達成中央的政績考核標準。其中兩個較為具體的範疇，包括「經濟發展」、「社會維穩」。在考核指標體系中，包括一般指標、硬指標、一票否決等指標。最為重要的指標為「一票否決」，如果幹部未能達到「一票否決」指標的要求，不論其他表現多麼亮眼，都無法晉升更高的職位。[37]

省級領導幹部為了達成「社會維穩」或「經濟成長」，會做出理性抉擇。中央雖有一套「政績」衡量指標，但由於省級領導的任期有限。法規明訂幹部任期限制為一屆五年，[38]但實際上許多幹部都未任滿五年。在任期有限的前提下，幹部會在經濟發展、社會維穩的「政績」考核中，追求任期內易於實踐的目標。白蘇珊認為地方領導會依據「高權數誘因」（high-powered incentives），在有利的考核項目進行表現。[39]

地方官員選取考核指標的標準和執政地區的「初始條件」（initial condition）息息相關。經濟好的省份，幹部以經濟成長來達臻考核指標，並以經濟成長的思維來發動行政改革，以增進政府效能。但在經濟不佳的地區，幹部一方面仍會推動經濟發展，但由於成效難以短期內提升，因此「拼穩定」的政績就變得非常重要。在這些經濟不佳的省份，政治改革有可能涉及激進的幹部人事制度，藉以緩和社會底層的不穩情勢。但在「分離主義」盛行的西藏、新疆，由於「穩定壓倒一切」的考量，不論行政改革或人事制度改革，都不會是領導幹部的選項。

「幹部考核制」雖然能夠解釋為何各地的政改方式不盡相同，但卻存在一個盲點。如果「幹部考核制」是唯一的解釋項，則吾人可以預期各地的改革力

Tak-Wing Ngo eds., *Asian States: Beyond the Developmental Perspective* (London; New York: RoutledgeCurzon, 2005), pp. 122-123.

[37] Maria Edin, "State Capacity and Local Agent Control in China: CCP Cadre Management from a Township Perspective," *The China Quarterly*, no. 173 (2003), pp. 38-40.

[38] 中共中央辦公廳，「黨政領導幹部職務任期暫行規定」（2006年6月10日），中共中央組織部研究室（編），**幹部人事制度改革政策法規文件選編**（北京：黨建讀物出版社，2007年），頁177。

[39] Whiting, "The Cadre Evaluation System at the Grass Roots," pp. 109-115.

度應該是類似的，只不過改革的途徑有所迥異。但實際上，大陸各省的改革的力度也非常不同，有些省份的政改已經全面推展，但有些省份的改革仍停留在少數地區的「試點」。這不禁令筆者疑惑，是否在「幹部考核制」之外，還有另一個重要的變項是筆者所忽略的。對此，本書提出第二個解釋項——省委書記是否為最高領導人的「派系」——此為「最高領導人」調控政改的第二種方式。

二、最高領導人的「派系」——省委書記

第二種途徑，聚焦於非正式的「派系政治」。文獻對於「派系政治」有深入的探討。其理論核心，是黎安友（Andrew J. Nathan）稱之的「扈從關係」（clientelist tie）。在黎安友最初提出的架構中，這種「扈從關係」存在於兩位政治菁英的非職務性從屬關係。[40]但鄒讜認為黎安友的「派系」概念犯了兩個錯誤，其一是忽視了官僚組織的重要性，因為許多派系的形成是因為存在同事的情誼。其二是中國人忌談「派系」，根本不會有人承認其屬性，因此鄒讜主張以「非正式團體」（informal groups）的概念取代「派系」。[41]

如果最高領導人和省級領導人存在「派系關係」，較容易在該省推行意欲之政改試點。總書記會將改革的權限，交給省級的親信幹部。一個最常見到的方式，是總書記提拔親信幹部就任省委書記，並賦予該省較大的改革權。在這個前提下，該省要發動大規模政治改革的一個條件，是省委書記是總書記的派系。最早將研究視野投注在省級領導的文獻，可見於泰偉斯（Frederick C. Teiwes）的著作，他認為當多數學者將眼光投注在中央層級的菁英時，省級領導的研究是被過渡忽視的。[42]筆者認為總書記會將更多的改革權限交給其「派系」，特別是擔任省委書記的地方領導人。

---

[40] Andrew J. Nathan, "A Factionalism Model for CCP Politics," *The China Quarterly*, no. 53 (January March 1973), p. 37.

[41] Tang Tsou, "Prolegomenon to the Study of Informal Groups in CCP Politics," *The China Quarterly*, no. 65 (January/ March 1976), pp. 98-114.

[42] Frederick C. Teiwes, *Provincial Party Personnel in Mainland China, 1956-1966* (New York: Columbia University, 1967), p. 3.

目前中央領導人的派系中，以胡錦濤的共青團系統（團派）最受人矚目。許多省委書記也確實為共青團出身，[43]例如本書所討論的李源潮，擔任過江蘇省委書記（2002-2007）；汪洋至今仍為廣東省委書記（2007-2011-?）。此外，胡錦濤在甘肅、西藏任職時，也有一些同事和其關係甚密，例如張學忠，他日後任職四川省委書記（2002-2006）。省委書記與總書記的「派系」關係，能解釋為何部分省份有較大的改革空間。但在「分離主義」盛行的省份，不論領導幹部是否為胡錦濤的親信，都不會輕易發動政改。以胡春華為例，他亦是胡錦濤的派系，曾在西藏擔任自治區常務副主席。[44]他雖不是自治區省委書記，但仍屬於西藏的省級領導。他在西藏任職時，並未推動重要的政治改革。其主要的因素在於西藏等分離主義盛行之地，維持社會穩定的重要性，要比政治改革重要許多。

三、複數因果關係：「政績」、「派系」的結合

在最高領導人的調控政改的脈絡下，筆者提出兩項分析工具：政績、派系。本書的解釋項，呈現出「複數因果關係」（multiple causality）的架構。筆者認為要端賴於「政績」、「派系」因素的結合，是較為周全的框架。前者可以說明政改的模式何以迥異，後者則解釋部分省份能順利推動政改。

「政績」與「派系」都可視為是影響人類行為的制度。不論是非正式政治的「派系政治」，或是正式政治的「幹部考核制」，都可視為一套制度。North指出：「制度乃是一個社會中的遊戲規則。更嚴謹地說，制度是人為制訂的限制，用以約束人類的互動行為。」[45]這些正式／非正式的規範，箝制了省級幹部的政治行為。筆者將結合「政績」、「派系」的解釋項，並以「政績－派系」模式論述之。相關探討，筆者將在第二章再細究。

---

[43] 這方面的討論，可參見：寇健文，「胡錦濤時代團系幹部的崛起：派系考量 vs. 幹部輸送的組織任務」，**遠景基金會季刊**，第8卷第4期（2007年10月），頁72-75。

[44] 「胡春華空降河北，共青團提前卡位」，**東方日報**，2008年4月16日，第A22版。

[45] Douglass C. North, *Institutions, Institutional Change, and Economic Performance* (Cambridge: Cambridge University Press, 1991), p. 3.

第三節　省級為何出現「大規模」的政治改革

　　省級出現「大規模」的政治改革是本書的依變項。依變項的精確，是研究設計的關鍵。King等人認為依變項必須是具體、可觀察的概念，以符合經驗研究的檢證。[46]對此，筆者提出清晰的制度指標：「基層首長選制」與「行政三分制」。筆者認為這是當前中共政改，較具實質意義的制度設計。

一、本書探討的「政治改革」

　　政治改革的範疇甚大，筆者首先必須交代本書探討的政治改革究竟所指為何？鄧小平在1980年發表「黨和國家領導制度的改革」之後，開啟了迄今已逾三十年的政治改革。[47]十二大提出的幹部「四化」（革命化、年輕化、知識化、專業化）、十三大倡導的「黨政分開」，都是重要的改革。但政改在六四事件之後，轉趨沈寂。降至十六大之後，再現曙光。江澤民在十六大的報告談到「政治建設和政治體制改革」一章時，對於中共當前的政改做出詳盡分類，他區分為：堅持和完善社會主義民主制度、加強社會主義法制建設、改革和完善黨的領導方式和執政方式、改革和完善決策機制、深化行政管理體制改革、推進司法體制改革、深化幹部人事制度改革、加強對權力的制約和監督、維護社會穩定。[48]在本書的討論範疇中，將針對「幹部人事制度改革」和「行政管理體制改革」做出討論。筆者認為，這兩項政治改革是較具體的改革，中共提出了相關的制度去擘劃這兩項政治改革。

　　但「幹部人事制度改革」和「行政管理體制改革」的範圍仍然過大，且許多改革的意義並不大。吾人還必須提出當中最為重要的制度，來做為討論的指標。在「幹部人事制度改革」改革中，以「基層首長（地方黨、政『一

---

[46] Gary King, Robert O. Keohane and Sidney Verba, *Designing Social Inquiry: Scientific Inference in Qualitative Research* (Princeton: Princeton University Press, 1994), p. 109.

[47] 鄧小平，「黨和國家領導制度的改革」（1980年8月18日），中共中央文獻編輯委員會（編），鄧小平文選（二）（北京：人民出版社，2002年），頁320-343。

[48] 江澤民，「全面建設小康社會，開創中國特色社會主義事業新局面」，新華月報（編），十六大以來黨和國家重要文獻選編（上）（北京：人民出版社，2005年），頁26-30。

把手』）選制」的改革最具實質意義，[49]它要比諸如「公開選拔國家公務員」等人事制度改革，來得重要許多。此外，如果該項改革已經廣為在所有省份試行，則由於失去特殊性，而不為吾人所採。舉例而言，副省長的「差額選舉」、省級幹部的「民主推薦」，已在現今的中國成為慣例。這些制度，失去了比較的意義。吾人以「基層首長選制」為指標，除了該制是重要的制度，該制度只在少數省份大規模的試行，是其雀屏中選的關鍵。

　　更具體的說，這些選制改革包括「公推公選」和「公推直選」。所謂的「公推」就是「公開推薦」，它是一種「民主推薦」的形式，藉由幹部的推薦來提名候選人。而「直選」則是由黨員或群眾來「選舉」候選人，再送交上級作決定。至於「公選」的「選」字，並非是「選舉」（election），只能視為「選拔」（selection）。它是上級黨組織的「公開『選拔』」，[50]也就是上級的面試，和過去施行的「競爭上崗」類似，只不過中共換了一個名詞去包裝，而造成多數學者的誤解。「選舉」和「選拔」雖是一字之差，但卻有原則上的區別。[51]但筆者認為，「公選」（公開選拔）也帶有若干選舉的色彩，因為即便是上級黨委的「公開選拔」，也必須由黨委投票決定出線的人選。因此，「公選」和「直選」的概念，很容易混淆。但就形式上來說，我們還是可以將「公推公選」和「公推直選」的要義，繪於圖1-2。本書的討論中，以「公推直選」為主。

---

[49] 熊彼得（Joseph A. Schumpeter）認為民主只是一個「方法」，是透過民眾的投票以建立競爭性的菁英政治，這種思維繼續影響到「後熊彼得」（post-Schumpeterian）時代的民主論述。Michael Saward, *Democracy* (Malden, Mass.: Distributed in the USA by Blackwell Publishing Inc., 2003), pp. 38-43.

[50] 類似的觀點，可參見：李凡，**乘風而來：我所經歷的步雲鄉長直選**（西安：西北大學出版社，2003年），頁16。

[51] 王貴秀，**中國政治體制改革之路**（鄭州：河南人民出版社，2004年），頁196。

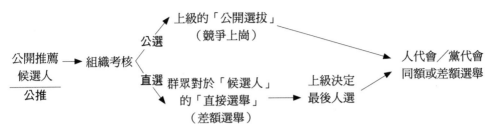

資料來源：筆者自行整理。

圖1-2　「公推公選」、「公推直選」的流程

　　另一個改革是「行政管理體制改革」。西方國家對「行政管理體制改革」的重視，可以追溯到1970年代崛起的「新公共行政」（new public administration）。學者開始強調政府與人民的互動，以及適時的解決民眾的需求，以達到社會公正的目標。[52]在1980年代中期後，中共為了深化經濟發展，而將改革思路轉移到行政管理體制改革，改進疊床架屋的體制，其目的是提升政府效能。有學者將訴諸行政革新來增加政府效能的改革，稱為「行政民主」。[53]推動「行政管理體制改革」的目的，正是要增加政府效能，為經濟的可持續發展做出配套。

　　但「行政管理體制改革」是一個比較抽象的概念，「行政三分制」為當中較有意義的制度。中共推出的諸多行政改革，對於黨國體制的衝擊並不大，例如「行政審批」、「政務公開」、「電子政務」。比較值得注意的制度是「行政三分制」，該制度試圖在行政領域之內，建立決策、執行、監督等職能，以增加行政效能。但這種三分制的改革，牽涉到決策權的整併、監督機制的強化等問題，對於黨國體制造成相當大的衝擊。具體來說，將決策權整併到政府機構，是否會弱化黨委的職權？監督權與紀委的關係如何界定？如何有效將決策的事項交由執行部門妥善完成，以增加行政效率？換言之，「行政三分制」是

---

[52] H. George Frederickson, *New Public Administration* (University, Ala.: University of Alabama Press, 1980).

[53] 黃天柱，「行政民主：浙江的實踐與啟示」，**中共浙江省委黨校學報**，第2期（2008年4月），頁98-104。

更為激進的改革。在目前大陸各省的試點中，以廣東最為積極。關於「行政三分制」的架構與相關探討，筆者將在第四章再行深究。

　　本書所探討的政治改革為「基層首長選制改革」，以及「行政三分制」。筆者所持的理由，可以摘述如下：

1. 從實施的範圍來看，這兩個制度迄今只侷限於少數省份。其背後所代表的意義，是這兩項制度是一個尚在爭議的制度。因此吾人可藉以探究，為何只有少數省份積極的推動該項政改。

2. 從改革的時效來看，這兩項制度確實是有意義的改革。「基層首長選制」改革對於地區的社會維穩，以及「行政三分制」對於經濟發展而言，具有實際的效益。

3. 對於中央層級的政改而言，這兩項制度創新都產生了重大影響。「基層首長選制」對於中央的差額選舉、民主推薦，提供了參考的依據；而「行政三分制」更是十七大之後，成為中共推動「大部制」的前身。換言之，該兩項政改在當前中共的人事改革與行政改革上，是最富意義與影響性的制度。

　　在釐清政改的制度後，筆者必須強調本書所討論的對象是省級是否「大規模」推動「基層首長選制」、「行政三分制」的改革。所謂的「大規模」有兩種定義。其一，其改革的範疇已在全省大幅推廣，例如四川、江蘇的鄉鎮黨委書記「公推直選」，以及廣東的「行政三分制」；其二，是改革的層級已推至省級，廣東的「行政三分制」也包括這個特色。[54]為何筆者要將重點放在省級的「大規模」改革，其理由陳列於下：

1. 推動「大規模」政改的主要因素是省委書記，這是本書關注的解釋項。許多地方性改革的重要性不是不大，但最終卻未「大規模」的推向全省，這可以視為省委書記無意將之擴至全省。換言之，只有將依變項設定在省級的「大規模」政改，我們才能適切的討論省委書記與政改的關係。

---

[54] 但在「基層首長選制」的改革，顯然未達省級的層次。

2. 省級的「大規模」政改對於政治發展而言，具有更重要的意義。省委書記決定推動「大規模」政改之前，會先得到中央的容許。因此，「大規模」政改象徵中央有意將該政改推向更多的地方，並進一步觀察是否可能推至全國。相對而言，侷限於少數縣市（鄉鎮）的政改，難以用來佐證中央、省委是否支持這些改革，以及該項改革對於政治發展會產生多大的影響。換言之，侷限於少數基層的試點，對於整體的政治發展，不存在重大意義。

3. 為了解決「分析單位」遊移的問題，本書必須強調個案之間的依變項，最終是一致的。本書所舉的三個省級，最終都出現「大規模」的政改，其依變項的性質是一致的，使得個案之間存在可比較性。但省級出現「大規模」改革之前，會有少數試點地區先行，本書旨在對於這些先行地區進行討論，以理解這些地區是基於何種因素的考量而發動改革，以及省委對此的態度。但這出現一個研究設計的問題：本書的「分析單位」在不同層級的地區，出現了轉換。在這個侷限的前提下，筆者強調三個省份最終都出現「大規模」的政改，即便本書很大的篇幅是在討論基層的政改，但由於個案最終的依變項是一致的，因此可以減少「分析單位」遊移的缺失。

　　從上述理由，筆者認為「基層首長選制」、「行政三分制」，是較有意義的研究議題。本書所探討的對象，是出現「大規模」政改的省份，也就是廣泛改革「基層首長選制」以及「行政三分制」的地區。筆者在全文所談到的政治改革，就是指這兩項制度。

二、省委書記推動「大規模」政改的前提：三項「微義」的要件

　　在釐清本書的政改定義後，筆者進一步探討，省委書記何時願意追求「大規模」的政改？誠如筆者在前文所探討，省委書記的「政績」、「派系」考量，是一個決定性的關鍵。但在省委書記的「政績」、「派系」因素出現之前，實際上還有許多前提的發生。在這些前提要件均存在的狀況下，最後，由於省委書記的「政績」、「派系」考量，終於導致了省境的大規模政改。

　　筆者將導致「大規模」政改的因素，區分為「微義」（trivial）的要件與

「非微義」（相對重要）的要件。省委書記的「政績」、「派系」，是較為重要的因素，而另外有許多要素也是不可或缺，但卻是相對不重要的因素，亦即「微義」的要件。筆者以下將舉出三個「微義」的要件，並在說明為何它們是相對「微義」的要件？以及筆者評斷的依據為何？

（一）基層幹部有政治改革的創新

第一個「微義」的要件，是「基層幹部的制度創新」。政改結果充滿高度的不確定，對於改革模式、改革的界線，中央向來沒有明確的規範。中央或許會有一些「模糊指示」，但通常是行諸於非常抽象的字句，欠缺具體的操作程序。換言之，政治改革對於省委而言，是一個必須做，但卻不知如何做的敏感事務。但一旦中央出現了「模糊指示」，無疑為政改開啟了一個契機。我們發現，無論是「基層首長選制改革」或是「行政三分制」，基層幹部都曾經關注過總書記在十五大或十六大的「政治報告」，所釋放出來的「模糊指示」。筆者將之整理於表1-1。

表1-1　中央對於政治改革的「模糊指示」

政治改革	中央的文件	內容
基層首長選制改革	十五大政治報告	**擴大基層民主，保證人民群眾直接行使民主權利**，依法管理自己的事情，創造自己的幸福生活，是社會主義民主最廣泛的實踐。**城鄉基層政權機關和基層群眾性自治組織，都要健全民主選舉制度**，……。
	十六大政治報告	健全民主制度，豐富民主形式，**擴大公民有序的政治參與**，……**擴大基層民主**，是發展社會主義民主的基礎性工作。
行政三分制	十六大政治報告	按照精簡、統一、效能的原則和**決策、執行、監督相協調**的要求，繼續推進政府機構改革。

說明：粗體字的字句，是可視為中央對於相關政治改革，所釋放出來的「模糊指示」。
資料來源：江澤民，「高舉鄧小平理論為大旗幟，把建設有中國特色社會主義事業全面推向二十一世紀」，頁32；江澤民，「全面建設小康社會，開創中國特色社會主義事業新局面」，頁26-28。

但我們仔細去看這些「模糊指示」的字句，發現僅是一種理念的宣示，不是具體的制度安排。兩次政治報告都有提出要「擴大基層民主」，這提供了「基層首長選制」改革的機遇。但「基層」的定義為何？[55]「民主」的具體實踐方式為何？相關制度都付之闕如。也正因為如此，省委書記為了理解中央的對於政改所容許的範疇，必須靠著基層幹部的先行來判斷。由於政治改革過程的不確定性，也就是「行為」與「利得」之間缺乏明晰的計算基礎，[56]因此政治改革常必須藉由「集體行動」來發動，來降低單打獨鬥的風險性。換言之，如果欠缺基層領導的先行，省委書記要單獨發動政改，其「創新成本」過大。[57]

基層幹部的政改創新，亦受到「初始條件」的影響。在經濟貧瘠之地，幹部面臨「社會維穩」的難題，往往會採用「基層首長選制」的改革來尋求解決。舉例而言，四川的步雲鄉、成都新區，都是經濟發展較落後之地。張錦明、李仲彬等富有創新理念的基層幹部，將人事改革作為首要的施政主軸。廣東的深圳，則為經濟發展較佳之地，自2001年起，市長于幼軍就籌畫「行政三分制」的改革，以增進經濟發展。這些基層幹部的制度創新，就如同是政治改革的突變基因，最初侷限於少數地區的「試點」，最終卻導致全省的制度變革。

即便省委書記是最高領導人的派系，但若該省欠缺基層幹部率先進行政改，則省委書記亦不敢貿然發動大規模的改革。舉例而言，劉奇葆和李克強都曾在團中央與胡錦濤共事，確實是胡的派系，兩人也曾有省委書記的經歷。劉

---

[55] 「炎黃春秋」總編輯吳思在將受「亞洲週刊」採訪時，認為「基層」泛指兩個範疇。其一，為基層自治組織，包括村委會、居委會。其二，為政權組織，亦即鄉鎮級政府。筆者認為，對於前者而言，中共已經出台許多制度法規，例如1988年頒布的「村民委員會組織法」。因此，十五大與十六大的政治報告所提的「擴大基層民主」，可被視為是中央有意在「鄉鎮」進行政改。江迅，「十七大博弈內情政治改革三大懸念」，亞洲週刊，第21卷43期（2007年11月4日），頁26。

[56] Paul Pierson, "Increasing Returns, Path Dependences, and the Study of Politics," *American Political Science Review*, vol. 94, no. 2 (June 2000), p. 258.

[57] 本書只將地方政改先行者的改革，視為省委書記判斷是否將改革推向全省的判斷依據。至於政改先行者和省委書記之間，是否有派系聯繫，抑或政改先行者是受省委書記的指示來發動改革，則不在本書討論的範疇。

奇葆在2006至2007年，擔任廣西省委書記。李克強在2002年至2004年擔任河南省委書記，之後擔任遼寧省委書記至2007年。但這些省份並未出現「大規模」政改，筆者認為這和該省並無基層幹部推動重要的政改有關。在欠缺省內先例可尋的情況下，即便「胡系」的劉奇葆、李克強曾擔任省委書記，也未敢在任期內推動「大規模」的政治改革。

（二）基層幹部的制度創新，受到中央的認可或默許

第二個「微義」的要件，是基層幹部的制度創新，必須受到中央的認可或默許。這個原因在於透過基層領導的先行，省委書記可觀察中央對於這些「先行者」的態度，以判斷中央是否能容許這項制度創新，繼而預期有無在該省推動大規模試行的空間。舉例而言，四川在周永康主政期間，曾出現「基層首長選制」的創新。張錦明曾在步雲推動鄉長的選制改革，但卻不受中央的認可。因此，周永康也未敢將這項改革繼續推展。

最高領導人會以認可或默許的方式，來肯定基層的政改創新。在張學忠主政的四川，張錦明、李仲彬等基層幹部曾推動「黨內民主」的人事制度改革，中央採取的立場就是默許的態度。而李源潮執政的江蘇，亦有基層首長選制的創新，中央的立場較接近明示的認可。[58]但無論如何，中央通常不會率先出台詳細的政改法規，或明示省委書記必須發動政改。[59]中央的作法，往往是先觀察基層幹部的創新，並做出反對、默許、認可等立場宣示。一旦中央認可或默許基層的改革，無疑給了省級領導釋放出鼓勵改革的善意。由於激進的政治改革對於省委書記，是一個非常大的風險。省委書記必須藉由基層幹部的先行，

---

[58] 中央是通常是以「默許」的態度來支持政改。但江蘇的改革受到中央更直接的認可，這種現象在中國大陸實屬罕見。誠如筆者在後文的分析，胡錦濤有意把江蘇設定為東部省份推動「基層首長選制」的典範，因此對李源潮在該省的改革，做了更明確的表態。

[59] 特別是在後鄧時期，這種現象更為明顯。政改對於中央領導而言，也是一個必須做，但卻不知如何做的燙手山芋。政改存在高度的風險，如果中央領導人對於政改有過於明晰的表態，其風險過大。萬一政改失敗，將危及自身的政治地位。換言之，改革開放之初，「由上至下」所推動的大幅度政治改革，不太容易再見於當世。這些缺乏「革命權威」的第四代、五代領導人，只能透過對基層政改的觀察，再做出是否推廣的決議，以降低政改所可能帶來的政治風險。

來做為觀察中央意向的「風向球」。[60]在中央肯定或默許的前提下，省級領導才會積極推動更大幅度的政改。

（三）省委書記有「理念」、「威望」去進行政治改革

第三個「微義」的要件，是省委書記對於進行政改的認知，其泛指兩種情形。第一，是省委書記有推動政改的理念，願意在任期內推動相關改革。第二，是省委書記在政壇的風評不差，對於推動政改有一定的威望。筆者認為，即便省委書記是最高領導人的「派系」，但若欠缺理念或威望去推動政改，該省份亦不存在大規模政改的可能性。

省委書記無意推動政改的第一種可能，在於省委書記的理念過於保守，根本反對激進的改革方案。本書在第四章的篇幅，將舉張德江為例。他是江澤民的派系，並在2002年之後接任廣東省委書記。當時的深圳市，曾出現基層幹部的制度創新。在市長于幼軍的策劃下，深圳於2001年開始策劃推動「行政三分制」，原本預計在2003年實施，但張德江卻未表態支持該項政改。最後，這項改革無疾而終。即便張德江為「江系」的幹部，且基層幹部也出現制度創新，但他的理念過於保守，仍導致「行政三分制」無法大幅度在廣東推動。

另一種可能性，為省委書記的威望太差，導致他無法支持政改。2005年之後的山西，是另一個值得省思的個案。山西部分地區從1988年開始，試行「黨代會常任制」迄今。[61]它符合筆者所稱：「基層幹部的制度創新」是省委書記發動大規模政改的先決條件。此外，胡錦濤的「團派」親信張寶順，在2001年擔任山西省委副書記，並在2005年擔任省委書記至2010年。[62]這令筆者

---

[60] 與省委書記相比，基層幹部較可能推動激進的政改。這個原因在於基層幹部初仕政壇，其「退出」政壇的成本較低，即便有革職的可能性，也願意發動政改來追求理念，或解決地方的問題。但省委書記的任官較長，投注的生涯與政治資本較多，萬一被革職，則「退出」成本要遠高於「基層幹部」。因此，省委書記較不會貿然做出政改的創新。

[61] 從1988年開始，中央組織部在浙江、黑龍江、山西、河北、湖南等五省的十二個市、縣、區，開展了「黨代會常任制」的試點工作。在十六大前，有七個地區已經終止試點，只剩下浙江的紹興、瑞安、台州椒江區，以及山西的晉中市榆次區、和順縣等五個縣市區仍在持續。「黨代表常任制創新實驗」，**21世紀經濟報道**，2003年12月29日，第15版。

[62] 張寶順在2010年5月底，接任安徽省委書記。「安徽山西省委主要負責同志職務調整」，人

原本預期，張寶順有可能在「派系」的考量下，在全省大規模試行「黨代會常任制」，甚至推動更為敏感的政改。

然則，山西省迄今並未出現大規模的全省性政改。筆者認為這和張寶順的任期內，山西重大意外事件的頻傳有關係。2007年的黑磚窯案、2008年的襄汾縣潰壩事件，使得與之搭檔的省長于幼軍、孟學農，先後遭到撤職。[63]外界對於黨中央僅對於省長「問責」，卻刑不上「省委書記」的作法頗有質疑，認為是胡錦濤的庇蔭下，才免除其政治責任。[64]筆者認為，這些重大的社會事件，衝擊了外界對於張寶順的觀感。即便胡錦濤有意保全張寶順的仕途，但張寶順再無聲望推動重大的政改。一動不如一靜，似乎是這位省委書記的最佳選擇。

（四）「微義」要件在「因果鍊」的地位

省級出現「大規模」政改的歷程，是一條漫長的「因果鍊」（causal chains）。當中有許多因素環環相扣，這三項「微義」的要件，對於省級出現大規模政改而言，雖然是不可或缺的因素，但重要性相對低於省委書記的政績、派系，這主要有兩個原因。其一，該要件在因果鍊的位置，和依變項的距離過遠。[65]其二，如果該要件在因果鍊的出現次數過於頻繁，則喪失特殊性可言，這也有可能也是「微義」要件。[66]第三，這些要件所導致的依變項性質，可能不是研究者最關注的焦點。這些討論，筆者將在本書末的附錄，再進行深究。此處，筆者只簡短的說明為何這這三項因素，是「微義」的要件。

1. 就因果鍊的位置而言，這三項因素和依變項的距離過遠。舉例而言，遂

民日報，2010年6月.1日，第1版。

[63]「張寶順奉調返京係謠言」，澳門日報，2008年10月16日，第A4版。

[64]「問責制不應只問『二把手』」，星島日報，2008年10月15日，第A26版。

[65] James Mahoney, Erin Kimball, and Kendra L. Koivu, "The Logic of Historical Explanation in the Social Science," *Comparative Politics Studies*, vol. 42, no. 1 (January 2009), pp. 119-121.

[66] 舉例而言，「軍隊」是「戰爭」發動的條件，但卻是「微義」的條件。因為所有戰爭的要件之一，都是軍隊，該變項出現過於頻繁。「軍隊」這個因素對戰爭而言，不具太多建立因果關係的實質意義。從這個觀點來看，部分學者反對社會科學的因果關係，必需求取「必要條件」。Downs認為，影響事件發生過程的「必要條件」通常有許多，到要找到有意義的「必要條件」並不容易。George W. Downs, "The Rational Deterrence Debate," *World Politics*, vol. 41, no. 2 (January 1989), p. 234.

寧的基層首長選制改革出現在1998年，距離四川出現大規模政改（2005年）的距離，相距七年。若吾人聚焦在但張學忠的因素，他在2002年末赴任四川省委書記，2005年就發生全省的政改。換言之，張學忠的「政績」、「派系」因素，距離依變項出現的時間不到三年，是一個更重要的變項。

2. 從變項出現的次數來看，這三項「微義」要件在中國大陸的政改歷程上，出現頻繁，較無特殊性可言。從「基層幹部的制度創新」來論，許多中國的基層幹部有過這樣的貢獻，這不是少數省份的特有現象。「省委書記有『理念』、『威望』去推動政改」的因素，亦出現頻繁。舉例而言，江蘇前省委書記回良玉也曾表示要推動改革，但他的「派系」關係較弱，因此該省的政改要等到李源潮主政，才得以推展。

3. 就「依變項」的性質而言，本書的關懷在於解釋省境的大規模政改，而非著眼於少數基層的試點。即便這三項「微義」的要件同時存在，我們只能去解釋為何少數的試點會出現在省境。但如果要解釋大規模的改革，則必須著眼於省委書記的「政績」、「派系」因素。

筆者強調，這三項要件對於省級大規模政改的發生，是不可或缺的。在複雜的歷史脈絡中，變項存在環環相扣的聯繫，吾人很難排除變項與變項之間，發生相互影響的可能性。[67]「微義」的要件在因果鍊當中，其重要性要低於省委書記的「政績」、「派系」因素。「微義」的要件必須在同時出現的狀況下，才使得省委書願意推動「大規模」的政改。筆者將政改的「因果鍊」，繪於圖1-3。關於此議題的詳細討論，筆者將在本書附錄的部分來進行。

---

[67] Lieberson曾舉出一個有趣的例子：導致車禍的因素，可能有酒駕、逆向行駛、超速、闖紅燈，但我們怎麼能知道，其原因不是因為先酒駕，再引起逆向與超速，最後導致車禍。換言之，這些因素並非各自獨立，而是相互影響。Savolainen認為將變項視為互相獨立，是錯誤的觀點。他將這種觀點稱為「原子論的變項」（atom variable），並認為變項絕非是單一而互斥，而是可以互相結合。Stanley Lieberson, "More on the Uneasy Case for Using Mill-Type Methods in Small-N Comparative Studies," *Social Force*, vol. 72, no. 4 (June 1994), p. 1231; Jukka Savolainen, "The Rationality of Drawing Big Conclusions Based on Small Samples: In Defense of Mill's Method," *Social Force*, vol. 72, no. 4 (June 1994), p. 1221.

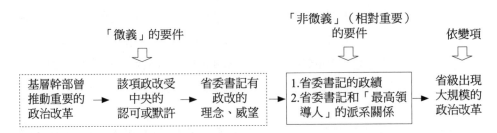

說明：虛線的部分是「微義」的變項，而實線的部分則為「非微義」的要件。
資料來源：筆者自行整理。

圖1-3　省級出現「大規模」政改的因果鍊

　　最後，筆者必需說明在圖1-3的「因果鍊」當中，為何排除地方「初始條件」的因素？雖然本書強調，基層或省級的領導幹部，會依據「初始條件」去追求「社會穩定」或「經濟發展」的政績，再決定要推動人事或行政制度的改革。但筆者傾向於將「初始條件」視為一個背景條件，相對於圖1-3的「微義」要件而言，它是一個影響力更弱的因素。筆者從兩個層次去討論之。首先，「初始條件」和依變項的相距時間更為遙遠。多數地區的「初始條件」，在改革開放，甚至是建國以來，就未有本質性的改變。但即便是江蘇、四川等政改推展較快之地，也都是2003年之後才出現大規模的改革，其和「初始條件」的直接聯繫程度是較弱的。第二，就變項的性質而言，「初始條件」主要是指經濟發展狀況，其和政治改革的性質較無關連。但三個「微義」的要件，都是政治改革的相關討論，它們直接探究政改如何出現，為何出現等問題。在這些考量下，筆者認為較之「初始條件」而言，有更多的要件對於政改，扮演了更直接且關鍵的因素。

三、解釋省級政改的重要因素：政績、派系

　　影響省級政改的因果鍊當中，有「微義」的因素，也有「非微義」（相對重要）的要件。筆者認為，聚焦於省委書記的「政績」、「派系」，是最為有力的解釋項。它對於我們所要討論的依變項來說，是最重要且直接的自變項。

　　「幹部考核制」環扣中央最重要的發展方針：經濟發展、社會維穩。省級領導在這套制度的制約下，其行為鑲嵌在該省份經社結構的「初始條件」之中，並透過理性的算計來決定政改是否發動，以及朝何種模式發動。本書強調，在經濟發展良、窳之省份，幹部會在任期有限的前提下，對於「政績」的追求產生不同的「偏好」。[68]

　　形成這些「偏好」的另一要素，來自於中央對省級的期許。在省級存在「分離主義」的領導幹部，中共以「穩定壓倒一切」的原則進行幹部考核。以西藏為例，中央組織部曾對西藏幹部的考核，提出明確的要求，也就是「把在對達賴集團鬥爭、維護社會穩定中的表現，作為考核基層黨組織建設實際成效的重要標準。」[69]在分離主義盛行的地區，政治改革不會是領導幹部著重的焦點。本書的設定中，以西藏、新疆為該地區的主要省份。

　　未存在「分離主義」的地區，幹部會依據省級的「初始條件」來決定政改的方向。「基層首長選制改革」有助於「社會維穩」的政績表現，在經濟不佳的省份多會傾向這項改革。若該省的「基層幹部」有推動該項改革，並獲得中央的認可，省委書記容易將該項改革大幅推廣；而「行政三分制」的推動，主要是在吸引外資，這和「經濟成長」較有關係，在經濟富裕之地，省委書記會借用基層的改革經驗，來推廣這項政改。政績取向影響政改路徑的論證，本書將在第三至五章的個案研究來處理。

　　「派系」因素則降低省委書記的政改風險。由於省委書記為最高領導人的親信，因此獲得改革的先行權。政治改革對於中央而言，也存在改革結果的高度不確定，「最高領導人」希望將改革權交給親信的省委書記，以調控整個改革的幅度與進程。筆者將最高領導人調控省級政改之示意，繪於圖1-4。

---

[68] 關於「偏好」對於人類選擇的影響，可參閱Gary S. Becker, *The Economic Approach to Human Behavior* (Chicago: University of Chicago Press, 1976), p. 5.

[69] 「中央組織部通知要求西藏及其他藏區，認真開展黨員幹部主題教育，切實加強基層黨組織建設 為西藏及其他藏區的穩定和發展提供組織保證」，**人民日報**，2008年4月4日，第4版。

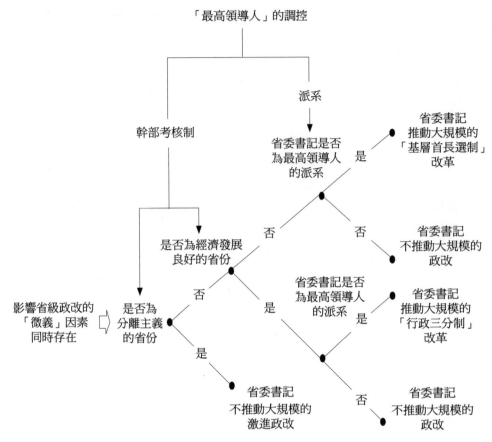

資料來源：作者自行整理。

圖1-4　「最高領導人」調控下的省級政改

　　筆者提出「最高領導人」是如何透過兩種途徑，來調控省級的政改。但在相當程度上，圖1-4僅做出「路徑」的歸納，讓讀者易於掌握本書的梗概。但它並未提出具體的「因果機制」（causal mechanisms），去說明「為何」當省委領導是最高領導的「派系」時，較容易發動政改？也沒能說明「為何」經濟狀況較差的地區，領導人傾向改革「基層首長選制」，而非「行政三分制」？對此，筆者將在第二章提出本書的因果機制──「政績─派系」模式，來回答上述的問題。

第四節　個案比較、資料來源與章節安排

　　行文至此，本書的研究架構隱然呈現：筆者將「政績」、「派系」，視為解釋項，並將省級是否出現兩種政治改革——基層首長選制改革、行政三分制，設定為依變項。以下，筆者進一步提出本研究的個案比較架構與資料來源。

一、結構式比較

　　依循省級「初始條件」與政改模式的相關性假設，本書提出三個個案來建構出整體理論。這三個個案的邏輯環環相扣，並非各自獨立，本書稱之為「結構式比較」。筆者的這項觀點，是乞靈於George所提出的「聚焦於比較的結構性方法」（method of structured, focused comparison），George認為研究者必須釐清研究問題和變項，再選擇適合的個案來比較，[70]但他並未具體提出可以操作的步驟。筆者則提出「結構式比較」的概念，並透過三個問題的提問，來建立操作程序。

　　首先，筆者必須先選擇一個不合常理的個案來進行解釋。[71]筆者想要問的問題是：為什麼經濟不發達的省份，領導幹部要進行「基層首長選制」的改革？這個現象的代表省份是四川，但該現象卻不合「現代化理論」的預期，本書將以四川為個案去剖析這個有趣的問題。筆者的觀點是：由於四川的經濟落後導致社會不穩定，因此前省級書記張學忠，藉由和胡錦濤的派系關係，在該省進行「基層首長選制」改革，來化解社會矛盾。從該個案當中，我們初步建立了一個理論模式，那就是經濟落後地區的省級領導在經濟發展的過程中，會

---

[70] Alexander L. George, "Case Studies and Theory Development: The Method of Structure, Focused Comparison," in Paul Gordon Lauren ed., *Diplomacy: New Approach in History, Theory, and Policy* (New York: Free Press, 1979), pp. 61-63.

[71] 在某種程度上，這是一種「啟發式個案」（heuristic case）的研究。其目的在於從一個理論無法解釋的個案著手，去試圖建立新的理論。Harry Eckstein, "Case Study and Theory in Political Science," in Roger Gomm et al eds., *Case Study Method* (London: Sage, 2000), pp. 137-40.

推動更多的人事改革來追求社會維穩的「政績」。

其次，依循著四川的研究結果，本書進一步要問的是：假如在經濟發達的省份，領導幹部是不是就不積極推動「基層首長選制」改革？如果四川是從「正面」（positive）的結果去建立理論，則我們必須借用「反面」（negative）的角度去加強理論，[72]它屬於四川政改的「反面個案」。[73]由於社會科學難以透過實驗的操作來製造兩種對立的情境，因此納入「反面個案」來做「跨個案研究」（cross-cases studies），成為加強「因果效度」的方法。該個案作為對照組，必須和實驗組呈現「最大相似」（most similar）的情境，[74]以探求「在其他條件相似的情況下，如果變項A消失，是否結果也消失。」

廣東和四川正是「最大相似」的情境。兩省的政治體制相同，都屬於「列寧式黨國體制」。其次，廣東省委書記汪洋，也是胡錦濤的嫡系。但廣東、四川兩省的經濟狀況不同。廣東作為四川的「反面個案」，筆者將得出以下結論：在經濟富饒的廣東，領導幹部普遍不熱衷追求「基層首長選制」改革，而推動「行政三分制」來發展經濟。從四川與廣東的正、反個案中，本研究已經建立了更全面的理論——經濟貧困的省份，領導幹部傾向改革「基層首長選制」；而經濟富裕的省份，則偏好推動「行政三分制」。

最後，在透過「正面」與「反面」的個案，去建立理論後，必須更進一步去深究，是否有不符和理論預設的「異例」（anomaly）？這些異例是否會對原有理論存在更多啟發？[75]筆者的第三個問題是：是否有個省份的政改不符合

---

[72] Charles C. Ragin, "Turning the Tables: How Case-Oriented Research Challenges Variable-Oriented Research," in Henry E. Brady and David Collier eds., *Rethinking Social Inquiry: Diverse Tools, Shared Standards* (Lanham, Md. : Rowman & Littlefield, 2004), pp. 130-133.

[73] 就比較方法的邏輯而言，筆者認為它可視為四川政改的「反事實個案」（counterfactual case）。Skocpol在關於革命的研究，也利用普魯士、日本、英國，分別作為法國、俄國、中國的「反事實個案」。相關討論，參見James D. Fearon, "Counterfactuals and Hypothesis Testing in Political Science," *World Politics*, vol. 43, no. 2 (January 1991), p. 187.

[74] Henry E. Brady, "Causation and Explanation in Social Science," in Janet M. Box-Steffensmeier, Henry E. Brady and David Collier eds., *The Oxford Handbook of Political Methodology* (New York: Oxford University Press, 2008), p. 220; John Gerring, *Social Science Methodology: A Criterial Framework* (New York: Cambridge University Press, 2001), p. 229.

[75] 從「個案研究」的角度來說，它相當等於是「偏異個案」（deviant case）。John Gerring,

四川、廣東個案所建立的理論？其原因為何？江蘇就是一個有趣的異例。前省委書記李源潮是胡錦濤的派系，但令人費解的是，該省經濟富饒，卻廣為推行「基層首長選制」改革，這不符合前文理論的預期。筆者將對這個異例提出以下的解釋：胡錦濤有意在江蘇，試行「基層首長選制」改革，因此調整了對於江蘇省的政績考核，以期待在東部省份建立「和諧社會」的樣版。這使得李源潮在該省不但推動行政改革，且在胡錦濤的授意下，大規模地進行「基層首長選制」改革。江蘇這個異例有幾個議題值得深入討論，包括：為何胡錦濤會選擇該省進行「基層首長選制改革」的試點？是否是該省有曾推動「基層首長選制改革」的歷史背景？李源潮在推動該項改革後，對其仕途是否有所助益？上述問題，筆者將逐一答覆於第五章。

在個案的研究年限上，筆者選取三個省份出現重要地方試點的時間為始，而以大規模政改發生的時間為終。分析的年限，分別是四川（1998-2005）、廣東（1998-2009）、江蘇（2002-2004）。[76]四川在1998年時，出現了步雲鄉的鄉長直選；廣東在1998年後，則相繼出現深圳的行政審批改革以及大鵬鎮的鎮長選制改革；江蘇在2002年之後，先是李源潮在南京進行行政改革，仇和又在2003年於宿遷推動「公推直選」。在時間的終點上，以該省份出現大規模的政改為判斷指標。四川在2005年之後，鄉鎮黨委書記的「公推直選」已擴至全省；廣東在2009年之後，也擴大「行政三分制」的試點；江蘇則在2004年之後，由李源潮發動了大規模的「公推直（公）選」，最高試行的單位已擴至副廳級的「一把手」，其廣度與力度都冠居全國。

筆者提出「結構式比較」的概念，希望精緻「小樣本」（small N）研究的精髓，以加強個案研究法的廣度與深度。三個省份的政改模式，可以看出省級的政改確實有「路徑依賴」（path dependency）的遺續。[77]但「外因」

Case Study Research: Principles and Practices (New York: Cambridge University Press, 2007), pp. 105-106.

[76] 三個個案的分析年限不一，但由於本書所陳述的幾個觀點都發生在上述年限中，因此並不弱化本書的理論建構。

[77] 關於「路徑依賴」的探討，可參見Thelen, "Historical Institutionalism in Comparative Politics," p. 384.

（exogenous motive）出現時，將破壞「路徑依賴」的軌跡。[78]江蘇的個案，為該省份發生了某種「外因」，導致制度變遷溢出常軌。江蘇個案的討論，本書將在第五章進行處理。以下，筆者將「結構式比較」的架構繪於圖1-5。

　　在提出個案比較的架構後，筆者必須進一步釐清「分析單位」（analytic unit）。雖然比較的個案屬於省級，但筆者卻不可避免的將分析單位下放到更基層，因為省委對於政改的推動，往往是選擇省屬的幾個地方來試點，而非一開始就透過全省的改革來實踐。誠然，四川在2005年，廣東在2009年，江蘇在2004年之後，都將政改大幅的推向全省，所以它們的依變項是類似的。但在發生大規模政改之前，這些省份的少數基層地區都曾出現試點，而討論這些試點的動因，與省委書記是如何看待這些政改的基層幹部，是非常重要的議題。這

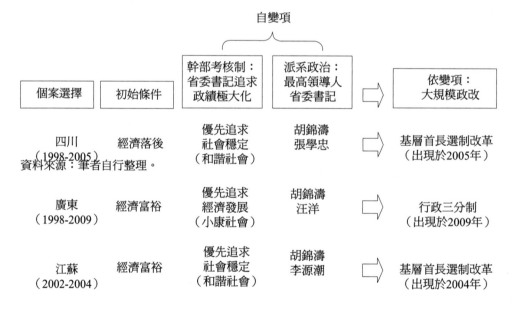

圖1-5　政治改革的「結構式比較」

資料來源：筆者自行整理。

---

[78] Thelen, "Historical Institutionalism in Comparative Politics," pp. 388-392.

使得筆者的「分析單位」必須兼顧省級以下的地方，挑幾個較有意義的地方個案，來洞悉省委與地方之間的互動。吾人在設定「分析單位」時，必須遊移於中央、省級、地方之間。這對於「分析單位」的一致性當然有傷害，但卻是無可避免的「取捨」（trade-off）。

二、分析單位

圖1-5所提出的三個個案，雖是對於省級進行比較，但在研究方法上，卻存在著類似「區位謬誤」（ecological fallacy）的問題。[79]這個問題的起源，在於雖是討論省級，但「分析單位」有可能是在分析更小的單位。許多省級的主要政改，是在市縣（區）、鄉鎮層級，但並非該省所有的市縣（區）、鄉鎮，都全部進行改革。當我們在論述「四川省進行人事改革」時，很可能只是在說明四川省的部分地方在進行改革。換言之，筆者分析「大單位」（省級）的政改，實際上卻涉及「小單位」（市縣、鄉鎮）的改革。「區位謬誤」確實是個案比較的一大難題。[80]

筆者在省級以下，挑選幾個「代表性」（typification）較強的下屬單位，去分析省級與這些下屬單位的互動。這些省份雖然最終都出現「大規模」的政改，但在大規模政改出現之前，該省的政改是由少數基層地區先行試點。分析這些代表性地區的改革，可以洞察省級在大規模政改之前，該省為何會出現政改的先行地區，以及省委書記是如何看待這些試點之地。換言之，本書最主要的研究課題，並非省級在出現大規模政改之後的運作狀況，而是之前的這段「試點」歷程。這段基層的改革蘊含豐富的理論意義，值得本書細心討論。

三個省份的分析單位如下。以四川為例，1998年至2001年間，最有意義

---

[79] 對於「區位謬誤」的探討，可參見Frans van Poppel and Lincoln H. Day, "A Test of Durkehim's Theory of Suicide: Without Committing the Ecological Fallacy," *American Sociological Review*, vol. 61, no. 3 (June 1996), pp. 500-507.

[80] Yin認為分析單位的不明確，常讓讀者誤解筆者的研究對象。他舉「街角社會」（Street Corner Society）這部社會學名著為例，本書雖然是討論都市的貧民社區，但實際上是在討論更小的單位——社區裡面的幫派群體。Robert K. Yin, *Case Study Research: Design and Method* (Newbury Park, Calif.: Sage, 1989), pp. 31-32.

的政改出現在遂寧，而2002年之後則移到雅安和成都新區。2005年之後，四川的人事改革則擴至全省。筆者在處理四川的個案時，依年次先後討論遂寧、雅安、成都新區的政改，並將主軸放在中央、省委與地方幹部的互動。在廣東的個案，筆者選擇以深圳為代表，該市的「行政三分制」是最富代表性的試點。此外，該市的大鵬鎮也曾在1999年推動鎮長選制的改革，但只短暫的試行一屆。江蘇則有兩個政改典範，分別是李源潮主政時的南京，以及仇和治下的宿遷。在李源潮就任省委書記後，借用仇和在宿遷的改革經驗。本書的分析單位見於圖1-6。

筆者必須說明，圖1-6所列舉的地區，都是本書的「分析單位」。為何本書不直接將「分析單位」全部下放到地方基層，而在中央、省級、地方做出游移？這無疑增加研究設計的難度。筆者想要強調的是，政治改革最有影響力的單位是中央、省級，但改革最具成效的區域是地方，這迫使我們必須將視野涵蓋至上述層級，以便於對政治改革的發動，獲得更全面的輪廓。

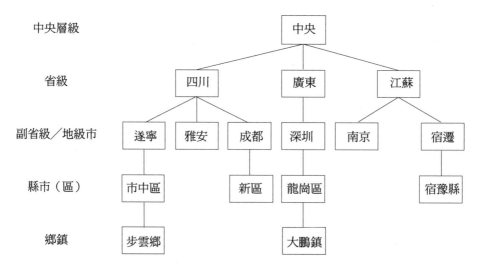

說明：遂寧的市中區在2004年取消，而分設船山區，安居區。
資料來源：筆者自行整理。

圖1-6　本書的「分析單位」

三、資料來源

本研究是透過個案的歷史比較來進行。在研究資料上，筆者盡量採用「原始資料」（primary sources）。多數「比較歷史」的學者在採用資料，往往選擇二手文獻。Lustick在批判Skocpol的研究時曾提及，Skocpol在運用史料去組建理論時，也看到原始資料不足等問題，但她卻沒有嘗試去解決。她還認為可以用優秀的二手文獻去駕馭理論。但何謂優秀的二手文獻？這些作品沒有歷史資料選擇偏差的問題嗎？Lustick認為研究者應該盡力運用原始資料來還原歷史的事實，並由此去測試理論的真偽。[81]

本書儘可能去探究中央、省級幹部的政改意向。由於筆者無法透過深度訪談去洞察領導人的觀點，因此必須藉助相關文件來分析。中央與省委的機關報，是一個適合的材料。這些黨委機關報，受到極為嚴格的政治監督，務求黨委機關報能妥切的反映領導人的觀點。江澤民在一次新聞工作會的講話中說道：

> 各級黨委要經常研究討論新聞工作。比如每一段時期的宣傳方針、指導思想、報道重點、宣傳效果等等，都應該在黨委會上討論。黨委主要負責同志要親自過問新聞宣傳。要及時向新聞單位通報情況，下達任務，提出要求，並親自審閱重要的社論、評論、新聞稿。[82]

這段文字透露出黨委機關報的審訂過程中，必須透過領導人的親閱才能發佈。本研究藉由黨委機關報的資料來分析黨政「一把手」的意向，應是可行的方式。筆者盡可能閱讀相關的報刊，主要年限在1998年至2009年之間。於中央一級，筆者參考了「人民日報」、「法制日報」、「中國青年報」、「財經時

---

[81] Ian S. Lustick, "History, Historiography, and Political Science: Multiple Historical Records and the Problem of Selection Bias," *American Political Science Review*, vol. 90, no. 3 (September 1996), p. 606.

[82] 江澤民，「對於黨的新聞工作的幾個問題：在新聞工作研討班上的講話提綱」，人民日報，1989年11月28日，第1版。

報」。在四川的個案上，主要是以「四川日報」為主。廣東的分析上，則閱讀「南方日報」、「南方都市報」、「南方周末」、「21世紀經濟報道」、「深圳特區報」。而江蘇部分，以「新華日報」為主。值得一提的是，省委報刊的內容中，以廣東較為開放。[83]由於廣東報刊的多元性，筆者在討論四川、江蘇的個案時，也參考了廣東報刊的資料。此外，筆者還引用一些官方網站的資料，以及討論大陸政改的二手文獻。

　　港媒亦是筆者的參考來源。香港由於臨近大陸，消息來源較為多元。在冷戰時期，香港就被外界視為是吸收中國內地消息的重要地點。[84]在筆者所蒐集的港媒資料中，其報導的力度確實較內地傳媒來得大，但消息可信度則必須查證。筆者盡量比較不同港媒的觀點，去分析其報導內容是否一致，以避免孤證不立的情形。本書所引用的主要港媒，包括：「文匯報」、「大公報」、「香港經濟日報」、「信報財經新聞」、「明報」、「東方日報」、「星島日報」等。此外，筆者還參考澳門的「新華澳報」以及新加坡的「聯合早報」。但如果外地報刊的內容與中國官方傳媒不同，則以官方傳媒為主。

　　在閱讀過程中，筆者依照時間出現的先後，將中央與省級的相關報導做出時序性的彙整。本書透過比較分析，來洞察中央在發佈政改命令後，三個省級有何不同的反應？或是省級在率先進行政改試點後，中央有何不同的評價？這些評價是否又會影響省級領導的政改意向？中共官方對政改的態度往往是晦暗不明，難以為外界所觀察。筆者透過對官方報紙、港媒報導的反覆比對，希望能「再現」領導人的態度，使中央與省委的意向得以呈現。總的來說，筆者就是透過上述的報刊資料，做出中國大陸政治改革的省際比較，並不斷修正筆者所提出的理論架構，務求論點能符合經驗研究的檢視。

---

[83] 舉例而言，在2003年被停刊的「21世紀環球報道」亦屬於廣東官媒。它是大陸第一個使用「團派」詞彙的內地報刊。「『21世紀環球報道』被停刊」，**都市日報**，2003年3月15日，第4版。

[84] Eugene Wu, "Contemporary China Studies: The Question of Sources," in Roderick MachFarquhar ed., *The Secret Speeches of Chairman Mao-From the Hundred Flowers to the Great Leap Forward* (Cambridge and London: Harvard University Press, 1989), p. 65.

四、遺珠之憾：浙江

本書以四川、廣東、江蘇作為個案選擇。在中國其他的省份中，也存在極具意義的個案。但限於篇幅與筆者的資源，只能割捨。當中，最令筆者感到遺憾的省份，當屬浙江。早在1980年代末期，浙江就以政改著稱。台州的椒江區在1988開始試行「黨代會常任制」，其運作之完備在全國名聞遐邇，已形成市、縣、鄉的三級聯動體系。[85]其次，溫嶺在1999年推動的「民主懇談」，增加民眾對於決策的參與性，不但獲得第二屆的「中國政府創新獎」（2003-2004），更被部分學者視為是中國推動「審議民主」（deliberative democracy）的典範。[86]此外，浙江是當前中國推動「省管縣」體制最先進之地，它改變了「省—市—縣」的三級體系，而賦予縣級更多的自主權。1992年，浙江就讓十三個經濟發展較快的縣市進行「擴權」，使之具備具體的財政審批權，避免縣級受到市級的過渡干預。該體制影響甚廣，東部省份與四個直轄市繼而效尤。[87]

浙江的確是中國政改的要地，但筆者最後割捨該個案，有幾個考量。第一，浙江各地的政改創新，其力度確實冠居全國，但多數改革並未在全省「大規模」的推行，這並非是筆者想解釋的依變項。第二，唯一大規模的政改，僅為「省管縣」的改革。然就性質而言，「省管縣」較接近財政體制的改革，它與政治體制的光譜相差較遠。此外，即便是「省管縣」的制度，目前的爭議仍是不斷，主要是縣級領導僅獲得財政自主權，但人事任命權仍掌握在市級領導手中。[88]換言之，它並未根本改變中共政治體制的本質。

最後，浙江的「小政府、大社會」特色，實在太過獨特。在筆者的架構

---

[85] 王長江、張曉燕、張榮臣，**黨代會常任制理論與實踐探索**（北京：中央黨校出版社，2007年），頁1。

[86] Baogang He, "Participatory and Deliberative Instituutions in China," in Ethan J. Leib and Baogang He eds., *The Search for Deliberative Democracy in China* (New York: Palgrave Macmillan, 2006), pp. 175-196.

[87] 王紅茹（等），「『省管縣』改革：有望全面積極推進」，**中國經濟周刊**，第22期（2007年），頁16。

[88] 王紅茹（等），「『省管縣』改革」，頁17。

中，主要是著重於省級領導的面向，但這個解釋不能適用於浙江。換言之，浙江的特殊性，反而斲喪和他省的可比性。「中產階級」在四川、廣東、江蘇的政改過程中，影響力並不大，其改革的興廢，完全繫之於領導幹部的因素。但筆者的這項推論，不敢完全用在浙江。誠如大陸資深記者章敬平指出：

　　浙江經濟的驚人成就，自發地孕育出一個新生的私營企業主階層，爭取更大財富的動力，驅使這些新的先進生產力的代表們，自下而上地攀上權力的枝條，執政黨自上而下的不失時機的應和，最終釀成了我們所看到的浙江的民主。[89]

　　「現代化理論」的預期，似乎應驗在浙江。總的來說，筆者認為浙江的獨特性過於強烈，它和四川、廣東、江蘇的發展模式，存在極大的差距。如果我們將省級作為政治改革的「母群體」，將會發現中國大陸的省級是「異質性母群體」（heterogeneous population），其中至少包含了兩種政改的型態：「政治菁英的單向主導」和「政治菁英與中產階級的共同主導」。面對異質性的母群體，筆者面臨一項個案選擇的問題：本書要聚焦於同質性的「群體」，從中挑選性質相似的個案，來比較為何產生結果的異同？抑或選擇兩組異質性的「群體」，再從「群體」內部挑選代表性的個案，來探討其結果何以會呈現異同？後者會是一個比較具有野心的研究，因為要處理更多變項控制的問題。特別是研究浙江這類案例，一定要透過實地的田野訪談來論證。但筆者依據研究的資源，只能選擇同質性的群體：四川、廣東、江蘇。這三個省份中，政治菁英主導政改的特色是較為顯著的，筆者可以運用官媒等文字資料來洞悉政治菁英的意向，以驗證本書假設。

　　浙江所發動政治改革，很可能涵蓋中產階級的因素。民眾參政意識，可能已經在浙江孕育而生。即便筆者認為黨國體制的核心，不會因此而發生本質的改變，但這方面的研究必須透過實地訪談來討論。在未來的研究上，筆者或許

---

[89] 章敬平，浙江發生了什麼：轉軌時期的民主生活（上海：東方出版中心，2006年），頁1。

可以運用單一個案的途徑,來分析浙江對於中國政治改革,是否符合現代化理論的推測。但依筆者目前的能力與所掌握的資料,要納入浙江的個案,確有窒礙之處。

五、章節安排

本書屬於質性個案的比較研究。筆者依據時間、資源的考量,選擇四川、廣東、江蘇的個案,去進行「有意義的比較」(meaningful comparison)。筆者試圖從個案當中,建立「政績-派系」模式。此外,筆者希望透過質性方法的驗證,去檢視本書根據質性個案所建立的理論,是否符合邏輯的嚴謹性。依據上述的研究旨趣,筆者做出以下的章節安排。

第二章,筆者嘗試建立省級「初始條件」與政改結果之間的「因果機制」。筆者將在本章中,指出「現代化理論」的論述:經濟發展導致政治改革,並無法完全用來解釋中國大陸省級的政改。對此,筆者認為現代化理論是一種「中產階級」取向的解釋,這並不適合來援引於中國的現況。筆者提出「政治菁英」取向的途徑,並建立「政績-派系」模式,來做為聯繫「初始條件」與政改結果之間的「因果機制」。從「政績-派系」模式來切入,可以幫助筆者在進行個案比較時,能依據該架構去選擇需要的素材,以免埋沒在浩煙如海的資料。對於讀者而言,也能較易的掌握筆者的理論觀點,從而快速進入本書的脈絡中。

第三至五章,是個案研究的部分。筆者依次分析四川(1998-2005)、廣東(1998-2009)、江蘇(2002-2004)的個案。這三個省份在出現「大規模」政改時,都存在三個微義的要件:基層幹部的政改創新、該創新受到中央的肯定、省委書記有理念或威望推動政改。在省委書記的「政績」與「派系」之比較上,省委書記張學忠、李源潮追求「和諧社會」的政績,而汪洋則追求「小康社會」的政績,而三位書記都是胡錦濤的派系,因此相繼在全省,推動「基層首長選制」或「行政三分制」的政改。筆者用「政績」、「派系」,去解釋為何這兩種激進的制度會出現在這三個省份,以及三個省份為何會出現不同形式的政改。

　　第六章為總結，筆者將試圖從「政績－派系」模式，和更多理論進行對話。本章將從政績與菁英晉升的關係、派系政治與制度變遷、政治發展的解釋途徑、如何降低政治改革風險性等面向，逐一分析「政績－派系」模式對於現存理論的補充。最後，本書還將略述研究結果的延伸：筆者對於「中國模式」的再審思。

　　最後，我們在附錄的部分將從方法論的角度，去檢證「政績－派系」模式的適用性。建立該模式的具體素材是第三至五章的個案比較，而附錄的部分則從質性方法檢驗「政績－派系」，是否是較為適合的解釋項。筆者將運用「布林代數分析」、「事件結構分析」，依次推導。筆者得出的結論，是「政績－派系」確實是導致省級發動大規模政改的重要因素；而「基層幹部的政改創新」、「該創新受到中央的肯定」、「省委書記有理念或威望推動政改」，都只是「微義」的要件。筆者在附錄的部分，也將試圖把本書所運用的「工具」與「技術」，整合歸納為一套質性比較的「操作手冊」。

　　筆者曾在第一章指出，圖1-4雖已提出改革路徑的歸類，但卻缺乏明晰的「因果機制」。該圖無法清楚告訴讀者，「為何」路徑會按照圖1-4的預期來展開。在提出筆者的觀點之前，我們先來回顧學界對於「民主化」的經典理論：現代化理論。該理論認為經濟發展之後所產生的「中產階級」，提供了一個機制去聯繫「經濟發展」與「民主化」的關係。但筆者認為用「現代化理論」去解釋中國政治，存在著重大侷限。這促使本書必須重新提出新的「因果機制」，也就是以「政治菁英」來取代「中產階級」。而政治菁英的「政績」、「派系」因素，就是本書最主要的解釋項。

第一節　「比較政治」脈絡下的中國大陸：「現代化理論」的問題

　　現代化理論是否存在著重大問題？從中國的個案來看，確實如此。筆者將先把梳相關理論，並檢視現代化理論對於中國政治的適用性，以說明為何筆者必須提出新的因果機制。

一、經濟發展導致民主？

　　現代化理論對於民主的解釋，一言蔽之，即經濟發展導致民主。最為經典的著作之一，是Lipset在1959年的文章，他明確指出經濟發展能導致民主化。在Lipset的定義中，經濟發展為財富、工業化、城市化、教育程度的平均值，

他由此來論斷在經濟發展良好的「盎格魯－薩克遜」（Anglo-Saxon）國家以及西歐、北歐等國，其民主發展是較健全的。[1]Moore則透過歷史比較的方式，指出英、法、美的中產階級革命，反映出城市中產階級對於民主的需求，因此經濟發展所產生的中產階級是推動民主化的要件。[2]這些學者都指出，經濟發展會導致民主化的實踐。

經濟發展的內涵非常明確，學界慣以國民生產毛額（GNP）為指標。杭廷頓指出在第三波民主化的國家當中，有一半的國家在1976年的平均國民生產毛額介於1,000美元至3,000美元之間，而66個非民主國家當中，有58個國家的GNP不足1,000美元。[3]從現代化理論的角度而言，經濟發展提供民主化的沃土。我們想要知道，中國的現況是否也符合現代化理論的預期？

過去的文獻在探討中國大陸是否民主化的問題時，多直接從全國性的角度來論斷。季禮（Bruce Gilley）的論述肯定現代化理論的命題，他認為中國經濟發展的快速，會使得中共從「發展性獨裁」（developmental dictatorship）政體轉型為「發展性民主」（developmental democracy）。[4]但這種觀點卻忽視了中國大陸各地存在巨大的歧異性。中國國情基本上是「一個中國，四個世界」，包括國民所得高於世界中等收入國家的地區，亦包括低於世界低收入國家的地區。[5]以中國大陸各省經社條件的迥異，我們實在很難將中國大陸視為鐵板一塊的整體。

其次，中國的幅員實在太大了。Bramall指出，單是一個四川的面積約等於一個法國，而四川在1990年的人口達到一億零七百萬，以歐洲的標準而言已

---

[1]　Seymour M. Lipset, "Some Social Requisites of Democracy: Economic Development and Political Legitimacy," *The American Political Science Review*, vol. 53, no. 1 (March 1959), p. 75.

[2]　Barrington Moore, *Social Origins of Dictatorship and Democracy: Lord and Peasant in the Making of the Modern World* (Boston : Beacon Press, 1993), pp. 413-432.

[3]　Samuel P. Huntington, *The Third Wave: Democratization in the Late Twentieth Century* (Norman: University of Oklahoma Press, 1991), pp. 62-63.

[4]　Bruce Gilley, *China's Democratic Future: How It Will Happen and Where It will Lead* (New York: Columbia University Press, 2004), p. 207.

[5]　胡鞍鋼、胡聯合，轉型與穩定：中國如何長治久安（北京，人民出版社，2005年），頁46-47。

經是一個大國。[6]如果我們把每個省分都視為一個「國家」，而各自擁有獨立的政治改革進程，那我們很好奇這些省份的經濟條件是否和民主化是否成絕對的正相關？本書以十六大之後在中國大陸各地鄉鎮黨委書記的試點為例，來做現代化理論的「理論測試」（theory testing）。

二、測試「現代化理論」

本書必須先扼要說明「民主」的定義。筆者採取熊彼得的觀點，將民主界定為人民透過選舉來選擇代議士或領導人的制度安排。[7]目前大陸各地試行的鄉鎮黨委書記的公推直（公）選，是「幹部人事制度改革」的一環，它在某種意義上符合熊彼得的民主概念，也是符合中國大陸情境的「民主的精確定義」（precising the definition of democracy）。[8]將「公推直選」視為「民主」，只是依據中國的現況來定義「民主」，但這種概念無法外延到其他國家的適用。

「公推直選」在過去近十年來的政改中，是一個令人矚目的熱點。透過該制可提高黨內「一把手」的合法性，但這種競爭式選舉存在「風險控制」等問題，目前最高試行的層級僅達鄉鎮一級。[9]各地對於該制有不同程度的實行狀況。這背後反映出該制度在中央的容許下，各省份有著不同程度的誘因來推動。文獻和新聞報導對於相關議題頗多述及，但欠缺統整性的資料。筆者利用網路、二手文獻，將大陸各省（直轄市）試行鄉鎮黨委書記「公推直選」的資料整理於表2-1。

---

[6] Chris Bramall, *In Praise of Maoist Economic Planning: Living Standards and Economic Development in Sichuan since 1931* (New York : Oxford University Press, 1993), p. 10.

[7] Joseph A. Schunpeter, *Capitalism, Socialism and Democracy* (London: Allen & Unwin, 1976), pp. 271-282.

[8] David Collier and Steven Levitsky, "Democracy with Adjectives Conceptual Innovation in Comparative Research," *World Politics*, vol. 49, no. 3 (April 1997), pp. 442-445.

[9] 「公推直選」（2009年4月28日），新華網，<http://big5.xinhuanet.com/gate/big5/ news. xinhuanet.com/ politics/2009-04/28/content_11271088.htm>。

表2-1　各省（直轄市）試行鄉鎮黨委書記「公推直選」的狀況

省份	實施鄉鎮黨委書記直（公）選的地區	數目
四川	南城鄉（1998）、靈山鄉（2001）、木蘭鎮（2003）、大興鎮（2004）、甘溪鎮（2004）、朝陽湖鎮（2004）、光明鄉（2004）、福紅江鄉（2004）、矗呷鄉（2004）、桂花鎮（2004）、新平鎮（2004）、岩口鎮（2004）、蘭草鎮（2004）、坦溪鎮（2004）、涵水鎮（2004）、筆山鄉（2004）、江口鎮（2004）、飛仙關鎮（2004）、遊仙鎮（2005）、歸德鎮（2005）、龍女鎮（2005）、金龍鄉（2006）、雲峰鎮（2006）、柏合鎮（2008）、西河鎮（2008）、團結鎮（2007）、永嘉鄉（2007）、回龍鎮（2007）、富牛鎮（2008）	29
江蘇	黃墩鎮（2003）、蔡集鎮（2003）、曹集鄉（2003）、歸仁鎮（2004）、龍集鎮（2004）、界集鎮（2004）、十字鎮（2004）、湯澗鎮（2004）、洮西鎮（2004）、梅花鎮（2005）、井頭鎮（2005）、順河鎮（2005）、曉店鎮（2005）、皂河鎮（2005）、陸集鎮（2005）、蔡集鎮（2005）、董浜鎮（2005）、土橋鎮（2005）、王莊鎮（2005）、燕尾港鎮（2005）、馬集鎮（2006）	21
雲南	金馬鎮（2004）、中樞鎮（2004）、牛街鎮（2004）、龍朋鎮（2004）、壩心鎮（2004）、太安鄉（2006）、船房鄉（2006）、古城區（2006）、光華鄉（2006）	9
貴州	新蒲鎮（2005）、官倉鎮（2005）、長沙鎮（2005）、擺所鎮（2008）、火鋪鎮（2008）、合馬鎮（2008）	6
內蒙古	西門鋪鎮（2008）、羊群溝鄉（2008）、西橋鎮（2008）、小佘太鎮（2008）、紅慶河鎮（2008）、天成鄉（2009）	6
河南	氾水鎮（2005）、銅冶鎮（2005）、瓦窯溝鄉（2005）、張閣鎮（2005）、大橋鄉（2008）、白營鄉（2009）	6
湖南	土橋鎮（2006）、和平鎮（2006）、龍頭鋪鎮（2006）、三尖鎮（2007）、白營鄉（2009）	5
浙江	龍繞鄉（2004）、涅浦鎮（2004）、夾浦鎮（2008）、和平鎮（2008）	4
安徽	梅林鎮（2004）、萬家鎮（2004）、洮西鎮（2004）、竹峰鎮（2004）	4
山東	乳山口鎮（2004）、馮家鎮（2004）、徐家鎮（2004）	3
河北	大崔莊鎮（2008）、燈明寺鎮（2008）、馬城鎮（2008）	3
吉林	龍沼鎮（2004）、七井子鄉（2004）、叉幹鎮（2005）	3
重慶	龍興鎮（2004）、天府鎮（2006）	2
陝西	湘水鎮（2005）、興隆鎮（2005）	2
甘肅	梁湖鄉（2009）、沙河回族鄉（2009）	2

省份	實施鄉鎮黨委書記直（公）選的地區	數目
江西	操場鄉（2009）	1
湖北	九道鄉（2005）	1
廣西	舊州鎮（2008）	1
未實施的直轄市和省份：北京、天津、上海、山西、遼寧、黑龍江、福建、廣東、海南、西藏、青海、寧夏、新疆		

資料來源：筆者整理於Google、百度網站，以及相關二手文獻，搜尋時間至2009年10月5日。

　　按照現代化理論的推論，經濟愈發達之處由於蘊含強大的「中產階級」，因此應存在更多的民主制度。但表2-1的統計結果，是令人極感困惑的。我們將各省（直轄市）所推行的鄉鎮推數目和該省（直轄市）的經濟狀況作比較。由於表2-1的統計時段，是在1998年至2009年之間，因此筆者在經濟表現的數據選擇，採用該時段中間（2003年）的資料。[10]在表2-1的政改表現最佳的四川省，其經濟表現被歸類於「欠發達地區」，在2003年的「國內生產毛額」（GDP）僅為757美元，[11]低於中國平均所得1,090美元。政改的另一個重鎮為江蘇，其經濟表現較佳，被歸類為「初等發達地區」，GDP為2,032美元。但政改表現次佳的幾個省份：雲南、貴州、內蒙古、河南，也全都是「欠發達地區」，雲、貴的GDP甚且是全國最差之省份。反倒是在「發達和中等發達地區」的北京、天津、上海等地，未見任何鄉鎮黨委書記直選的試行。

　　為何在中國大陸推行鄉鎮黨委書記直選最先進的省分，不盡然是經濟發展最富裕的地區？這說明現代化理論必須做出更精緻的論述。事實上，許多文獻證實了經濟發展必會導致民主化的預期，是一個「樂觀方程式」（optimistic equation）。[12]有文獻認為國民所得一旦突破1,000美元，政權的不

---

[10] 中國現代化戰略研究課題組，中國現代化報告2005：經濟現代化研究（北京：北京大學出版社，2005年），頁407。

[11] 在計算國民所得的方式，主要有「國內生產毛額」（GDP）和「國民生產毛額」（GNP）。換算的公式為：GNP=GDP+國外要素淨所得。一般而言，以GNP較能確實反映國民所得的狀況，但中國大陸出版的統計資料，多以GDP來計算之。

[12] Daniel H. Levine, "Paradigm Lost: Dependence to Democracy," *World Politics*, vol. 40, no. 3 (April 1988), p. 380.

穩定性也伴隨著現代化的腳步而產生。[13]O'Donnell指出阿根廷在1966年的國民所得達到818元,較之其他欠發達的國家要進步許多,但在經濟發展卻導致社會分化與不穩定,這提供了軍事政變的外在條件,建立了「官僚威權主義」(bureaucratic authoritarianism)政體。[14]

中國大陸各省份的經濟發展差距之大,提供我們研究經濟發展與民主之間的豐富素材。江蘇的個案,似乎說明了經濟現代化和民主的正相關仍適用於中國大陸,但四川的個案卻反駁了這個假設。如果經濟發展真的導致民主,那為何江蘇除外的東部各省,「公推直選」的推行遠遠不如中西部等經濟落後的省份?

現代化理論對於中國大陸的檢證,是難以令人滿意的。它最大的弊病,是研究者將源自於歐美經驗的民主發展模式,直接借鏡到中國,它並未說明中國的中產階級,是否有意願和能力追求民主化。Goldthorpe提醒我們,經濟發展將導致民主的論述,常犯了「黑箱問題」(black box problem),研究者多是憑感覺去連結因果關係,使得理論與歷史出現橫溝。[15]即便經濟發展真的能產生中產階級,則其是否一定會追求民主化?對於影響中國大陸政治發展的最大因素,是否真的是中產階級?吾人是否能從其他的途徑去建立更合理的架構,去解釋中國大陸的政治發展?

---

[13] Adam Przeworski and Fernando Limongi, "Modernization: Theories and Facts," *World Politics*, vol. 49, no. 2 (January 1997), pp. 160-161.

[14] Guillermo A. O'Donnell, *Modernization and Bureaucratic-Authoritarianism: Studies in South American politics* (Berkeley: University of California, 1973), pp. 132-163.

[15] 對於「黑箱問題」的探討,可見John H. Goldthorpe, "Current Issues in Comparative Macrosociology: A Debate on Methodological Issues," *Comparative Social Research*, vol. 16 (1997), pp. 13-18.

第二節　替代解釋：從「中產階級」轉向「政治菁英」──「政績」的最大化

　　省級的初始條件和政治改革之間，存在著一定的關係。但它不合「現代化理論」的預期：經濟發展導致民主。鑒於理論重建之必要性，筆者的思路是將「政治改革」的發動，連結領導幹部的「政績」，並逐一發展起本書的理論架構。

一、「政績」的運作過程

　　為何筆者會從幹部的「政績」去思考「現代化理論」的侷限？主因在於共黨體系與民主國家存在本質上的差異。共黨體系內部阻斷了民意的「反饋」（feedback）機制，[16]使得庶民百姓對於政治變遷的影響性不若西方國家，這動搖了民主化理論所期待的核心──中產階級──適用於中國的可行性。一個可以思考的面向，是政治菁英對於政改的態度。對於政治菁英而言，政治改革為何存在必要性？推動政改是否有助於政治晉升？如果政治晉升必須依賴「政績」的實踐，那「政治改革」和「政績」之間，似乎存在著某種亟待解答的關係。

　　領導幹部的「工作實績」稱為「政績」，其表現由上一級單位進行考核。共黨政權，掌握大批「職官名錄」（nomenklatura）的任命權。[17]幹部對於下屬幹部的考核，決定了該幹部是否能夠晉升。領導幹部的晉升方式，排除了利用選舉制度與民意匯集的機制來決定，端賴於提出「政績」來獲得上級領導幹部的首肯。這種區別於西方民主機制的幹部任命方式，簡旭伸稱為幹部的「向上問責制」（upward accountability）。[18]省級領導在「向上問責制」的體

---

[16] Bruce J. Dickson, *Democratization in China and Taiwan: The Adaptability of Leninist Parties* (New York: Oxford University Press, 1997), pp. 23-24.

[17] John P. Burns, "Strengthening Central CCP Control of Leadership Selection: The 1990 Nomenklatura," *The China Quarterly*, no. 138 (June 1994), pp. 459-461.

[18] Shiun-Shen Chien, "Local Responses to Globalization in China: A Territorial Restructuring Process Perspective," *Pacific Economic Review*, vol. 13, no. 3 (October 2008), pp. 509-510.

系下，容易在「經濟發展」和「社會維穩」之間，選擇易達成的政績，並盡量誇大其表現。

　　省級對「經濟發展」的政績，必須「下包」給下一級的單位完成。下級幹部以簽署「目標責任書」的方式，來保證在任期內完成上級交代的目標，並將責任書內容「層層向各基層部門和單位分解下去，把任期的藍圖真正變為現實。」[19]責任書的內容，依據黨政的分工而有所不同。金山愛透過訪談指出，鄉鎮長簽署經濟社會建設的責任書，而鄉鎮黨委書記負責簽署黨務建設，包括社會治安的部分。[20]縣級以上的領導幹部工作表現稱為「政績」，而「政績」的內容下放到鄉鎮一級的幹部，成為更具體的工作責任書。

　　「經濟發展」的政績承包體系，存在名實不符的後遺症。在考核下一級幹部是否有效完成預期政績時，必須慎防下屬單位的浮誇。共黨體系由於欠缺市場訊息的流通性，使得生產總值的指標向下傳遞後，下級單位的預計達成指標容易再增加。[21]幹部在年末為「確保」預期成績的達臻，無不盡量浮誇以宣示該省確實達到預期指標。以經濟成長為例，2005年的全國GDP增長率為10.2%，但各省卻只有貴州低於此數目，其他各省的平均指數都在12%以上。[22]換言之，下屬單位容易擴大政績表現。這種作法可追溯到大躍進時期，省級為配合並擴大中央的指示，而將所下發的達成指標給予「層層加碼」。[23]。

　　「社會維穩」亦是領導幹部的政績訴求，特別是避免因該項施政不佳而被上級單位實施「一票否決」。中共在1991年於縣級以上單位成立「社會治安綜合治理委員會」，實行「屬地管理」的方式，[24]擔任各級社會綜治委主任的領導，為該轄區的書記或副書記，嚴格監控所屬地區的社會穩定狀況。若下級單

---

[19] 「舊皇曆翻不成了，太平官當不成了：陝西簽訂經濟目標責任書，嚴格考核省地廳局領導以實績獎懲升降」，人民日報，1988年9月13日，第1版。

[20] Edin, "State Capacity and Local Agent Control in China," pp. 38-39.

[21] Janos Kornai, *The Socialist System: The Political Economy of Communism* (Princeton University Press, 1992), p. 128.

[22] 「國家統計局表示：盡快統一核算各省GDP」，經濟參考報，2007年1月23日，第2版。

[23] 叢進，曲折發展的歲月（鄭州：河南人民出版社，1996），頁121。

[24] 「1991-1992年全國社會治安綜合治理工作概況」，中央社會治安綜合治理委員會辦公室，中國社會治安綜合治理年鑒（1991-1992）（北京：法律出版社，1996年），頁30。

位在社會治安上，無法達成上級認定的工作指標時，將被施以「一票否決」的懲處。這意味著幹部即便其他工作表現再優秀，都無法升遷。綜治部門對於評管幹部升遷有很大影響力，鐘政軒（中央政法委的筆名）提到，組織人事等部門在考察、任用幹部時，都要先徵求綜治部門的意見。[25]「社會維穩」的政績表現，嚴重影響到領導幹部升遷與否的可能性。

二、省級領導升遷的主要憑藉：政績

　　針對本書探究的省級領導幹部層級，其升遷的憑藉是什麼？「政績」是否是最重要的因素？薄智躍對該問題有深入的討論。薄智躍指出「派系主義」、「地方主義」和「政績表現」是主導省級幹部升遷的三大因素。[26]其中，「地方主義」和「派系」的分野有高度模糊之處，兩者都屬於羅德明（Lowell Dittmer）謂之的「非正式政治」（informal politics）。[27]筆者認為「地方主義」由於也強調扈從關係，事實上和「派系主義」的差別不大。我們在討論領導幹部的升遷憑藉時，可以聚焦於兩大因素：重視工作實績的「政績表現」，以及重視扈從關係的「派系主義」。

　　「政績表現」相對於「派系主義」，是否已成為幹部晉升的最主要依據？學者的研究結論並不一致。周敬偉以1983至1984年間在北京的訪談為樣本，認為中共雖在1957年就發布「國務院關於國家機關工作人員獎懲暫行規定」明訂六種獎勵方式——記功、記大功、授予獎品或者獎金、升級、升職、通令嘉獎，但優秀的工作表現只能讓幹部獲得獎金等鼓勵，幹部最期望得到的「升級」和「升職」不容易靠工作表現來獲得，而是端賴於裙帶關係。人事法規的缺陷，使得表現平庸的幹部能由「關係」獲得晉升。[28]換言之，「派系」的重要性較「政績」來得重要。然則，周敬偉的研究時間在1980年代中期，

---

[25] 「社會治安綜合治理經驗集錦」，人民日報，2001年8月29日，第9版。

[26] Zhiyue Bo, *Chinese Provincial Leaders: Economic Performance and Political Mobility Since 1949* (Armonk, N.Y. : M.E. Sharpe, 2002), p. 4.

[27] Lowell Dittmer, "Chinese Informal Politics," *The China Journal*, no. 34 (July 1995), p. 197.

[28] King W. Chow, "Equity and Cadre Job Performance: Causation and Implications," *Issues & Studies*, vol. 23, no. 9 (September 1987), pp.62-65.

1990年代之後，這種情形是否有改變呢？

　　薄智躍的研究結果和周敬偉不同。他認為「政績表現」已成為幹部晉升的最重要憑藉。他的觀點是依循中國大陸為「發展型國家」的邏輯，透過三階段來推論：第一，中國大陸是「單一制國家」（unitary state），中央有權力控制菁英的流動；第二，中國大陸為發展型國家，中央需要拔擢在政績上有表現幹部；第三，在改革開放後，晉升無常規可尋的派系主義被弱化，使得幹部不再需要藉由激進的路線來取得中央的拔擢，取而代之的是務實的政績表現。[29]薄智躍認為，政績的重要性已經凌駕於派系。

　　學者認為改革開放之後，「政績表現」在中共幹部晉升體系的重要性日增，「派系主義」則趨減。本書認為「政績」的確是可以解釋大部分省級領導人升遷的因素，即便派系的重要性仍存在，但無法取代「政績」的重要性。單靠派系而無政績，亦是難以升遷。

第三節　科學發展觀的兩大「政績」指標：「小康社會」與「和諧社會」

　　「政績」是一個不太明確的概念，它意味著中共當前的執政主軸。中共習慣運用概括性的政治語彙來論述其著重的政績，十六大之後的「政績」論述有兩個重點：小康社會、和諧社會。這兩個「政績」指標構成當前中共執政的總路線，中共稱為「科學發展觀」。「小康社會」指的是經濟發展，而「和諧社會」則為社會維穩。經濟發展的指標比較明確，它指的是GDP的成長率，但社會維穩的指標比較模糊，但它至少涵蓋五個指標：通貨膨脹率、失業率、社會保障覆蓋面、貧困人口比重、貧富差距。[30]

---

[29] Bo, *Chinese Provincial Leaders*, p. 9.
[30] 朱慶芳、吳寒光，**社會指標體系**（北京：中國社會科學出版社，2001年），頁149。

就政治發展的理論而言，經濟發展和社會穩定有時候難以兼顧。誠如Huntington的著名的命題：「經濟發展與政治穩定是兩個獨立的目標，其一方之進步不必然導致另一方也跟著進步。」[31]雖然Huntington使用「政治穩定」的詞彙，但他很大程度實際是在講社會穩定。Huntington較為強調政權是否能維繫穩定，重要性更甚於該政權是否為民主政體。[32]

妥善兼顧經濟發展與社會維穩，一直是中共在改革開放之後的重中之重。特別是經濟發展，一直是中共執政的核心。人民日報的文章指出，GDP仍是全世界通用的最重要的宏觀經濟指標，中國大陸的人均GDP仍在世界國家的100名之後，因此都不能忽視GDP的成長。[33]大陸學者周天勇也對追求GDP持肯定論，他認為GDP的考核簡化地方政府的政績標準，易於凝聚共識與力量。[34]經濟發展成為中共不能揚棄的執政目標，即便在黨內氛圍詭譎的十四大前夕，鄧小平仍堅持「關鍵是發展經濟」，因為「發展才是硬道理」。[35]

中共對於經濟發展的追求，很大原因是基於政權合法性。相較於民主政體，經濟發展對威權國家的穩定是一個更重要的因素。由於民主政體是一個「最終結果不確定」（outcomes always appear uncertain）的制度，經濟衰退對民主政體並不構成唯一性的致命傷害。但威權政體則不然，Przeworski指出，1946至1988年的南美威權政體在歷經兩年的經濟衰退後，只有67%的政權可以存續。[36]裴敏欣認為威權政體的政治菁英熱衷於追求經濟成長，這有助於使得他們獲得充分的政治合法性，以辯護獨裁統治的必要性。[37]江澤民說：「集中

---

[31] Samuel P. Huntington, *Political Order in Changing Societies* (New Haven: Yale University Press, 1969), p. 6.

[32] Przeworski and Limongi, "Modernization Theories and Facts," p. 169.

[33] 「沒有GDP的增長是不行的」，人民日報，2004年2月2日，第13版。

[34] 周天勇，**中國行政體制改革30年**（上海：格致出版社，2008年），頁77-78。

[35] 鄧小平，「在武昌、深圳、珠海、上海等地的談話要點」（1992年1月18日-2月21日），中共中央文獻編輯委員會（編），**鄧小平文選（第三卷）**（北京：人民出版社，2002年），頁375-377。

[36] Adam Przeworski, *Democracy and the Market: Political and Economic in Eastern Europe and Latin America* (New York: Cambridge University Press, 1991), p. 32.

[37] Minxin Pei, *China's Trapped Transition: the Limits of Developmental Autocracy* (Cambridge, Mass.: Harvard University Press, 2006), p. 19.

力量把經濟搞上去，實現中國的現代化，本身就是最大的政治。」[38]經濟的持續發展對於中共而言，是保證執政地位永續的命脈，必須將經濟發展視為政治問題來看待。

除了經濟發展之外，另一個執政要項是社會維穩。「穩定」至少牽涉到兩種類型的穩定——政治穩定、社會穩定。本書主軸不在討論「政治穩定」，[39]而僅在社會穩定的層次。改革開放之後，強調經濟發展與社會穩定的言論，貫穿於領導人的重要講話中。鄧小平認為：「中國的問題，壓倒一切的是需要穩定。」[40]過於貧窮的社會不會引起動亂，但經濟有某種程度的發展時，反而易引起政治不穩定。經濟發展與社會維穩，是中共當前重視的兩大「政績」。

在十六大之後，這兩大政績以「小康社會」與「和諧社會」所涵蓋。「小康」的用法較早，鄧小平在1979年接見日本首相的談話，他提到中國式的四個現代化不是西方的「現代化」，而是一種「小康之家」。[41]中共在發展經濟的同時，盡量避免與西方的「現代化理論」做出聯繫。鄭永年也認為中共強調富民的重要性，但所運用的「小康」一詞是源於中國古籍，而避免使用「中產階級」等西方語彙，這意味著中共不認為發展經濟必須走向自由式民主的路徑。[42]「小康」的詞彙一直反覆出現在中共官方文件中，直至江澤民在十六大報告的提出要「全面建設小康社會」，[43]更明確直指中共當前的執政路要務就是發展經濟。

---

[38] 江澤民，「關於講政治」（1996年3月3日），中共中央文獻研究室（編），**十四大以來重要文獻選編（中）**（北京：人民出版社，1997年），頁1744。

[39] 關於中共「政治穩定」的討論，可參見：康曉光，「未來3-5年中國大陸政治穩定性分析」，**戰略與管理**，第3期（2002年3月），頁1-15。

[40] 鄧小平，「壓倒一切的是穩定」（1989年2月26日），鄧小平文選（第三卷），頁284。

[41] 鄧小平，「中國本世紀的目標是實現小康」（1979年12月6日），鄧小平文選（第二卷），頁237。

[42] Yongnian Zheng, "The 16th National Congress of the Chinese Comminist Party: Institutionalization of Succession Politics," in Weixing Chen and Yang Zhong eds., *Leadership in a Changing China* (New York: Palgrave Macmillan, 2005), p. 28.

[43] 江澤民，「全面建設小康社會，開創中國特色社會主義事業新局面」，頁3。

「和諧社會」則象徵社會維穩的綱領。中共在2004年的十六屆四中全會，正式提出要「構建社會主義和諧社會」。[44]在經濟持續發展之後，中共開始思索Huntington所提出的困境，並提出要以「科學發展觀」來調和「小康社會」和「和諧社會」。胡錦濤表示為了落實科學發展觀，領導幹部必須堅持「正確政績觀」。[45]何謂「正確政績觀」？羅幹指出，發展經濟是政績，維護社會穩定、確保人民群眾安居樂業也是政績。[46]周永康強調：「發展是政績，穩定也是政績」，要按照科學發展觀的要求處理發展和穩定的關係，因為「發展是硬道理，穩定是硬任務」。[47]發展和穩定，分別代表中共對於「小康社會」與「和諧社會」的期待。

筆者進一步想探討，在不同的時間點，中共對於上述兩大政績是否存在不同程度的強調？本書利用「人民日報」的文章標題作「內容分析」（content analysis），[48]計算兩個政績在1980年至2008年，文章標題所出現的次數。「小康社會」在2002年之後，大量取代了「經濟發展」的語彙，筆者在計算標題的詞彙上，將「小康社會」的詞彙視為「經濟發展」。「和諧社會」也在2004年之後，相當程度上代表著「社會穩定」的概念，而在中共的官方用法中，穩定象徵著「政治穩定」與「社會穩定」，因此筆者將「和諧社會」、「社會穩定」、「政治穩定」的詞彙視為「社會維穩」。筆者以「經濟發展」（包括「經濟發展」、「小康社會」）與「社會維穩」（包括「政治穩定」、「社會穩定」、「和諧社會」）作為兩大編碼的組群，並文章標題的統計結果繪於圖2-1。

---

[44] 「中共中央關於加強黨的執政能力建設的決定」（2004年4月19日），中共中央文獻研究室（編），**十六大以來重要文獻選編（中）**（北京：中央文獻出版社，2006年），頁276。

[45] 「正確政績觀」，**人民日報**，2009年2月11日，第13版。

[46] 「羅幹在全國社會治安綜合治理工作會強調，切實抓好矛盾糾紛排查調處工作，為改革發展創造和諧穩定社會環境」，**人民日報**，2004年6月13日，第1版。

[47] 「周永康在江蘇考察工作時強調：發展是政績，穩定也是政績」，**人民日報**，2004年9月6日，第2版。

[48] 關於「內容分析」的相關研究，參閱：寇健文、鄭兆祐，「黨報版面語言和中共高層互動：以『人民日報』、『解放軍報』為例」，**政治學報**，第42期（2006年12月），頁37-78。

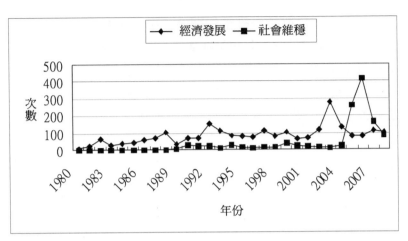

資料來源：筆者整理於「人民日報」。

圖2-1 兩大「政績」在「人民日報」文章標題出現的次數

　　圖2-1顯示了一個有趣的現象。在2005年之前，強調「經濟發展」的政績次數皆高於「社會維穩」。但在2005年，「社會維穩」所強調的次數第一次高於「經濟發展」，這一年，正好是中國大陸平均國民所得突破1,000美元的分界線。胡錦濤在該年的講話提到，一些國家的發展經歷，人均國內生產總值突破1,000美元之後，經濟社會發展就進入了一個關鍵階段，存在經濟徘徊不前和社會長期動盪的危險性。[49]鍾宣理（中央宣傳部理論局的筆名）亦寫到，中國大陸的人均國內生產總值已突破1,000美元，根據其他國家的發展經驗，這既是「黃金發展期」也是「矛盾凸顯期」，因此必須以建構和諧社會來確保穩定。[50]「人民日報」一篇文章對於部分地方提出「提前進入小康社會」做出警告，該文表示儘管北京在2005年的人均GDP已達到4,970美元，但未來還存在許多社會問題，包括城鄉差距。[51]中共在2005年，對於「社會維穩」政績的重

---

[49] 胡錦濤，「在省部級主要領導幹部提高構建社會主義和諧社會能力專題研討班上的講話」（2005年2月29日），十六大以來重要文獻選編（中），頁696。

[50] 「積極做對有利於社會穩定的事情」，人民日報，2005年4月23日，第4版。

[51] 「警惕政績飢渴症」，人民日報，2006年8月11日，第4版。

視，首次凌駕於「經濟發展」，顯見中共力求兼顧發展與穩定。

　　兼顧這兩項政績，成為胡溫新政的主要訴求。中央對於政績的觀點，影響到幹部的施政主軸，國家行政院教授劉旭濤說：「幹部幹什麼，怎麼幹？政績考核是一根『指揮棒』。」[52]中共在考核人事任用上的政績指標，以「小康社會」（經濟發展）和「和諧社會」（社會維穩）為主。兩大政績觀，成為中共甄補領導幹部的標準，黨中央強調要「認真實施體現科學發展觀要求的綜合考核評價辦法，把領導社會建設的績效列為考核內容，增強領導班子和領導幹部統籌經濟社會發展的能力。」[53]中央的政績觀，影響了地方幹部對政績的追求。

第四節　結合「派系」政治：「政績－派系」模式的建立

　　從上文的討論中，我們知道地方幹部存在兩種可追求的「政績」。在這個前提下，我們可以進一步追問：幹部在任期與資源有限的前提下，會選擇什麼政績，作為主要的追求對象？從「預期理論」（prospect theory）的角度來看，地方幹部在發動政改的過程中，會權衡「得」（gains）與「失」（losses）的效用，以趨利避害的方式來做出利己的抉擇。[54]但影響地方幹部「預期心裡」的算計基礎，究竟為何？

　　以省委書記為例，我們可以追問：什麼情況下，省委書記會追求「小康社會」或「和諧社會」的政績？其背後的動因為何？「預期理論」只提供一個「自利」的解釋架構，但它並未探討行為者究竟是根據什麼預設，去權衡「得」與「失」？論者認為使用「預期理論」時，還必須結合更實際的架

---

[52] 「政績觀加速轉變」，人民日報，2009年2月11日，第13版。

[53] 「中共中央關於構建社會主義和諧社會若干重大問題的決定」（2006年10月18日），新華網，<http://news.xinhuanet.com/politics/2006-10/18/content_5218639.htm>。

[54] Daniel Kahneman and Amos Tversky, "Prospect Theory: An Analysis of Decision Under Risk," *Econometrica*, vol. 47, no. 2 (March 1979), pp. 277-280.

構，[55]以充分說明行為者是根據什麼依據來判定「效用」。要建立更有解釋力的「預期理論」，必須從案例的情境中，取建立符合實際的預設。[56]以下，筆者將提出「政績導向」的機會主義來結合「預期理論」，具體的說明省委書記是如何「預期」政改的得失。

一、「政績導向」的機會主義：解釋省級推動「人事改革」或「行政改革」

對於省委書記而言，存在著兩套可追求的「政績」：社會維穩和經濟成長。但在領導幹部的任期與資源有限的前提下，會從這兩種「政績」做出理性抉擇，追求一項最利於達成的「政績」指標。政績效用的多寡，是導致省委書記追求不同政績的計算基礎。放諸中共官方的文件，我們只知道中共的執政綱領是「科學發展觀」，而該綱領的組成因素是「小康社會」和「和諧社會」，中央也傳達必須兼顧「小康社會」和「和諧社會」的指示，但在中央與地方的「委託／代理」關係下，地方幹部如何在兩類「政績」當中，做出利己的抉擇？這是一個極為模糊的面向，文獻始終未曾探討。

筆者以「政績導向」的機會主義，去解釋省委書記的行為選擇。地區經濟發展的狀況，決定了省委書記的選擇。在省級經濟條件落後的中西部地區，省委主要面對的問題是如何維繫社會穩定，因此必須提高幹部素質，來解決社會不穩的潛在因素。再者，由於該地的經濟發展尚屬初級，因此提高行政效能的相關改革，並非省委書記的首要任務。在這些地區，「和諧社會」的效用顯然要高於「小康社會」。但在經濟較為富裕的東部省份，追求「小康社會」的效用要凌駕於「和諧社會」，省級領導人希望能以行政改革來發展經濟，追求「小康社會」政績的最大化。換言之，政績的選擇存在著「機會主義」，省委書記藉由初始條件的因素，去預期推動何種「政績」可獲得最大的績效。

---

[55] Barbara Vis and Kees van Kersbergen, "Why and How DO Political Actors Pursue Risky Reforms," *Journal of Theoretical Politics*, vol. 19, no. 2 (April 2007), p. 158.

[56] Jack S. Levy, "Prospect Theory, Rational Choice, and International Relations," *International Studies Quarterly*, vol. 41, no. 1 (March 1997), pp. 101-102.

在達到政績後，推動的幹部會受到中央的政治回報。無論省委書記達臻「小康社會」或「和諧社會」的政績，中央都會安排一個職務予以晉升。這個政績與晉升的聯繫，可以稱為政績的「雙元回報」。既然政績有「小康社會」和「和諧社會」可以選擇，則省委書記必須在現有的條件與資源上，對於兩項「政績」的貫徹做出抉擇，以達到政績的最大化。換言之，即便中央希望地方領導能兼顧「小康社會」和「和諧社會」的需求，但地方領導人在資源、任期有限的前提下，只會選擇最需要的「政績」去完成。

「和諧社會」與「小康社會」的政績，必需由不同類型的政治改革來貫徹。達成「和諧社會」的制度安排，主要是透過人事制度改革來遂行，[57]而「小康社會」的制度設計，則以行政改革為主。換言之，省委書記根據地方的「初始條件」，去追求不同的政績，並選擇最有利的政改模式。但「政績導向」的機會主義只能解釋「為何地區的政改模式不同」，但我們發現，少數省份在推動人事改革或行政改革時，已經涉及當中最敏感的制度：基層首長選制改革、行政三分制。從「政績導向」只能說明政改的「類型」為何不同，但無法充分回答政改的「力度」何以有別。這方面的論述，必需再結合「派系政治」的解釋項來說明之，筆者申論於後。

二、「派系政治」的因素：何以推動更激進的「人事改革」或「行政改革」——基層首長選制改革、行政三分制

為何少數省份的政改，已走向激進的「基層首長選制」或「行政三分制」？這個問題涉及到一個核心的關鍵，也就是省委書記是否有能力承擔改革的風險？

人事改革或行政改革的類型頗多，「基層首長選制改革」或「行政三分制」有兩個顯著的特色，但這兩種特色形成了互為矛盾的「困局」（dilemma）。其一，這兩種制度對於社會維穩與經濟發展而言，提供更具體

---

[57] 但這些中西部省份，應該排除分離主義盛行的西藏、新疆。西藏、新疆的省級幹部，由於面對更為複雜的省情，因此是以「穩定壓倒一切」為考量，而不會推動過多的政治改革。

的效力，並非其他泛泛的人事制度或行政制度可以比擬。其二，這兩項制度有運作上的風險。較之其他制度，該制度更存在弱化黨國體制的可能性。「基層首長選制改革」和「黨管幹部」的原則有可能相互牴觸；而「行政三分制」則涉及行政權力和黨的權力，應如何有效區分與協作等問題。對於推動者而言，這無疑存在更多的政治風險。換言之，這兩項制度彷彿是「雙面刃」，一方面能幫助領導人追求政績；但一方面由於存在著弱化黨國體制的可能性，因此容易衝擊到推動著的仕途發展。

在政治風險過高的狀況下，本書預設省委領導人只會在這兩項敏感的制度當中，擇一推動。「基層首長選制改革」和「行政三分制」雖然對於社會維穩和經濟發展的效用較高，但在中央僅有「模糊指示」的侷限下，這兩種制度都存在相當高的風險性。對於省級領導而言，每一次激進的政改，都是政治生涯的賭注。省級領導人不會浪費過多的政治資本，去推動無關緊要的改革。換言之，筆者假設省委書記只會在「基層首長選制改革」和「行政三分制」當中，選擇一項制度來實踐。而本書的實證研究，也證明這項觀點是成立的。

就省委書記的立場，即便他們願意推動這兩種制度，但卻希望能降低政治風險性。前文提及，中央對於重要的政改有可能會釋放出「模糊指示」，但不會有具體的制度規劃。特別是對於「基層首長選制改革」或「行政三分制」這類敏感的政改而言，黨中央基於政治風險的考量，而不會是制度的先行者，必需藉由觀察地方領導人的試點，再做出績效的評估，以決定該制度是否要在全國擴大實施。Ramo認為，中國政治改革很可能像經濟改革那樣，走循序漸進、逐漸摸索的道路。[58] 在一份由中央黨校學者執筆的報告也指出，政治改革存在著「風險」與「不確定性」，也就是無法預知未來事件的發生狀況。[59]

---

[58] 「『北京共識之父』雷默：『中國特色』下一步需要新的思想解放」，**東方日報**，2009年10月15日，第A12版。

[59] 周天勇等（編），攻堅，頁42。此外，曾有學者對於「風險」（risk）和「不確定性」（uncertainty）做出區分。Knight認為，風險指的是「可量度」的損失，而「不確定性」則是「不可量度」的利得。但本書為了避免名詞的混淆，主要使用「風險」一詞。Frank H. Knight, *Risk, Uncertainty and Profit* (New York: Harper and Row, 1971), p. 233.

政治風險同時存在於中央與地方幹部之間。對於中央而言，「風險」是政改在社會主義國家沒有先例可循。[60]就地方幹部而言，其「風險」在於中央所提出的許多政改，只是一個空泛的原則，必須進一步來具體化、操作化。但地方幹部的改革模式與結果，必須透過中央的認定，才能夠成為地方幹部的政治利得。相反的，如果改革模式與結果，並不受到中央認可，則政改反而成為推動者的負資產，可能斷送其仕途。張執中認為基層幹部面對政改時，必須面對「正當性」與「創新性」的風險抉擇。[61]重慶市城口縣坪壩鎮黨委書記魏勝多，在2004年實施鎮黨委書記和鎮長的直選改革，被認定違背上級組織的領導而遭到撤職處分，就是一個顯例。[62]但為何張錦明在1998年推動的鄉長直選，並未被視為違背上級的領導？筆者認為政改的成敗，並沒有一個明顯的預期標準。[63]這反映激進的政改存在較高的風險與不確定，有時必須賭上政治生命，對於幹部而言無異是一場「零和」遊戲。

既然激進的政改存在較高的風險，對於幹部而言，如何降低風險就是核心的關鍵。[64]就省委書記而言，其與最高領導人是否存在著高度信任，是一個非常重要的因素。[65]最高領導人將更大的改革試點權交給自己的「屬從者」（client），而這些「屬從者」也預知自己未來的政改，將會得到最高領導人的默許與包容。即便改革失敗，「屬從者」也不容易受到處分，因而願意推動

---

[60] 周天勇等（編），攻堅，頁8。

[61] 張執中，「後極權威權政體的政治改革路徑：以中共『黨內民主』為例」，社會科學論叢，第2卷第2期（2008年10月），頁68。

[62] 王勇兵，「黨內民主制度創新：四川平昌縣鄉鎮黨委班子公推公選直選案例研究」，俞可平（編），中國地方政府創新：案例研究報告（2005-2006）（北京：北京大學出版社，2007年），頁19。

[63] 張執中訪談雲南某縣的組織部部長，認為基層政改是否受到中央的容許，在於基層幹部是否「敲鑼打鼓」的大聲宣揚政改。筆者認為，這反映出中央忌諱基層幹部對於政改有過於明顯的動作，也反映出政治改革對於中央而言，是一個必須做，但不知該如何做的辣手難題。張執中，「後極權威權政體的政治改革路徑」，頁95。

[64] Knight指出，「對未來的控制」（control of the future）與「增加預知能力」（increased power of predication）是一個降低風險的的方式。Knight, *Risk, Uncertainty and Profit*, p. 239.

[65] 「信任」是經濟學在過去較少注意的問題。但有學者已經提出人類之間存在的「忠誠」（loyalty）因素，可能對於經濟行為造成影響。Albert O. Hirschman, *Exit, Voice, and Loyalty: Responses to Decline in Firms, Organizations, and States* (Cambridge, Mass.: Harvard University Press, 1970), pp. 82-86.

力度較強的政改。省委書記和最高領導人的「扈從關係」，使得省委書記獲得心態上的安適感。誠如白魯恂（Lucian W. Pye）指出，在中國文化當中，依附權威是獲取安全感最佳的手段，這是關係網絡在中國政治互古不衰的原因。[66]

與最高領導形成「扈從關係」的省委書記，將減少推動激進政改的風險性。這些省委書記知道即便改革失敗，也較不易受到懲處，因此對於政改會有較高的風險承受力。省委書記是否是最高領導人的「派系」，是其決定是否發動激進改革的「參照點」（reference point）。[67]這可以解釋發動全省性的激進政改之省份，為何麼省委書記幾乎都是最高領導人的派系。這些省委書記在改革風險遞減的條件下，遂有意願與能力發動較為激進的政改，以獲得政治的收益。

省委書記和最高領導之間存在「派系」關係，確實可以解釋為何少數省份的政改力度特別強。以四川和廣東為例，省委書記張學忠、汪洋，都在任內進行大規模政改，而兩人都是胡錦濤的派系，因此政改風險較低。四川在張學忠任內，推動大規模的「基層首長選制」改革；廣東在汪洋的推動下，發起大規模的「行政三分制」。如果省委書記不是中央領導人的派系，則只能推動一般性的政治改革，較無可能推動更為激進的制度：基層首長選制改革、行政三分制。因為他們並無承擔改革風險的能力。

三、政績效用的調整：一隻「看得見的手」──胡錦濤的因素

在上文的架構中，筆者指出省級領導人會依據不同「政績」的效用，去選擇推動的政治改革。在一般情況下，「和諧社會」和「小康社會」存在一個「給定」（given）的效用，前者適合推行於經濟不佳的省份，後者則適合經濟較佳的地區。但這存在一個值得深思的議題，那就是「政績」的效用是否會產生變動？其變動是否會對省委所追求的政績，產生影響？換言之，兩種「政績」的效用是否會產生改變？在經濟富裕的省份，是否存在著推動「基層首長

---

[66] Lucian W. Pye, *The Dynamics of Chinese Politics* (Cambridge, Mass.: Oelgeschlager, Gunn & Hain, 1981), p. 20.

[67] Kahneman and Tversky, "Prospect Theory," p. 277.

選制改革」的可能性？如果存在著這種可能性，則對於「政績－派系」的理論，會帶來何種修正？

　　筆者一再強調，在建立理論後，必須盡量找尋「異例」，來精緻理論的內涵。江蘇就是一個有趣的個案，因為該省經濟富饒，但卻廣為推動「基層首長選制改革」，這不合前文的預期：經濟良好的省份，領導幹部傾向推動人事改革。我們如何去理解這個異例？本書發現，在江蘇的個案中，胡錦濤有意讓李源潮在省委書記任內（2002-2007），進行人事改革，胡錦濤的動機，可能是有意讓江蘇這個經濟富饒之地，測試「基層首長選制」的改革，是否可能在經濟富裕的東部地區推廣。李源潮也是胡錦濤的嫡系，這符合筆者對於「派系」與政改關係的預期。但在江蘇的個案中，胡錦濤調整了「和諧社會」的政績效用，讓江蘇省委在追求「和諧社會」的政績上，獲得較大的誘因。這使得江蘇省願意推行「基層首長選制」的改革。

　　胡錦濤的介入，對於本書原先設定的「政績導向」機會主義而言，是一個「外生變項」。胡錦濤這隻「看得見的手」（visible hand），調整了政績的效用，促使江蘇省的政改模式和其他東部省份，呈現極大的不同，而較近同於四川的模式。換言之，胡錦濤的因素調整了李源潮對於「政績」的追求方式，他不再依據地方的「初始條件」去推動更激進的行政改革，反而在中央的授意下，進行「基層首長選制」的人事改革。促使李源潮推動政改的一個因素仍是「政績」，只不過他追求的是「和諧社會」的政績。

　　江蘇的政改路徑，有其複雜的歷史背景。筆者無意將江蘇發動「幹部人事制度改革」的根由，完全歸因於胡錦濤的因素。事實上，在2003年之前，江蘇曾出了仇和這位改革的急先鋒，李源潮也欣賞仇和的人事改革，而在江蘇試圖推廣這項政改。江蘇的這項歷史條件，導致胡錦濤決定以江蘇，作為東部省份推動人事改革的先行地，從而對「和諧社會」在江蘇的實踐，賦予更高的期待。但胡錦濤的個人因素，是影響李源潮願意在江蘇繼續推動人事改革的關鍵，這說明少數省份的「政績」效用，有可能因為「最高領導人」的政策而有所調整。這方面的討論，詳見於第五章。

第五節　敘事：四川、廣東、江蘇的個案簡述

「政績—派系」模式是本書的主要解釋架構。但這當中有一個重要的假設：省級領導如果要追求「和諧社會」（社會維穩），必須改革「幹部人事制度」；若要追求「小康社會」（經濟發展），則傾向改革「行政管理體制」。政績取向與政改路徑之間，是一個重要的連結。這方面並無過多的學理可以推導，只能依據個案的實際狀況，來論證筆者的假設。本書的主要實證研究，見於第三、四、五章的篇幅。

進入該章節之前，筆者將從簡單的「敘事」（narrative），來耙梳四川、廣東、江蘇的個案梗概。在第三、四、五章的篇幅，筆者將為讀者講述三個「故事」，依序描繪省級政改的輪廓。為了顧及質性寫作的藝術性，筆者不擬以相同的章節標題，來複製個案的撰寫方式，而是針對個案的特殊性，採取不同型態的陳述架構。但這樣的寫作，卻有可能困擾讀者對於個案脈絡的理解。筆者將在本節，先以最簡明的方式，依據時序來條列最主要的事件，並以加深字體的方式來標示其意涵。筆者之目的，是讓讀者進入歷史場域之前，對於本書想表達的個案脈絡與觀點，有概括性的瞭解，以方便後續的閱讀。

一、簡述四川個案

1. 在改革開放之後的中國大陸，四川已淪為「後發展」的省份，該省的社會不穩定，且經濟落後於東部省份。〔**經濟落後之地區**〕

2. 不穩定的社會局勢，使得四川的基層幹部意欲改革「基層首長選制」。〔**幹部重視人事改革**〕遂寧市中區委書記張錦明，在1998年率先在步雲鄉，推動鄉長直選。〔**基層創新幹部的制度創新**〕但由於全國人大的反對，「直選」只推動兩屆，無法持續。〔**制度創新未受中央肯定**〕當時的省委書記周永康是江澤民的派系，〔**省委書記有「派系」關係**〕也默許張錦明的創新，〔**省委書記有政改的理念**〕，但由於基層的制度創新未受中央明確的認可，因此周永康仍無法在省境大規模推動該項改革。〔**省級未發生大規模政改**〕

3. 在鄉長直選遭到中央的制止後，張錦明將改革重心從「黨外」移到「黨內」。她在2002年底調任雅安接任組織部部長後，發動黨代表直選，黨代會常任制等改革，開啟了四川的「黨內民主」。由於「黨內民主」的風險較低，因此該改革受到中央的認可。

4. 李仲彬是繼張錦明之後，深入影響四川政改的第二位地方官員。他將「黨內民主」的實施層級，提高到鄉鎮黨委書記。李仲彬在2002年升為成都新區的區委書記，並於2003年12月，在新都區木蘭鎮實施差額競選鎮委書記，這是中共第一次實施鄉鎮黨委書記的「直選」。〔**基層幹部的制度創新**〕。四川基層幹部的政改消息，在「人民日報」等中央報刊予以報導。〔**制度創新受到中央肯定**〕

5. 四川基層幹部的人事制度改革，吸引了省委書記張學忠的目光。他是胡錦濤在西藏工作的重要同事，是胡錦濤的「派系」。〔**省委書記的「派系」關係**〕張學忠認為在四川這個「後發展」地區，確實需要突破體制，甄補優秀的人才來出仕，〔**省委書記有政改的理念**〕以追求「和諧社會」的政績。〔**省委書記的「政績」考量**〕此外，因此張學忠在2004年，將試點進一步擴大至全省。

6. 在2005年8月，省委決定全面推動鄉鎮黨委書記的「直選」。其發布「關於推進黨內基層民主深化先進性教育長效機制建設的意見」，宣布除了民族地區外，四川省各鄉鎮、村和街道、社區黨組織負責人的產生，原則上都要實施公推直選。這意味著「公推直選」，將在四川全面展開。〔**省級出現大規模的「基層首長選制」改革**〕

　　筆者藉由四川的政改，來初步建立「政績－派系」模式。張學忠所面對的問題，是「後發展」地區的經濟發展，以及伴生而來的社會不穩定，這使得張學忠借用了地方幹部的政改創新，去推動「基層首長選制」的改革。接著，筆者將再簡述廣東的個案梗概。

二、簡述廣東個案

1. 廣東在1980年代之後，由於率先採取改革開放的政策，因此經濟發展良

好。〔**經濟先進之地區**〕對於領導人來說，藉由行政體制的改革來吸引外資，發展經濟，是一個重要的政策。舉例而言，深圳在1998年，就發布中國第一個改革行政審批的法規。〔**幹部重視行政改革**〕

2. 然而，「基層首長選制改革」的必要性，對廣東而言並不迫切。深圳的大鵬鎮在1999年也試行鎮長直選的改革，但只試行一年就廢止。〔**幹部較不重視人事改革**〕

3. 在中國入世後，行政體制的改革更加迫切。深圳在2001年之後，開始進行「行政三分制」的擘劃，又以市長于幼軍最為積極。〔**基層幹部的制度創新**〕但省委書記張德江的政治理念保守，不表態支持，〔**省委書記無政改的理念**〕深圳在2003年的試點遂無疾而終，不但未推動該制度，更遑論省級出現該制度的改革。〔**省級未發生大規模政改**〕

4. 然則，「行政三分制」的精神，卻影響了中央層級的改革。十七大之後推動的「大部制」，實際上就是仿照「行政三分制」的設計，顯見胡錦濤是贊同深圳的創新。〔**制度創新受到中央肯定**〕只不過當時的省委書記張德江為「江系」幹部，並非胡錦濤的派系，因此胡錦濤在2003年並未表態支持「行政三分制」。〔**省委書記無「派系」關係**〕

5. 汪洋於2007年底接任廣東省委書記後，「行政三分制」再度排上議程，以追求「小康社會」的政績。〔**省委書記的「政績」考量**〕汪洋和胡錦濤曾有過共青團的「同事關係」，又在中央黨校建立師生情誼。〔**省委書記有「派系」關係**〕他為胡錦濤的「派系」，並被外界認為是當今中共高官當中，作風開明的幹吏。〔**省委書記有政改的理念**〕

6. 深圳在汪洋的策動下，於2008重新推動「行政三分制」。汪洋並在2009年之後，將試點擴至廣州、深圳、珠海、汕頭、湛江。此外，省級也推行「大廳局」的改革。〔**省級出現大規模的「行政三分制」改革**〕

　　做為四川的「反面個案」，廣東的政改向行政改革的光譜靠攏。在廣東的個案中，亦有基層幹部的創新，尤以于幼軍推動的「行政三分制」最為關鍵。但當時的省委書記張德江，對於激進的政改並不認同，注定了2003年深圳試點的失敗。這項改革，要到汪洋就任省委書記後，才得以擴至全省。該制涉及到

敏感的機構整併，是行政改革的重要制度，有助於提升行政效能而達到經濟發展的目標。從「政績－派系」的角度，可以說明「行政三分制」為何在2009年之後，於廣東獲得實踐。最後，吾人將為讀者簡述江蘇的個案，以突顯該個案的特殊之處。

三、簡述江蘇個案

1. 江蘇的經濟條件和廣東相似，都是中國東部的經濟重鎮。在2004年之後，江蘇的「人均地區生產總值」，甚且以些微幅度領先廣東。〔**經濟先進之地區**〕

2. 江蘇所存在的重大問題，在於蘇南、蘇北的經濟差距。蘇南的經濟狀況甚佳，但蘇北卻遠遠落於蘇南，部分蘇北地區和西部省份的經濟狀況，相差無幾。〔**蘇北為經濟落後之地區**〕

3. 1999至2002年間，由回良玉擔任省委書記。他本身願意支持下屬幹部推動政改，以維繫江蘇在東部省份的競爭力。〔**省委書記有政改的理念**〕但回良玉並非總書記江澤民的派系。〔**省委書記無「派系」關係**〕此外，回良玉主政下的江蘇，基層幹部並未出現重要制度的創新，〔**基層幹部無制度創新**〕因此江蘇並無發生「大規模」政改的可能性。〔**省級未發生大規模政改**〕

4. 蘇南與蘇北的差距，使得兩地區的政改模式並不一致。蘇南的政改以南京為代表，在李源潮主政該市時，推動許多「行政管理體制」的改革，但改革的力度不如深圳來得大。由於蘇南的發展模式，對於「外資」的需求性不如珠三角地區來得重大，因此包括南京在內的蘇南各地，都未將行政改革推向「行政三分制」。

5. 蘇北的政改，以宿遷為典範。市委書記仇和，在2003年之後推動的鄉鎮黨委書記「公推直選」，是「基層首長選制改革」的重要制度。〔**基層幹部的制度創新**〕仇和的作風充滿爭議，他願意用「非常規」的方式，迫切的追求他的理念，被媒體稱為「最富爭議的市委書記」。胡錦濤在當時對於仇和的改革，是知情並默許的。〔**制度創新受到中央肯定**〕

6. 李源潮在2003年就任江蘇省委書記後，也欣賞仇和的改革方式。他在省委書記任內，有意將「宿遷經驗」大幅推向全省。〔**省委書記有政改的理念**〕李源潮也是「團派」的要員，〔**省委書記有「派系」關係**〕他的改革受到胡錦濤的支持。

7. 仇和與李源潮的努力，獲得胡錦濤的肯定。〔**制度創新受到中央肯定**〕胡錦濤讓李源潮在江蘇推動「基層首長選制」的政改，以追求「和諧社會」的政績，目的是豎立「和諧社會」的樣版，以改變江澤民時期，「唯GDP論」的路線。〔**胡錦濤調整江蘇的「政績」效用**〕

8. 胡錦濤提升江蘇的「和諧社會」政績效用，使得李源潮繼續改革「基層首長選制」，以追求「和諧社會」的政績。〔**省委書記的「政績」考量**〕在李源潮的努力下，江蘇推展了東部省份最大規模的「基層首長選制改革」，其進程甚且超過四川。〔**省級出現「大規模」的「基層首長選制」改革**〕李源潮在達臻這項「政績」後，在2007年調任中組部部長，獲得充分的「報酬遞增」。

四、小結——打開省級政改「黑箱」的工具：「政績－派系」模式

　　筆者在本章當中，試圖重建因果機制：「政績－派系」模式。所謂「政績」為「『政績導向』的機會主義」；「派系」是指「派系政治」。前者較接近經濟學的理性選擇，後者則偏向社會學的文化解釋。筆者試圖揉合兩個理論，以解釋中國省級的政改。當然，有個案可能會不符合筆者原先設定的解釋架構，江蘇就是一個顯例。筆者認為在該個案中，最高領導人會對於政績的效用進行調整，使得江蘇的經濟條件即便和廣東類似，但卻追求四川的政改模式。這方面的詳細討論，請見第五章。

　　在探討省級的政治改革時，必須摒除大而無當的現代化理論，這種過於化約的論述難以得出令人欣喜而意外的結論。現代化理論的解釋核心——中產階級，無法完全適用於中國大陸各省的政治發展。[68]相較於中產階級的途徑，筆

---

[68] 誠如筆者在第一章指出，浙江省可能是中產階級影響政治改革的個案。筆者不否認浙江也許符合「現代化理論」的部分預期，但這方面的研究，必須透過實地的田野訪談來進行。

者提出「政治菁英」的替代解釋，將關注的焦點放在菁英的「派系」關係與對
「政績」指標的追求，對於政治改革的影響。

　　在釐清本書的分析架構後，接下來的工作就是從「過程追蹤」（process
tracing）的途徑，來深入個案的內部。[69]從事個案比較之前，有一個明確的解
釋機制是必要的。省級的政改過程彷彿是「黑箱」，難以為外界查知。吾人應
嘗試去「打開這個黑箱」（open up the black-box）。[70]筆者提出的「政績－派
系」模式，有助於吾人用之去深入個案內部，從省委書記的角度，聯繫省級條
件與政改結果的關係，以獲得清晰而有條理的歷史脈絡。第三、四、五章的篇
幅，就是透過四川、廣東、江蘇的個案比較，去論證筆者的假設。

---

[69] 對「過程追蹤」的探討，可見Gerring, *Case Study Research*, pp. 172-185

[70] 對於「黑箱問題」之解決，可參見Dietrich Rueschemeyer and John D. Stephens, "Comparing
Historical Sequences-A Powerful Tool for Causal Analysis: A Reply to John Goldthorpe's 'Current
Issues in Comparative Macrosociology,'" *Comparative Social Research*, vol. 16 (1997), p. 63.

　　四川，一個在近代中國史上扮演改革先鋒的農業大省。在改革開放之前，由於國家積極推進「三線建設」的結果，該省成為中國經濟表現最佳的省份之一。在改革開放之後，國家力量逐漸退卻並導入市場機制，該省的經濟表現雖仍在西部省份名列前茅，但和東部各省的差距卻漸行見遠。本章所要處理的核心問題是：為什麼「基層首長選制」改革，會出現在經濟不富裕的四川？筆者發現，改革開放之後的中國大陸，四川已淪為「後發展」（late development）的省份，[1]尋求「跨越式追趕」成為省委的思維。政治改革對於四川而言，是確保「跨越式追趕」的手段。發展初期的四川，伴隨著社會形勢的不穩，這迫使省委必須借重「基層首長選制」的改革，去確保各地「一把手」具備充分的執政能力。

第一節　「和諧社會」的思維：幹部人事制度改革

　　四川為中國西部大省，古有「天府之國」的美譽。但實際上，該省動亂頻仍，史不絕書，歐陽直公曾有警語：「天下未亂蜀先亂，天下既治蜀後

1　「後發展」是一種相對的概念。和東部省份相比較，中西部省份屬於經濟發展發展滯後的地區，故為後發展的省份。在世界經濟發展的過程中，俄國在一次大戰之前，相對於其他歐洲國家，即屬於「相對落後」（relative backwardness）的國家。正因如此，俄國的發展模式和經濟先進的歐洲國家並不相同。Alexander Gerschenkron, *Economic Backwardness in Historical Perspective: A Book of Essays* (Cambridge: Belknap Press of Harvard University Press, 1962), pp. 5-30.

治」。[2]四川的動亂幅度和改革幅度，往往高於他省。大躍進時期，四川在「左狂」李井泉的治理下，成為全中國推動「三面紅旗」最激進的省份之一，農村地區出現重大糧荒。[3]但從另一個角度來看，四川正因為社經環境不佳，使該省存在變革的動力，它在1980年代之後，一直擔負起改革開放的先鋒角色。

一、改革先鋒、動盪社會：四川省情的概述

四川的改革力度，始終走在全國的前茅。鄧小平曾說，有兩個省帶領中國的改革，一個是四川，一個是安徽。[4]改革開放以來，四川率先試行的政策包括農業生產責任制、國有企業改革、統籌城鄉綜合配套改革等。[5]趙紫陽在1975年就任四川省委第一書記之後，推動「家庭聯產承包責任制」改革，使得該省成為中國最早試行農村改革的地區之一。當時民間流傳：「要吃米，找萬里（安徽省委書記）；要吃糧，找紫陽。」此外，四川在趙紫陽的領導下，率先在全國試行擴大企業自主權，亦即「放權、讓利」的試點。[6]1980年，在四川省委的支持下，廣漢市向陽人民公社拆下全國第一面人民公社的牌子，恢復鄉政府的建制，並重新開啟鄉級政府的選舉。[7]向陽鄉因此獲得「中國農村改革第一鄉」的美譽。

要解釋四川為何始終出現改革的創新，並非易事。但從四川的省情來看，該省存在諸多影響社會穩定的因素，可能是提供領導人銳意執行改革的背景。四川是中國的農業大省，鄉鎮的財務狀況普遍不佳。在1990年代後期實施

---

2 歐陽直公，「蜀警錄」，收錄於陳力（編），**中國野史集粹**（成都：巴蜀書社，2000年），頁62。
3 陳永發，**中國共產黨革命七十年（下）**（台北：聯經出版社，1998年），頁721。
4 鄧小平，「改革的步子要加快」（1987年6月12日），**鄧小平文選（三）**，頁238。
5 「高舉偉大旗幟，堅持改革開放奮力推進四川『兩個加快』」，**四川日報**，2008年12月26日，第1版。
6 田紀雲，「經濟改革是怎樣搞起來的－為紀念改革開放三十週年而作」，**炎黃春秋**，第1期（2008年），頁5-8。
7 中共廣漢市委黨史研究室，「改革先驅向陽鎮展新貌」，**四川黨史**，第6期（1999年11月），頁28。

稅費改革後，四川農村債務的長期以來的危機開始浮現。[8]省委副書記蔣巨峰
曾表示，必須樹立「化債」也是「政績」的思想，[9]顯見農村債務的嚴重性。
另一項複雜的省情，是四川存在大量的少數民族。該省是全國最大的彝族和唯
一的羌族聚居區，[10]尤為敏感是在於該省的甘孜州、阿壩州，居住大量藏人。
在「拉薩314事件」屆滿週年的2009年，省委書記劉奇葆於「兩會」期間返回
省會成都，防止藏區發生騷亂，成都的軍警大規模檢查當地活動的藏人。[11]該
省雖未像西藏，存在嚴重的「分離主義」問題，但卻也存在著漢、藏民族治理
上的複雜性。

　　四川也是爆發大規模群眾事件的主要省份。發生在1993年1月的四川仁壽
縣農民抗稅事件，參加者達數千人，這是中國在農村改革之後，第一起的大規
模農民群體性事件。起因是幹部工作態度的粗暴以及稅賦過重，而引起群眾
的不滿。[12]另一次規模更大的事件，是2004年11月的「漢源事件」。雅安市漢
源縣的居民，因不滿當局未兌現水壩興建的補償措施，而集體阻撓工程的進
行，其抗議人數高達十五萬人。若數據屬實，當是中共建政以來，規模僅次
於「六四事件」的群眾抗爭。省委書記張學忠在5日趕到現場安撫群眾，竟被
群眾包圍，中共急調萬名武警前往營救。[13]從這些案例來看，四川在改革過程
中，確實伴隨高度的社會動盪。筆者將四川在1998年之後，發生的大規模群眾
事件，整理於表3-1。

8　「遂寧：探索鄉鎮化債之路」，人民日報，2002-10-23，第5版。
9　「蔣巨峰強調下決心化解鄉鎮債務」，四川日報，2002年10月16日，第1版。
10　「中共四川省委四川省人民政府關於抓住西部大開發機遇，加快發展的意見」，四川日報，
　　2000年5月31日，第1版。
11　「副公安部長坐鎮拉薩防騷亂」，星島日報，2009年3月13日，第A24版。
12　白沙洲，中國二等公民：當代農民考察報告（香港：明鏡出版社，2001年），頁321。
13　「四川警民衝突數百民眾被捕」，信報財經新聞，2004年11月8日，第7版；「安撫農民傳遭
　　挾持，川書記獲釋」，香港經濟日報，2004年11月8日，第A38版。

表3-1　四川在近10年出現的重大群眾事件

時間	地點	事件發端	群眾人數	軍警人數	死傷亡或被捕人數
2009/9/2	綿陽市	拆遷補償不公	1,000	200	10多人受傷
2009/3/27	爐霍縣	藏籍農民與武警衝突	不明	不明	1人死亡，10多人被捕
2008/5/21	羅江縣	幹部吞併救災物資	1,000	不明	無
2008/4/3	甘孜縣	支持藏獨	不明	不明	8人死亡
2008/3/16	阿壩縣	支持藏獨	不明	不明	381人被捕
2007/1/17	大竹縣	警方處理刑事案件不當	20,000	5,000	無
2006/11/10	廣安市	警方處理醫療事件不當	50,000	不明	2位學生死亡
2004/11/26	四川大學	職工駕車撞傷學生逃逸	1,200	不明	無
2004/10/28	漢源縣	水壩興建補償不公	150,000	超過10,000	超過4人死亡，數百人被捕
1999/10/8	攀枝花	警方處理刑事案件不當	2,000	500	41人重傷
1998/10	簡陽市	農民抗稅	數百人	200	30人被捕

資料來源：筆者整理於「大公報」、「信報財經新聞」、「星島日報」、「東方日報」、「中央日報」、「自由時報」。

　　在省情如此複雜的四川，社會治理一直是省委重視的政績。省委認為要將維護穩定的工作擺在「突出位置」，[14]並藉由黨、政、民眾的參與來建立「整體聯動防範工程」，此舉開全國之先河。[15]但更為重要的，是對幹部素質進行提升。省委書記張學忠提到，違法亂紀的幹部，不乏優秀的單位骨幹，看了令人痛心。[16]2005年查獲兩起幹部違紀事件，包括瀘州的官營賓館為色情行業提供場所，以及宜賓江安縣的幹部公開參與賭博，組織部長魏宏表示省委要將這兩起案例做作為反面教材。[17]張學忠寫了一封信給各市（州）委書記，希望幹

---

[14] 「省委常委（擴大）會：保持經濟較快增長維護社會政治穩定」，**四川日報**，2002年7月13日，第1版。

[15] 「社會治安綜合治理為實現新跨越護航」，**四川日報**，2002年10月9日，第1版。

[16] 張學忠，「共產黨員必須牢固樹立的正確世界觀、人生觀、價值觀」，**高等教育研究**，第19卷第2期（2003年6月），頁2。

[17] 「人民滿意才是真的滿意，省委常委、組織部長魏宏答記者問」，**四川日報**，2005年2月4日，第2版。

部能記取這兩件事件的教訓，[18]並呼籲「幹部首先要當好人民的兒女」。[19]

　　四川可謂「發展」與「不穩」並存的省份，這也是「後發展」地區的特性。社會不穩的問題，不但刺激著省委的執政思考，也促使地方幹部願意推動更激進的政治改革，去化解社會不穩的情勢時。一個合理的作法是削弱「黨管幹部」的鐵律，藉由解決「政治權力來源」的問題，去增加下屬幹部的「合法性」（legitimacy）。一個最古老的方式——選舉，是合理的嘗試。誠如李凡所言：

　　　　通過三年一次的直選，要求新上台的鄉長在任期內兌現對老百姓的承諾，如果承諾兌現，老百姓滿意，自然就改善了政府和老百姓的關係；如果承諾不兌現，老百姓不滿意，三年以後老百姓手中有選票，可以再換一個。這種選舉的方式將農村基層政府和農民之間的比較僵硬的關係變得活躍了一些。[20]

　　當地方幹部是透過選民所產生，必須為民意負責。即便民選幹部的政績表現不佳，選民也難以責難政府，而是藉由下屆的改選另擇高明。我們有理由相信，這種「熊彼德式」（Schumpeterian）的政改思維，成為四川地方領導在建立「和諧社會」的認知。遂寧在1998年初始所展開的選制改革，反映了這個觀點。

二、遂寧——政治改革的「小崗村」：「基層首長選制」改革的縮始

　　筆者在第一章強調，省級領導要推動全省性的政改之前，必定會參照基層幹部的制度創新。基層幹部相較於省委書記，即便因推動的政改而被革職，但前者「退出」政壇的代價要低於後者，因此較有可能發動激進改革。[21]四川

18　「省委書記張學忠致各市（州）委書記的一封信」，四川日報，2005年2月4日，第1版。
19　「張學忠代表：幹部不是父母官要做人民好兒女」，四川日報，2004年3月10日，第1版。
20　「中國入世後的政治體制改革從選舉開始——訪世界與中國研究所所長李凡」，大公報，2001年11月15日，第A5版。
21　「基層幹部」投注政壇的成本與生涯，都遠低於省委書記，因此對於政改可能遭到的革職處分，較不會畏懼。張錦明在推動步雲直選的數年後，曾回憶「當時我把烏紗帽拎在手裡，隨

的基層幹部在推動人事改革方面，經驗豐富。在1980年代末至1990年代初，巴中、南充等地就率先試行村幹部選任方式的公開推薦。1995年，四川省曾公開選拔10名副廳級幹部、117名副處級幹部。兩年後的回訪調查顯示，這些幹部的能力強，工作實績明顯，很得組織與群眾的信任。[22]到了1998年，已試行十年的「村民委員會組織法」面臨修改，全國響起了總結與反思，[23]尤以四川的討論氛圍最熱烈。省委在1998年3月於巴中召開總結會議，鼓勵將公推公選運用到選拔鄉鎮領導幹部上。[24]

（一）從「公選」到「直選」：關鍵人物——張錦明

　　省委在1998年召開的這場會議，提供遂寧改革「基層首長選制」的依據。和農村改革一樣，這場政改也是由基層幹部率先發動，關鍵者為張錦明。她在1997年11月到2000年1月之間，接任遂寧市中區委書記。該地區由於基層「一把手」的素質不良，導致社會高度不穩定。[25]張錦明認為，這反映了地區幹部素質的不良，必須推動人事制度的改革。1998年4月，張錦明在遂寧市保石鎮、橫山鎮、東禪鎮、蓮花鎮進行鄉長的「公推公選」。張錦明認為，「大家來公選，風險至少可以分擔。」所謂「公推」是指人大代表、村幹部、村民推薦候選人。「公選」並非「公開選舉」，而僅是「公開選拔」，[26]也就是在上級黨組織對於候選人的面試。其中，橫山鎮則將提名則開放至黨外，也造成了非中共黨籍的鄧少斌當選為鎮長。這次的改革，受到省委的肯定，在四川省

　　時準備放下。」朱紅軍，「女書記的艱難政改試驗」，**鄉鎮論壇**，第9期（2007年），頁7。

[22] 「民主路上一大步——我省幹部人事制度在創新中突破」，**四川日報**，2002年3月17日，第1版。

[23] 對中國基層可能採取的選舉制度，曾經引起美國卡特中心（Carter Center）的關注，並在1997至98年間派員考察。美國前總統卡特（Jimmy Carter）曾對基層選舉，致函給江澤民，並表達樂觀的期許。在中共高層的首肯下，才有十五大對於擴大基層民主的宣示。Qingshan Tan, *Village Elections in China: Democratizing the Countryside* (Lewiston: Edwin Mellen Press, 2006), pp. 277-282.

[24] 「幹部選任上不斷拓寬的民主路徑」，**四川日報**，2008年12月12日，第9版。

[25] 一位鎮長在酒醉之餘，將鎮民集資的80萬農村合作基金轉貸他人，再也無法收回。另一個案件，是一位鄉人因懷疑黨委書記在換屆時對自己不利，竟將手榴彈扔進書記辦公室。朱紅軍，「女書記的艱難政改試驗」，頁6。

[26] 李凡，**乘風而來**，頁16。

電視台「今晚十分」和「共產黨人」都公開讚譽其為四川省第一次鄉鎮公選試驗。[27]

　　「公推公選」由上級黨組織的「公開選拔」來決定人事，因此上級的決定權仍過於強大。張錦明希望以「直選」的方式，削弱黨意而加強民意。所謂的「直選」，是透過「群眾」的票決，本質上不同於「公開選拔」。1998年12月，張錦明在遂寧市步雲鄉推行鄉長的直選。6,000多位選民直選鄉長，並由中共提名的候選人譚曉秋成當選。這個結果也讓張錦明鬆了一口氣，因為「如果是其他情況，也許結局麻煩。」[28]但即便如此，鄉長「直選」對於「黨管幹部」的原則，仍是一大挑戰。步雲的「直選」在當時確實是「冒進」，省委和黨中央是否支持這項改革呢？我們從所屬的報章當中，可以略為洞察。

（二）對「直選」的態度：省委持續觀望、中央傾向反對

　　在步雲直選之後，官媒「四川日報」根本未與報導，筆者推測省委在當時採取觀望的態度。「成都商報」記者唐建光曾想報導這方面的消息，他在1999年1月12日完筆，省委宣傳部在1月13日通知報社，明示這篇文章無論如何也不能發表，也不能在四川任何一份報紙上刊登，但允許拿到其他省份的報刊發表。最後，這篇報導刊登在廣東的「南方周末」，該刊在中國的發行量超過200萬份，是影響力極大的傳媒。[29]1999年1月15日的「南方周末」，刊出了這篇文章，認為「直選」沒有違法，因為江澤民在十五大曾表示，城鄉基層政權的選舉方式必須進一步完善。[30]四川記者寫的文章竟無法在省內報刊發表，可見省委對於「直選」的態度保留，可能是在省委不理解中央的意向。但省委願意讓該報導送到廣東去刊登，也表明省委並不完全反對遂寧的改革。

　　中央在不久後，有較明確的表態。中央政法委機關報「法制日報」，在

---

[27] 朱紅軍，「女書記的艱難政改試驗」，頁6。
[28] 「傾力推民主十年觸堅冰，女書記艱難試驗不言悔」，南方周末，2007年7月26日，第A1版。
[29] 李凡，乘風而來，頁173-176。
[30] 「直選鄉長」，南方周末，1999年1月15日，第A2版。

1999年1月19日刊登了「民主不能超越法律」一文，指出直選鄉長違背憲法101條規定，地方人民政府的領導人應由同級人大選舉產生。[31]「法制日報」是中央政法委機關報，這篇社論可以反映政法系統的態度——「黨管幹部」的原則不可動搖。根據李凡掌握的消息，四川省人大和省政府也向全國人大做出報告，表示步雲直選是非法行為，不給予支持，但由於競選獲勝的譚曉秋是原內定的鄉長，因此承認這次選舉的結果。[32]在此之後，新華社表示已接獲人大在內的上級之通知，有關步雲直選的消息不能再發布。[33]中央的態度轉趨強硬，指出「直選」是違背「黨管幹部」的原則，步雲「直選」的命運似乎要劃上休止符。

（三）省委組織部之嘆：我們要嘗試的東西太多了

　　有趣的是，中央在之後對「直選」的態度竟出現鬆動。「法制日報」於1月23日，在一個不甚明顯的地方刊登頌揚步雲直選的新聞，寫到：「小崗村已成為中國經濟體制改革的序曲，步雲鄉是否成為中國政治體制改革的一個標誌呢？」[34]這篇報導以「小崗村」來類比步雲鄉的改革貢獻，似乎反映「中央政法委」並未全盤否定步雲直選。此外，中央電視台曾在2月26日的節目中播出介紹步雲直選的節目，全國人大法律工作委員會副研究員陳斯喜認為，步雲直選雖存在合法性的疑義，但對於開展農村民主仍有積極的意義。央視在播出之後，卻受到內部通報的批評，擔心在人大期間報導這方面的消息會引起修憲的討論。[35]中國社科院政治所副所長白鋼認為從步雲的經驗來看，「民主選舉」對維護農村的穩定有很大的作用，且不會削弱黨的領導地位。[36]由此可知，中共高層雖然不願意公開承認「直選」的合法性，但內部人士確實存在支持的聲音。

---

[31] 「民主不能超越法律」，法制日報，1999年1月19日，第A1版。
[32] 李凡，乘風而來，頁180。
[33] 李凡，乘風而來，頁185。
[34] 「中國第一個直選鄉長產生」，法制日報，1999年1月23日，第2版。
[35] 李凡，乘風而來，頁192-193。
[36] 「部長學者聯名提案：發展城市基層民主」，明報，2000年3月3日，第B15版。

　　那四川省委是否仍反對「直選」的推行？四川省組織部副部長魏宏，在步雲鄉推動「直選」的一週後，來到遂寧召開座談會。他並未談及「直選」的敏感問題，而僅是對「公推公選」給予了高度肯定。[37]這說明瞭省委在「直選」進行初始，不敢觸碰這個敏感議題，但卻也不完全否定此次政改的貢獻，因此只敢在「公選」的層次與以支持。但在中央傳媒出現許多支持步雲直選的觀點後，省委的態度也有改變。在四川省委一級，最早公開支持步雲直選的意見，出現在1999年3月出刊的省委機關刊物：「四川黨的建設」。該刊物的一篇報導指出，「直選是改革和歷史的必然趨勢」，並認為步雲的嘗試並未觸及黨的領導和違反憲法。[38]

　　總的來說，中央認為「直選」有違憲法的規定。但實際上，筆者發現中央的媒體並不完全否定「直選」的功用，這在以「黨管媒體」著稱的中國大陸而言，相當不尋常。這顯見中共內部一直有幹部支持步雲「直選」，但在中央否定這項改革的前提下，只能隱諱的釋放出贊同「直選」的訊息。至於省委對「直選」的態度，筆者認為是默許的。正因為四川省情的動盪，更需透過「基層首長選制」的改革來提升基層「一把手」的素質。在步雲「試點」初始，省委還不確定改革的政治後果，因此採取觀望的立場。但在這項政改獲得部分人士的肯定後，省委則傾向默許地方的試點，因為選制改革確實有實質效益。在經濟貧瘠的省份，人事制度的改革顯得迫切而必要。誠如魏宏之嘆：「我們要嘗試的東西太多了」。[39]

---

[37] 徐浩程，「魏宏：我們需要嘗試的東西太多」，決策，第Z1期（2008年2月），頁19。
[38] 這篇文章無法在台灣搜尋，筆者轉引自：稅祖中，「步雲直選鄉長記」，收錄於張錦明、馬勝康（編），步雲直選：四川省遂寧市市中區步雲鄉直選實錄（西安：西北大學出版社，2003年），頁284-285。
[39] 徐浩程，「魏宏：我們需要嘗試的東西太多」，頁19。

第二節　發展的契機：「跨越式」的追趕

遂寧在1998年的「直選」震驚外界。這是一場由基層幹部自發的政改，目的是想解決社會不穩的窘境。省委對於這項試點，相當程度上是默許的。「四川日報」對於這項改革的報導相當正面。在2000年的一篇文章指出，策劃步雲直選的官員被中國社科院評價「為中國民主政治建設從理論到實踐作出了傑出貢獻」。[40]省委在2000年之後，開始嘗試追趕和東部省份的差距，但社會的不穩定卻伴隨經濟成長而來。對於四川這種「後發展」省份，「和諧社會」仍是省委的主要政績，這使得省委對「基層首長選制改革」的需求，不減反增。

一、「跨越式」追趕

四川在計劃經濟的年代，經濟表現並不差。作為中國西部的農業大省，四川是全國糧食的主要提供地，並在省委書記李井泉的支持下，發展了基礎工業和國防工業。[41]中央將四川作為三線建設的重鎮，周恩來曾在1968年提到：「四川要後來居上，萬象更新」。[42]但四川在改革開放後的發展，可謂每況愈下。在1978年，該省的GDP尤居全國第6位。在1981年，四川被河北超過而降至第7位；1985年被浙江超過降至第8位；1997年，該省又被上海和湖北超過而退居第10位。80年代初，四川的經濟總量比廣東多幾十億元，到1999年，經濟總量比廣東少了4,748億元。[43]此外，四川省也面臨西部其他省份的競爭，其GDP在西部省份的比重，從1996年的31.29%下降到1998年的31.15%。[44]四川在面臨省份差距逐漸擴大的狀況，省委一直在尋求轉機。

---

[40] 「『精神』抖擻氣象新——來自遂寧市中區的報道」，四川日報，2000年12月18日，第2版。

[41] 「深切懷念李井泉同志」，人民日報，1990年4月19日，第6版。

[42] 「萬象更新——天府歸來」，人民日報，1979年1月29日，第2版。

[43] 「實現跨越式發展，四川最缺的是什麼」（2008年4月7日），四川新聞網，<http://china.newssc.org/system/2008/04/07/010770617.shtml>。

[44] 「努力實現四川的跨越式發展」，四川日報，2000年4月1日，第1版。

　　中共在2000年提出的「西部大開發」策略，為四川的「跨越式發展」提供新的機遇。該年初，國務院召開「西部地區開發會議」，認為加快中西部地區發展的時機已經成熟。[45]四川省委制訂的2000年工作要點，就是抓住國家實施「西部大開發」的時機來尋求發展。[46]為落實「西部大開發」的推動，胡錦濤在2月赴四川考察，希望該省能克服封閉的「盆地意識」和陳舊觀念，實施巨幅的創新。[47]在這些氛圍下，省委提出「跨越式追趕」的政策，並在2000年3月發出了關於「進一步開展解放思想大討論」的意見，來實踐「追趕型」、「跨越式」發展，破除「成績不大年年有，四平八穩慢慢走」的保守思想。[48]省委在2000年5月還頒布「中共四川省委、四川省人民政府關於抓住西部大開發機遇，加快發展的意見」，務求人均GDP在2010年力爭趕上當年全國平均水準。[49]

　　四川的經濟在西部省份表現不差，但與東部相比則顯得落後。四川的GDP雖在西部排第一，也僅相當於廣東的40%。從消費市場看，1999年四川與廣東比，只及廣東三分之一。從發展速度看，1979至1999年間，全國年均增長9.6%，四川年均增長9.1%，在全國排名第23位。四川的狀況呈現出「不比，沾沾自喜；比一比，頓感危機」的窘境。[50]以「四川日報」評論員的話來說：「經過多年的發展後，四川經濟已具備了一定基礎，但還不夠『強』。」[51]

　　為何省委對於四川發展速度，要求的如此快速？「四川日報」的一篇報導直接指出——快，是現實所「逼」。儘管四川省的GDP增速高於全國，但在全

45 「統一思想明確任務不失時機實施西部大開發戰略，西部地區開發會議在京召開」，人民日報，2000年1月24日，第1版。
46 「中共四川省委2000年工作要點」，四川日報，2000年1月6日，第1版。
47 「推進黨的建設和西部大開發偉大工程——中共中央政治局常委、國家副主席胡錦濤在川考察紀實」，四川日報，2000年2月27日，第1版。
48 「省委辦公廳轉發省委宣傳部『意見』，進一步開展解放思想大討論」，四川日報，2000年3月22日，第1版。
49 「中共四川省委四川省人民政府關於抓住西部大開發機遇，加快發展的意見」，四川日報，2000年5月31日，第1版。
50 「辯證看四川，實現新跨越」，人民日報，2000年10月22日，第1版。
51 「奮發圖『強』抓發展——二論我省如何實現新的跨越」，四川日報，2000年5月19日，第1版。

國只能算中等水準，發展比四川快的地區不僅有東部沿海省份，也有競相發展的西部省區，因此「形勢迫人，不快不行，非快不可」。[52]四川省委追求快速的發展，有意縮短改革開放以來日益邊增的東、西部差距。但省委究竟要提出什麼政策，來確保「跨越式發展」能落實呢？

二、實踐「跨越式」追趕——提升幹部素質：周永康提出的「十用十不用」

　　後發展的省份要如何落實發展的方針？諸多省委領導人紛紛將茅頭，指向幹部素質的提升。副書記秦玉琴認為應提升幹部的「綜合素質」——政治思想與解決問題的能力，以適應西部大開發的工作。[53]「四川日報」評論員寫到：「實現四川新的跨越，關鍵在黨，核心在領導幹部。」[54]對於人才的需求孔急，雖是當代中國政治的共同現象，但四川對此的需求更為迫切。「四川日報」的一篇報導指出，包括中國東部、中部的省份，對人才問題都「叫得很響」，但關鍵是真正抓住了機會，用最短時間、有效方法，吸引現有的人才，只有這樣才能構建起四川的「人才高地」。[55]周永康在黨校的講話中重申，四川要實現「追趕型」、「跨越式」的發展，必須有「建設一支高素質幹部隊伍」的緊迫感。[56]

　　周永康對於幹部人事制度改革的觀點，主要是體現在「十用十不用」的訴求。在2001年的省委7屆8中會上，周永康第一次提出這十項用人標準。「十用」指的是：全心為人民服務、貫徹中央和省委指示、實事求是、堅持高標、勇於進取、堅持原則、勤於學習、辦事公道、遵守紀律、清正廉潔；若未落實上述原則，則為「十不用」。[57]在周永康提出「十用十不用」的原則後，省委

---

[52] 「將『內江速度』擴展為『四川速度』」，四川日報，2001年08月04日，第1版。

[53] 「秦玉琴在省委黨校春季短班開學典禮上指出：實施西部大開發戰略的關鍵，在於提高領導幹部的綜合素質」，四川日報，2000年3月17日，第1版。

[54] 「機制創新是根本——五論我省如何實現新的跨越」，四川日報，2000年6月1日，第1版。

[55] 「人才：西部大開發的關鍵」，四川日報，2000年5月28日，第1版。

[56] 「周永康在全省黨校工作會議上強調，按照『三個代表』要求建設高素質幹部隊伍」，四川日報，2000年9月27日，第1版。

[57] 「四川省委書記周永康稱要用好十種人，不用十種人」，黨政幹部文摘，第2期（2001年2

組織部組織在省委傳媒——四川日報、四川黨的建設、黨建之聲——舉辦了相關的討論活動，目的是「為了加強深化幹部人事制度改革，為實現四川新跨越提供強有力的人才和組織保證」。[58]

為了有效進行人才的拔擢，四川省委制訂了相關的法規。省委出台「公開選拔領導幹部工作試行辦法」等文件，[59]該省被中央列為「全國幹部人事制度改革試點省」。[60]周永康提出幹部選任的「十用十不用」原則，為幹部人事制度改革的深化開啟了起點。省委組織部長李建華指出：「公選工作要創新，要加大公選力度，擴大幹部選拔民主，將公開選拔與日常幹部選拔工作結合起來。」[61]2002年，省委在省第八次黨代會的報告指出：選好用好一個人，就是樹立一面旗幟。該「報告」的主要特色，就是將幹部人事制度改革，作為推進四川「跨越式」發展的重要舉措。[62]

三、「跨越式」追趕的制度障礙——「直選」的限制：中發（2001）12號文件

省委在2000年所提出的「跨越式」發展，喊的震天價響，也理解幹部素質是四川能否實踐「跨越式發展」的關鍵。在這個氛圍下，地方的「直選」應該更有推動的空間。但中央在此時下發的一份文件，卻幾乎阻斷四川推動人事改革的道路。李凡在2001年曾透露，中央在該年7月發放的一份文件，要求各地除村長和城市社區區長保持直選外，鄉鎮長不能再進行直選。[63]這份文件就是全國人大常委會黨組下發的「關於做好全省鄉鎮人民代表大會換屆選舉工作

月），頁30。

58 「堅持『十用十不用』的用人導向，本報等『一報四刊』聯合舉辦筆談討論活動」，四川日報，2001年4月24日，第1版。

59 「不拘一格選人才，我省加大幹部制度改革力度」，四川日報，2001年8月20日，第1版。

60 「活力源自創新——我省深化黨政幹部制度改革綜述」，四川日報，2001年11月5日，第2版。

61 「民主路上一大步——我省幹部人事制度在創新中突破」，四川日報，2002年3月17日，第1版。

62 「選好用好人樹立一面旗」，四川日報，2002年5月31日，第2版。

63 「中國入世後的政治體制改革從選舉開始——訪世界與中國研究所所長李凡」，大公報，2001年11月15日，第A5版。

的意見」，即所謂的「中發（2001）12號文件」。[64]

　　該文件顯示全國人大以更清楚的立場，否定「直選」鄉長的合法性。其認為將選舉權回歸人大，才符合「黨管幹部」的原則，這對於改革方熾的四川來說，無疑是一項警鐘。四川省人大對於「12號文件」不敢輕忽，隨即下發「『關於2002年鄉鎮人民代表大會換屆選舉工作有關問題的意見』的請示報告」，也就是「省發（2001）37號文件」。在四川省人大刊物「民主法制建設」這樣寫到：「各地領導親自動員宣講中央12號文件和省委37號文件精神，努力作好各方面的思想工作，達到思想的高度統一和行動的高度一致，保證了中央12號文件和省委37號文件的貫徹實施。」[65]

　　中央的「12號文件」真的扼住了四川的改革嗎？我們發現省委對於人事制度的創新，並未放棄。就在「12號文件」下發不久，省委組織部長李建華就要求四川的幹部選任一定要「與時俱進，不斷創新」。[66]但在該文件的箝制下，「直選」已不可行，必須將政改重新回到「公選」層次。四川的「公選」在過去成效顯著，成都市在2000年「公選」多位縣級和局級的副職，[67]四川省在2001年「公選」副廳級幹部。[68]「12號文件」下發不久，省委組織部在2001年9月要求除少數民族地區以外，至少有三分之一的鄉鎮在換屆選舉中，必須採取「公選」的方式，來選舉鄉鎮黨委書記或鄉鎮長。[69]

---

64 徐浩程，「『蜀官』是怎麼煉成的」，決策，Z1期（2008年2月），頁18。
65 「充分發揚民主，嚴格依法辦事，確保鄉級人大換屆選舉順利完成──四川省鄉級人大換屆選舉工作綜述」，民主法制建設，總162期（2002年8月），<http://www.mzfzjs.net/disppage.php?time=1248835711&id=764 >。
66 「李建華提出按照『三個代表』要求建設高素質領導人才隊伍」，四川日報，2001年09月10日，第2版。
67 「拓寬選人用人管道深化幹部制度改革，成都公選三十八名黨政領導幹部」，四川日報，2000年7月8日，第1版。
68 「我省系統內『公選』首位副廳級幹部紀實」，四川日報，2001年8月27日，第2版。
69 徐浩程，「『蜀官』是怎麼煉成的」，頁18。

四、步雲、四川、國務院——和全國人大「頂著幹」：2001年再度直選鄉長

令人驚訝的是，步雲似乎無懼「12號文件」限制。步雲鄉在2001年底，進行第二次的鄉長直選，原鄉長譚曉秋再度當選。但在2001年的選舉已作了改變，也就是先直選「鄉長候選人」，再交付人大進行最後表決。[70]這樣的兩階段選舉試圖揉合了「直選」和「人大選舉」的制度，可以說是一種退卻，但相當程度上仍是一種「直選」。步雲此舉有可能違背「12號文件」的規定，而省委在此時卻表態支持「直選」。「四川日報」報登出104歲人瑞蔡王氏，由孫子攙扶來參加選舉的照片，被外界視為省委認同此項改革的公開表態（圖3-1）。

說明：這張照片的內容震撼人心。它顯示步雲鄉的普通百姓，也有權力選舉基層首長（候選人），這是中共政權前所未有的現象。該照片原先刊登於「遂寧日報」，後來經過「四川日報」轉載登出。筆者無法找到「遂寧日報」或「四川日報」的照片，以上的內容敘述與照片資料，係轉引自：唐建光，「四川步雲直選鄉長連任」，中國改革（農村版），第3期（2002年9月），頁7、9。

圖3-1　省委表態支持「直選」：「四川日報」刊出蔡王氏參加選舉的照片

---

[70]「選舉改革十年破土」，中國改革，第3期（2008年3月），頁34。

　　除了省委支持外，中央再度出現口徑不一的情形。國務院對於步雲直選的立場，和全國人大相當不同調。國務院「機構改革辦公室」主辦的期刊：「中國改革」，在2002年第1期，有數篇文章讚揚步雲直選對於民主化的貢獻。一篇文章指出：「步雲的『鄉長直選』，這也許是21世紀中國的最大一次機遇」；[71]另一篇文章引用步雲鄉黨委書記劉仕國的話：「鄉長直選是實踐『三個代表』的最好體現，直選沒有削弱也不會削弱黨的領導。」[72]這些文章以強烈的立場支持步雲直選的改革。「中國改革」的榮譽主編為吳敬璉，他是總理朱鎔基的首席經濟顧問，該期刊所刊登的文章，朱鎔基不會完全不知情。「中國改革」在2002年鄉鎮長換屆的敏感時刻，居然以幾近「專刊」的形式表達對步雲的支持，這不禁令人懷疑黨中央對「直選」的態度是否不一致？

　　全國人大在之後，仍堅持鄉鎮長必須完全透過人大產生。全國人大副委員長盛華仁在2006年，於「求是」期刊撰文，要求各地的縣、鄉選舉不能進行「直選」試點。他寫到：

　　前兩次換屆選舉中，個別地方採取由選民直接選舉鄉鎮長的做法，並把這種做法當作擴大基層民主選舉幹部的一種嘗試，這不符合憲法和有關法律的規定，有關地方已及時做了糾正。[73]

　　「有關地方已及時做了糾正」這句話所言不假。至少在2002年之後，四川的鄉鎮長「直選」已經完全消失。在這場選制改革的博奕中，中央一再下發文件反對「直選」，尤以全國人大表現最明顯，但我們卻時見中央層級的幹部或機構，以不同的形式，表達對步雲改革的支持。省委的立場也默許該項改革，四川省委副校長李錫炎提到，省委組織部應將這些改革的官員保護起來，

---

[71] 日日銘，「步雲直選：一次有意義的民主嘗試」，**中國改革**，第1期（2002年1月），頁30。
[72] 張勁松，「步雲選舉：社會主義國家人民地位高」，**中國改革**，第1期（2002年1月），頁26。
[73] 盛華仁，「依法做好縣鄉兩級人大換屆選舉工作」，**求是**，第16期（2006年），頁41。

而四川省甚至將發動步雲直選的張錦明升為遂寧市副市長。[74]在報刊的背後，隱然呈現出中央、地方意見的「百花齊放」，這是中共政罕見的現象，必須謹慎來解釋。

五、中央和省委為何有悖「12號文件」

筆者反覆比對中央與地方報刊的內容。從筆者蒐集的資料來看，中央高層的態度確實不一致，而省委始終是默許，甚至支持地方的人事改革。這是一個有趣的現象，值得本書進行深究。

（一）領導菁英對於步雲改革的意見紛歧

為何當時層峰領導對於「12號文件」的態度不一？最明確的解釋，就是這些政治菁英對於「如何政改」根本未有共識。當時的部分政治菁英主張加快政改步伐，曾慶紅就是其中的代表。後鄧時期的中共高幹中，筆者認為以曾慶紅對於政改最具見解，他可謂江時期的「政改總設計師」。一般政論家多注意他為江澤民鞏固政權的貢獻，但忽略他是政改的積極推動者與設計者。

曾慶紅在1999年任職中組部部長後，大力提倡政改。他推行「票決制」（無記名投票）與「差額選舉」，增加程序上的競爭性，被視為「擴大黨內民主的重要舉措」。[75]曾慶紅在2000年和2001年，先後造訪日本、韓國、澳大利亞、新西蘭、新加坡等國，針對公務員制度和行政改革進行調研。[76]在曾慶紅的推動下，黨委換屆差額選舉的比例逐年擴大。這些精神，體現在2002年公布的「黨政領導幹部選拔任用條例」。[77]他在訪港時提到，差額選舉是一條「不歸路」。[78]曾慶紅藉由選舉制度的競爭性，來活化幹部選任機制。這條思路，被之後的胡錦濤所繼承。步雲政改雖然是基層幹部所發動，但其選民的「無記

---

[74] 徐浩程，「『蜀官』是怎麼煉成的」，頁18。

[75] 「曾慶紅大刀闊斧整頓吏治」，文匯報，2003年3月16日，第A22版。

[76] 「中國共產黨在世界上的影響不斷擴大」，人民日報，2001年7月19日，第7版；「曾慶紅拜會新加坡總統納丹」，人民日報，2001年4月5日，第3版。

[77] 「曾慶紅，政治改革的實踐者」，大公報，2002年11月16日，第A3版。

[78] 「大刀闊斧，推動黨內民主」，文匯報，2005年9月10日，第A27版。

名直選」以及「差額選舉」的思維，都和曾慶紅的政策不謀而合。

反對「直選」最力的單位是全國人大。從本位主義的角度來看，「直選」確實剝奪了人大的權力；[79]但從另一個角度來看，當時人大委員長李鵬的意向也值得關注。李鵬被外界稱為「頑固反對政改的保守派」，[80]且他和江澤民的過節甚多，最早可追溯到陳希同案件。[81]就李鵬而言，他幾乎反對所有的政改，這正好說明全國人大為什麼自始都不支持步雲「直選」，並下發「12號文件」來箝制。

國務院與四川省委則支持步雲的「直選」。國務院總理朱鎔基和其他政治局常委的關係不深，但被外界視為改革派。[82]就國務院的立場，支持任何有助於社會穩定的改革方案。省委書記周永康和曾慶紅則有過同事關係。周永康早年在石油部門工作，並任職石油工業部副部長，和同在石油部門工作的曾慶紅是舊識，[83]有媒體指出周永康是曾慶紅的親信。[84]再加上他與江澤民都是江蘇人，擁有同鄉的情誼，外界普遍認為他是「江系」幹部。對於曾慶紅的政改方針，周永康應是支持的。四川的政改，和曾慶紅推動的人事改革若合符節。周永康除了因派系關係而支持政改，另一項更直接的關鍵在於「基層首長選制改革」確實有利於四川的發展與穩定，也就是有助於省委「政績」的提升。

（二）周永康時期的四川政局：政治改革的突破與侷限

周永康主政時期的四川政改，能夠論證本書在第一章所言：省委書記會注意基層幹部的制度創新，是否獲得中央的肯定，以推測有無機會大幅推至全省。周永康有推動政改的理念，又是「江系」的幹部，有推動政改的條件。但

---

[79] 相同的觀點，參見Baogang He, *Rural Democracy in China: The Role of Village Elections* (New York, N.Y. : Palgrave Macmillan, 2007) , p. 211.
[80] 「政治改革該有所作為」，信報財經新聞，2001年5月25日，第28版。
[81] 「家屬腐敗問題將令李鵬難安逸」，信報財經新聞，2002年10月3日，第11版。
[82] 「政治改革該有所作為」，信報財經新聞，2001年5月25日，第28版。
[83] 「政治局委員周永康出任部長，公安部『升格』強化反恐治安」，香港經濟日報，2002年12月10日，第A17版。
[84] 「國務院大換班誰有競爭優勢」，信報財經新聞，2003年2月26日，第11版。

可惜的是中央對於步雲的「直選」，始終無明晰的肯定，且全國人大的阻力甚大。這是導致周永康在任期內，未曾發動大規模「基層首長選制改革」的主因。

總的來說，周永康並非怠政的領導人。他在四川省委書記任內，躬逢中央推動「西部大開發」的有利時機，而想進一步推動四川的「跨越式追趕」。但四川這種「後發展」的省份，社會不穩定的問題始終伴隨而生，再加上地方幹部素質的低落，這都促使周永康必須推動人事改革，並提出「十用十不用」的方針。恰巧張錦明在步雲推動的「直選」，提供了省委的參考依據，筆者推測省委對於張錦明的態度是友善的，也願意適時支持張錦明的改革。即便中央的「12號文件」下發後，「四川日報」仍在2001年以刊出步雲直選的照片。這些現象，都說明了周永康對於「基層首長選制改革」的重視。

省委敢消極抵制「12號文件」的理由，在於「直選」確實存在效益。許多報導指出在步雲推動鄉長直選後，該鄉的社會經濟有較好的發展。步雲原先是遂寧市最荒僻的鄉，但在譚曉秋當選鄉長後，不論在交通建設、農業貿易都有明顯的改進。[85]有受訪者表示，官員的腐敗與浪費的情形有所改進。[86]也有報導指出，新任鄉長成功解決農村債務的問題。[87]張錦明的一段話尤令人尋味：「原來鄉政府的工作目標是把上級的任務分解到工作中去，然後督促完成。而直選鄉長則以對選民的承諾為工作目標。」[88]在相當程度上，「直選」確保了幹部會以地方的實績為考量，上級領導也能透過直選來「擇賢」，任用較具能力的幹部來化解社會問題。[89]

---

[85] 王怡，「鄉鎮的自治和限政：四川省步雲鄉長直選之後」，**當代中國研究**，總第83期（2003年第4期），頁44。

[86] 李凡，**乘風而來**，頁225。

[87] 王怡，「鄉鎮的自治和限政」，頁52。

[88] 唐建光，「四川步雲直選鄉長連任」，頁8。

[89] 李連江對於步雲直選的助益，歸納了四點：有助於政治穩定、鄉鎮長不敢怠政、解決貪腐問題、農民獲得公民權的保障。Lianjiang Li, "The Politics of Introducing Direct Township Elections in China," *The China Quarterly*, no. 171 (September 2002), p. 718.

但從更高的政治角度來看，我們發現周永康主政四川時期，層峰菁英對於政治改革的歧異相當大。中組部部長曾慶紅當然是政改的重要推手。但全國人大委員長李鵬就非常反對步雲的「直選」，他認為一切權力必須回歸各級人大，並下發「12號文件」來箝制。朱鎔基則可能支持步雲的改革，在「中國改革」這份國務院主辦的期刊，竟在「12號文件」下發後，以專刊的形式來頌揚步雲改革。筆者認為，這反映出江澤民時期的黨內菁英，對於政治改革的必要性與迫切性，並未取得高度共識。在中央的態度不明朗下，周永康不敢將「直選」貿然推廣。

層峰菁英的存疑，主因是「直選」對「黨管幹部」造成衝擊，而始終未賦予「直選」的正當地位。這使得步雲「直選」欠缺法源依據，其選舉出來的鄉長也是「妾身未明」。步雲鄉長當選人譚曉秋，由於並非透過人大選舉產生，因此難以透過黨內管道來繼續升遷。當初在1998年敗選的幹部，重新回到黨內體制來晉升，幾乎都獲得升遷，但譚曉秋到了2002年仍擔任最基層的科級幹部（鄉長）。[90]「直選」出身的鄉長對中共而言，是一個難以調適的「政治變種」，他讓中共必須面對民意和黨意孰輕孰重，以及鄉長是否必須完全聽命於黨委書記等問題。在體制的侷限下，中共只能繼續「冷凍」譚曉秋的仕途，而不與晉升。

第三節　改革的核心移到「黨內」：推進「黨內民主」

在周永康的任期內，是以「跨越式追趕」為施政主軸。但筆者必須指出，周永康並未提出適合四川發展的人事改革。他所說的「十用十不用」，很大程度是在覆誦一些中央的政治宣導，這對於四川這個後發展的省份而言，並未有過多具體的貢獻。周永康時期四川政改的侷限，在於步雲的試點並未受到中央的肯定，使得周永康的改革受到掣肘。這個侷限，要等到張學忠在2002年

---

[90] 王怡，「鄉鎮的自治和限政」，頁45。

底接任省委書記後，才有所改進。而引領張學忠推動大規模政改的關鍵，仍是基層幹部的創新。張錦明、李仲彬對於「黨內民主」的制度設計，受到中央的肯定，加上張學忠本身的政治理念，以及他是胡錦濤的「派系」，終於導致四川在2005年之後的全面政改。

一、後發展的困境

　　四川身處後發展的型態，幹部面對的是更複雜的省情。依據Huntington的觀點，經濟發展的過程往往伴隨著社會不穩，特別是在經濟初步發展的階段。[91]換言之，經濟發展和社會不穩的「雙面刃」，在發展初期尤為明顯。周永康曾表示：

　　　　同西部一些省區相比，我們在一些方面還有不小差距，發展中面臨著不小的壓力。此外，在社會穩定方面還有不少隱患。所以一定要有緊迫感，始終堅持發展是硬道理，堅定不移、紮紮實實地把經濟建設搞上去，這是解決一切問題的關鍵。[92]

　　四川在推動「跨越式」追趕後，省級經濟確實有所成長，但發展的背後也加劇四川省情的不穩定。該省的人均GDP在2001年增長了9.2%，高出全國平均水準的1.9%，在全國排名第24名，較1999年進步2名。[93]但省級經濟的整體發展並不代表全體省民的均富和諧。2002年的四川省委八屆二中全會上，省計委表示在2000年的全省人均GDP，僅為全國平均的67.6%，全省城鎮與鄉村居民的恩格爾係數分別為41.5%和54.6%，較全國各高出2.3%及5.5%。在2001年，全省農民還有278萬未解決溫飽的貧困人口，100萬居民領取「最低生活保障」津貼，城鎮有36萬名國企下崗職工、32萬則登記為失業人員。基於四川經

[91] Huntington, *Political Order in Changing Countries*, p. 6.
[92] 「周永康參加綿陽代表團審議時強調，清醒認識形勢增強憂患意識帶頭加快發展」，四川日報，2001年2月7日，第1版。
[93] 「周永康：認清形勢堅定信心以新作風推進新跨越」，四川日報，2002年1月18日，第1版。

濟發展的落後窘境，省紀委承認──我們是更低水準、更不全面、發展更不平衡的小康。[94]這證明了「跨越式」發展似乎是一個過於樂觀的期待。

2002年底擔任省委書記的張學忠，也有類似的看法。他曾在「求是」期刊上撰文表示，四川離全面建設小康社會的目標還非常遠。四川人均GDP最高的城市與最低城市，相差五倍之多，城市化僅占28.2%，較之全國要低於9.5%，城鎮居民的人均可支配收入為農民的三倍之多。[95]周永康與張學忠兩位前後任書記，都不約於同指出，四川在進行「跨越式」發展的同時，也必須處理社會穩定的問題。四川「後發展」的困境，使的該省在追求「和諧社會」的過程中，面臨比他省更為嚴峻的挑戰。

省委在2000年提出「跨越式」發展的追趕策略，也深知幹部素質是能否支持該政策的核心。但在推動人事制度改革後，四川的幹部素質並未有顯著提升。一份來自於省委、省政府於2002年的調研報告：「四川省黨政群機關幹部隊伍狀況宏觀分析」，提出悲觀的結論。「報告」認為該省幹部整體素質不高，大學本科生僅占17%，越到基層這種窘況越為明顯。被調查的幹部當中，竟有81.1%的人不知價格機制在市場體系的作用，五成左右的幹部不曉得「大氣臭氧層變薄」，有超過30%的人不知e-mail為何物。針對調查報告的結果，去看待四川的幹部能否實踐「跨越式發展」的問題，省委的回答是：尚有差距。[96]

二、張學忠的省思：侷限於「黨內」的改革

四川在歷經數年的摸索後，即便人事制度改革已有建樹，但力度仍不足。前人事部長張學忠在2002年底，接任四川省委書記。他在任職後，能在中央法令的限制下，繼續推動人事制度改革。這一方面歸功於張學忠任職人事部門的歷練，使得他理解人事制度的盲點與可以改進的方式。另一個主因，是雅安、成都新區等地的基層幹部啟動了另一波「黨內民主」的人事改革，並獲

---

94 「我們離『全面小康』有多遠」，四川日報，2002年12月28日，第2版。
95 張學忠，「全面建設小康社會，創造四川美好未來」，求是，第9期（2003年），頁13。
96 「對我省黨政群機關幹部隊伍的觀察與思考」，四川日報，2003年3月24日，第2版。

得中央的肯定，這使得張學忠能夠進一步推廣至全省。最後，是張學忠與胡錦濤的關係密切，黨中央願意支持他的改革。

（一）張學忠其人

在胡錦濤的個人網絡關係中，學界多以「團派」來稱謂。這特別是指曾與胡錦濤在團中央共事的人，包括劉延東、張寶順、李克強、劉奇葆等。但胡錦濤還有另一支人脈，學界較少探討。他們是胡錦濤在外地擔任「一把手」時，所建立起來的私人關係，特別是在西藏擔任區委書記時的共事對象。張學忠就是胡錦濤在西藏任職時的區委副書記，他和胡錦濤的的淵源甚早。

張學忠與胡錦濤最早建立私交的年代，可以追溯到1970年代中期。[97]筆者無法直接查證這個消息的真偽，但從仕途發展來看卻實有可能。胡錦濤當時在甘肅建設委員會擔任秘書，1979年向建委會主任宋平的匯報會議上，讓宋平留下好印象。鄧小平在1981年提出要幹部年輕化時，宋平便提名胡錦濤成為中共中央候補委員。[98]「文匯報」也透露張學忠擔任宋平的秘書，並在1977年隨宋平和中央工作組進駐蘭州鐵路局。[99]這兩人都曾在甘肅建委會共事，也和宋平有一定的淵源，因此兩人在甘肅建立私交的可能性，確實存在。

張、胡兩人在工作上的進一步共事，是在胡錦濤擔任西藏區委書記時。張學忠在1980年代之後，一直在甘肅歷練，並在1989年升為甘肅省委副書記。胡錦濤先在1985年調為貴州省委書記，並於1988年擔任西藏區委書記。1991年，胡錦濤因為身體不適應青藏高原的環境，因此移到成都休養，並向中央請求將張學忠調到西藏擔任副書記，以執行自己的命令。[100]在1989年之後，西藏的形

---

97 「團派舊部紛進重要宣傳組織系統，胡錦濤第四代領導班底漸露」，**香港經濟日報**，2002年10月29日，第A4版。

98 「元老賞識執掌共青團」，**明報**，2002年11月4日，第A25版。

99 「張學忠親民書記重情念舊，記者迂迴報轉聽到他的兩個小故事」，**文匯報**，2003年11月15日，第A9版。

100 「團派舊部紛進重要宣傳組織系統，胡錦濤第四代領導班底漸露」，**香港經濟日報**，2002年10月29日，第A4版。

勢相當嚴峻。先是達賴在1989年獲得諾貝爾和平獎而遭到中共的強烈抗議，[101] 1991年又遭逢「西藏解放」40週年，北京特別召開「紀念西藏和平解放40周年」的集會來緩和氣氛。[102]在這個緊張的時刻，胡錦濤願將拉薩的指揮權交付張學忠，可見胡對於張的高度信任。

胡錦濤在調任中央後，拔擢了一些西藏的同事赴京擔任要職。張學忠在1994年，接任人事部副部長，是中共最重要的部門之一。香港政論家丁望以胡錦濤的「西藏夥伴」來描述張學忠，[103]其仕途堪稱平遂。張學忠更在2000年升為人事部部長。張學忠即便未具「團派」的背景，但其與胡錦濤在甘肅、西藏時期的同事關係，因此仍可視為胡錦濤的「派系」。

張學忠在執政四川之後的最大危機，是2004年11月的「漢源事件」。這是中共建政以來，規模僅次於六四事件的群眾抗議事件。它震撼了黨中央，也衝擊了張學忠的仕途。但胡錦濤的處理方式似乎相當低調。港媒提到胡錦濤針對暴亂作出指示，強調「群眾利益無小事」。[104]「四川日報」不敢報導「漢源事件」，但刊載了張學忠召開常委擴大會議的消息，強調要珍惜大好的局面，維護社會穩定，做到「胡錦濤同志強調，群眾利益無小事」。[105]胡錦濤對於嫡系出現的政治責任，僅以「群眾利益無小事」輕輕帶過，張學忠也馬上開會重複胡錦濤的指示。兩人關係的匪淺，從「漢源事件」再度得到驗證。

（二）重提「基層首長選制」改革

中央組織部副部長孫曉群，在2002年12月的四川領導幹部會議上，宣布

---

[101] 「諾貝爾和平獎竟授予達賴，我外交部發言人表示憤慨」，人民日報，1989年10月8日，第1版。

[102] 「紀念西藏和平解放四十周年，首都各界人士隆重集會」，人民日報，1991年5月24日，第1版。

[103] 除了張學忠之外，田聰明也是一個例子。他在1988年後擔任西藏省委副書記，成為胡錦濤的下屬，1990年擔任廣電部副部長，並在2000年調任新華社社長。丁望，「增強接班熱身運動政治新星崛起」，投資中國，第88期（2001年6月1日），頁51。

[104] 「胡總評川暴亂，群眾利益無小事」，香港經濟日報，2004年11月16日，第A37版。

[105] 「珍惜來之不易大好形勢，維護改革發展穩定大局」，四川日報，2004年11月14日，第1版。

周永康將辭去四川省委書記而赴京工作。同時，也宣布由原人事部部長張學忠接任四川省委書記。[106]張學忠在2002年強調，四川目前處於發展的關鍵期，思想觀念必須創新、政策要更靈活、工作力度要更大。[107]張學忠也認同周永康的政策，他說：「我來四川後，感到省委提出的追趕型、跨越式發展的戰略思路是完全正確的。」[108]

但「跨越式追趕」推行不過數年，後遺症已經浮現。省委已經意識到四川需要的幹部，並不是僅有GDP的成長，而是需要調和經濟發展與社會穩定的問題。「四川日報」的報導指出：「GDP作為一項宏觀經濟指標，不是經濟與社會發展的全部。對於領導幹部的政績考核，應該是全方位的，在經濟指標之外，更多地應偏向人民生活水準和品質。」[109]張學忠從更為廣泛的政績面向去要求幹部。他所認定的「優秀幹部」，並不僅限GDP的成長，他認為更重要的是對群眾投注感情，以及協調經濟社會發展的能力。他指出2004年省委表彰並提拔了7名優秀縣委書記，他們都不是靠GDP的政績來獲得晉升。[110]換言之，四川需要的幹部不僅會處理經濟發展，更重要的是具備維護社會穩定的能力。

「基層首長選制」改革，成為張學忠特別重視的要務。他將改革的目的和作法，歸結為「舉旗子、抓班子、帶隊伍、促發展」。[111]張學忠認為擴大人事改革的「關鍵」，在於黨委幹部，尤其是「一把手」。早在周永康執政四川的末期，省委組織部和宣傳部在2002年8月發出「爭當愛民書記」的活動通知，[112]這是省委最早將改革重點移至黨委書記的風向。張學忠也延續這個主張。「四川日報」這樣報導：「農村工作說千道萬，關鍵是鄉鎮領導在點上做

[106] 「我省召開領導幹部會議宣佈中央決定」，四川日報，2002年12月6日，第1版。
[107] 「張學忠接受中央媒體採訪」，四川日報，2002年3月9日，第1版。
[108] 「『三個轉變』是實現新跨越的『魔杖』」，四川日報，2003年11月10日，第1版。
[109] 「政績≠GDP」，四川日報，2004年2月11日，第2版。
[110] 「張學忠評三事說和諧」，四川日報，2005年3月9日，第1版。
[111] 舉旗子」指的是高舉「三個代表」的政治思想；「抓班子」是指提升領導班子和幹部的整體素質；「帶隊伍」則是藉由幹部的努力，來帶好廣大的黨員；「促發展」則是盡力完成跨越式的發展，建立小康社會。尹建權，「黨員先進性教育重在實效——專訪省委書記、省人大主任張學忠」，世紀橋，第4期（2005年），頁24。
[112] 「我省開展『爭當愛民書記』活動述評（三）」，四川日報，2002年9月15日，第2版。

出示範」，省委並且在2004年開始，表彰了內江、巴中、廣安、瀘州地區的優秀鄉鎮黨委書記。[113]這位曾在人事部歷練八年的新任省委書記，對於人事制度改革的癥結，有更為深入的瞭解，他認為可以從黨內幹部的選任來突破。

張學忠將改革重點放在鄉鎮級黨委。鄉鎮一級的層級不高，對於改革的敏感性較低。鄉鎮一級是行政體制的最低一級，在改革的意義上，它是選舉制度和人事制度的銜接層次。[114]依中共黨內規定而言，縣市一級的「一把手」已經屬於「領導幹部」層級，中央控制的力度較強，較無推動政改的空間。

鄉鎮級黨委書記進行「直選」的可行性，遠較鄉鎮長來得高。步雲的試點，已經說明鄉鎮長直選的制度創新，在歷經四年的浮沈後，並未受到黨組織的認同。究其原因，在於鄉鎮長「直選」的控制成本過高，有可能讓黨外人士獲得當選，這不利於中共的統治。但如果改革幅度侷限於黨委書記，則在保證中共黨籍幹部當選的前提下，得以透過競爭選舉讓能力較高的候選人出線。這和過去日本自民黨的「黨內多派」有部分的相似，但由於中共提倡黨性高於派性的原則，因此領導人無法公開提倡「黨內多派」的主張。[115]

有別於周永康過於空泛的「十用十不用」，張學忠認為將改革的重心移到「黨內」，是一個較為可行的取向。省委在2003年8月，下發「關於在省級部門實行一把手抓人才工作目標責任制的意見」，將「人才工作的領導」列為考核指標，並要求通過「抓一把手」的方式，一級領導一級，以期在全省形成「黨委不抓人才工作就是失職」的共識。[116]張學忠還認為：「用人是省委最大的導向」以及「選好人用好人，是各級黨委最大的形象」。[117]在張學忠的要求下，各級黨委必須將人事改革視為重點。

[113]「鄉鎮黨委書記責任如山」，四川日報，2004年1月19日，第1版。
[114]王怡，「鄉鎮的自治和限政」，頁45。
[115]蕭功秦，「『黨內民主論』的出現及其前景評估」，當代中國研究，總77期（2002年第2期），頁124-126。
[116]「抓一把手，一把手抓──省委組織部有關負責人答記者問」，四川日報，2003年08月12日，第2版。
[117]「用人導向是黨委最大的導向」，四川日報，2003年8月15日，第2版。

但筆者必須強調，張學忠的政改，並非是帶著一套既定的藍本前往四川。他有改革的理念與思維，但他並未做出具體的改革安排。張學忠借鏡各地的創新，並適時給與支持和推廣。早在張學忠就任前一個月，四川另一波政改的火苗在雅安市引燃。推動者依然是張錦明，她在2002年8月調為雅安市組織部部長。張錦明在雅安市推動的另一波人事改革，吸引住省委的目光。

三、新的突破口──雅安：「黨內民主」的產生

「公選」的力度不強，「直選」又受到中央的阻卻，這對於力求幹部制度創新的四川省委來說，可謂相當掣肘。但另一個「機會之窗」，卻在2002年降臨在雅安市。該年8月，原遂寧市副市長張錦明調任為雅安市組織部部長，這位曾力推步雲直選的幹部，在調任雅安之後，有了進一步的思維。2002年11月，中共召開十六大，江澤民在政治報告上說，「黨內民主」是黨的生命，必須「擴大在市、縣進行黨的代表大會常任制的試點。積極探索黨的代表大會閉會期間發揮代表作用的途徑和形式。」[118]黨中央推動「黨內民主」的宣示，讓張錦明重新找到改革的著力點。張錦明在事後回憶：「遂寧的公選和直選試驗後，我一直在想，類似的改革能否向上遞進一層。」[119]

鄉鎮級的「直選」既然被中央否定，張錦明於是將改革的範疇退回「黨內」。黨內的選舉即便再激烈，當選人仍是中共黨員，對於中共的專政地位不會造成太大影響，這是中央願意推動「黨內民主」的原因。張錦明決定先找一個不敏感的職務──黨代表，透過「直選」的試點來繼續推動政改，這就是雅安在2002年試行「黨代表直選」的背景。在某種意義上，雅安的試點象徵幹部人事制度改革，將從鄉鎮長的層次縮回「黨內」。

在十六大召開僅一個月後，張錦明就在雅安市的雨城區、滎經縣，實施了中共歷史上第一次的縣級黨代表直選，[120]並推動「黨代會常任制」。[121]由選舉

---

[118] 江澤民，「全面建設小康社會，開創中國特色社會主義事業新局面」，頁40-41。
[119] 尹鴻偉，「張錦明：基層政改探路人」，**南風窗**，第24期（2007年12月），頁21。
[120] 滇人，「爭民主的女人」，**南風窗**，第2期（2008年1月），頁37。
[121] 「黨代會常任制」之目的，在於賦予黨代表常規性的參政權。中共黨章規定，黨代會是5

的結果來看，黨代表的直選確實存在競爭性，[122]這場由基層發動的政改，馬上受到省委的關注與支持。在2002年底，「四川日報」就刊出了關於雅安市關於推動縣級黨代表直選及黨代會常任制的報導，[123]這和省委在遂寧「直選」初期的觀望態度，明顯有異。雅安的「黨內民主」成為四川推動政治改革的另一個思考，包括「黨代會常任制」在內的諸多黨內改革，成為了四川大幅推廣的制度。[124]

四川所推動的人事改革，一直在「黨管幹部」和甄補活化的原則中做出妥協。這項受限的政改，考驗著四川領導人的智慧。魏宏在1998年曾感嘆：「我們需要嘗試的東西太多了」。歷時四年後，雅安所推動的「黨代表直選」再度吸引省委的注意。省委感到將改革限縮在「黨內」，是一個不衝擊體制的「軟著陸」，中央對此項改革的態度是較為和緩的。在雅安的試點之後，成都新區開啟了另一個嘗試，這項人事改革觸及到的是「黨內」更核心的關鍵——鄉鎮黨委書記。

四、「黨內民主」的擴大——成都市新都區：鄉鎮黨委書記「直選」

中央對於基層幹部從「黨內」來推動人事改革，較為肯定。我們緊接著要探討的鄉鎮黨委書記「公推直選」，也受到中央的默許甚至支持。雖然「12

年召開一次，使得黨內事務的決策權往往集中在「一把手」身上。「中國共產黨章程」（2002年11月14日），**中國共產黨黨內法規新編（2005年版）**（北京：法律出版社，2005年），頁12-13。

[122] 唐建光，「直選黨代表」，**新聞週刊**，第3期（2003年1月），頁20。

[123] 「推動黨內民主的重大創新榮經雨城實行黨代表大會常任制」，**四川日報**，2002年12月30日，第1版。

[124] 根據筆者搜尋於google與百度等網站的資料，截至2009年10月5日為止，四川省已有1個地級市和47個縣市，推行「黨代會常任制」。地級市為眉山市，47個縣市包括：新都區、郫縣、大邑縣、新津縣、蒲江縣、金堂縣、龍馬潭區、利州區、蒼溪縣、市中區、沙灣區、雨城區、榮經縣、天全縣、自流井區、貢井區、沿灘區、大安區、榮縣、旌陽區、什邡市、大英縣、嘉陵區、南部縣、蓬安縣、宣漢縣、大竹縣、巴州區、平昌　　南江縣、仁和區、米易縣、鹽邊縣、遊仙區、威遠縣、翠屏區、南溪縣、長寧縣、高縣、東坡區、仁壽縣、洪雅縣、丹棱縣、青神縣、簡陽市、安岳縣、會理縣。此外，四川省委組織部在2003年宣佈將在18個市縣試行該制度，並出台「關於市、縣（市、區）黨代表大會常任制的試行意見」，規定黨代表大會可每年召開一次，或依據實際需要不定期召開。「18市縣試行黨代會常任制」，**四川日報**，2003年4月17日，第1版。

號文件」阻斷了鄉鎮長「直選」的可行性，但並未撲滅省委對人事改革的熱誠。張錦明將改革的重心縮回「黨內」，但黨代表畢竟是不甚重要的職務，如果「直選」能擴到黨委書記，對於改革的效益將更大。四川黨委書記的選舉改革，在十六大之前多僅限於村級的「公選」。截至2002年為止，四川「公推公選」村支書的比例，已占全省的八成。[125]青神縣南城鄉在1999年，甚至試行黨委書記的「直選」，[126]但之後無疾而終。可見鄉鎮級黨委書記的「直選」，仍是政改領域的「禁區」。直至李仲彬主政成都市新都區，才又開啟這項改革。

李仲彬是繼張錦明之後，影響四川政改的第二位重要基層幹部。他在2001年擔任新都區區長，2002年升為區委書記。李仲彬推動直選的原因和張錦明相似，都是因為幹部行徑的腐敗，而希望藉由「直選」來提升幹部的素質。在李仲彬的視察過程中，發現新都區的幹部常發生欺壓百姓的不法情事，這促使他決定改革幹部人事制度。[127]2003年12月，新都區木蘭鎮實施差額競選鎮委書記，由劉剛毅獲選，這是中共第一次實施鄉鎮黨委書記的「直選」。四川官媒並未對這項改革做出報導，但鄰近的重慶地區卻刊出消息，[128]並由重慶市委組織部組織處長鄭明鵬，前往觀摩選舉過程，[129]

新都政改的另一個特色，是解決了鄉鎮黨委與鄉鎮長的權力定位。在李仲彬的授權下，木蘭鎮委書記可進行「組閣」，提名黨委領導班子以及鄉鎮長的人選，並呈報組織部核准。[130]這種方式解決了步雲「直選」模式中，所衍生的黨委與鄉鎮長權力難以劃分之問題。趙剛毅在當選之後的表現頗受好評，述職的滿意率一次比一次高。[131]2004年3月3日，新都區出台「關於鎮黨委書記公推直選的實施意見（試行）」，規定只要是「條件成熟的鎮」，都可以直選鎮

---

[125] 「十三年：民主實踐在四川」，**四川日報**，2002年11月12日，第4版。

[126] 「公推直選民主政治建設的方向──看鄉鎮黨委書記公推直選擴面（上）」，**四川日報**，2005年8月31日，第1版。

[127] 「『前衛書記』李仲彬」，**黨的建設**，第9期（2004年9月），頁42-43。

[128] 「直選鎮黨委書記四川新都開全國先河」，**重慶晚報**，2003年12月10日，第A12版。

[129] 「組織部門稱此舉為積極探索」，**重慶晚報**，2003年12月10日，第A12版。

[130] 「中國第一例直選鎮黨委書記調查」，**21世紀經濟報道**，2003年12月29日，第15版。

[131] 「公推直選民主政治建設的方向──看鄉鎮黨委書記公推直選擴面（上）」，**四川日報**，2005年8月31日，第1版。

黨委書記。[132]到了2005年3月，新都區已成為中國西部第一個全面推動該選制的縣級區。新都政改的模式，將「直選」限於黨內，並授以黨委提名鄉鎮長的權力，以釐清黨政關係。中共學者李永忠認為這是基層民主改革中，最具實質意義的創新。[133]用中共政治語言來說，它是「以『黨內民主』推動『人民民主』」的一項制度設計。

五、「黨內民主」在全省的推廣

在試行近一年之後，新都的改革受到中央的肯定。「人民日報（海外版）」在11月5日，以極短的篇幅報導新都鄉鎮黨委書記的直選，[134]顯見中央對此雖表支持，但仍表謹慎，才會以海外版的官媒進行報導。在中央表態後僅三天，省委馬上釋放出相關訊息，將試驗一年多的新都政改刊登在「四川日報」。[135]此外，省委在2004年，秘密將該制的試點進一步擴大。成都、德陽、遂寧、宜賓、綿陽、廣元、達州、攀枝花、涼山等地，共「直選」鄉鎮黨委書記45名。在2004年9月，廣漢市新平鎮進行的試點中，省委組織部甚至直接參與指導，[136]說明省委對於該制度的關切與支持。為了讓改革制度化，省委在2004年12月下發了「四川省鄉（鎮、街道）黨政領導幹部選拔任用工作辦法」。[137]雖未直接言明該「辦法」是針對鄉鎮黨委書記「直選」所設，但基於下發時間與規範層級的契合，筆者認為這項「辦法」的推出，和省委推動鄉鎮黨委書記「直選」有關係。

省委在2005年8月，決定全面推動鄉鎮黨委書記的「直選」。省委組織部在2005年8月25日，於成都新區召開座談會，發布「關於推進黨內基層民主深化先進性教育長效機制建設的意見」，宣布除了民族地區外，四川省各鄉鎮、

---

[132] 「公推直選民主政治建設的方向──看鄉鎮黨委書記公推直選擴面（上）」，四川日報，2005年8月31日，第1版。

[133] 于津濤，「一個『出格』書記的政治改革」，黨的建設，第10期（2005年10月），頁43。

[134] 「成都新都區直選鎮黨委書記」，人民日報（海外版），2004年11月5日，第1版。

[135] 「『公推直選』成亮點」，四川日報，2004年11月8日，第2版。

[136] 「公推直選呼喚制度同步跟進──看鄉鎮黨委書記公推直選擴面（下）」，四川日報，2005年9月1日，第1版。

[137] 「鄉鎮領導幹部選拔的重要規章」，四川日報，2004年12月29日，第1版。

村和街道、社區黨組織負責人的產生，原則上都要實施公推直選。這意味著新
都政改所創立的鄉鎮黨委書記「公推直選」，將在四川全面展開。[138]省委組織
部強調，各地鄉鎮黨委書記的公推直選，不搞「統一動作」，而由各縣（市、
區）先自行試點，為省委提供相關的經驗，再推廣至全省。[139]

　　四川擴大實施鄉鎮黨委書記「公推直選」的消息，引起中央的關注。中
央派遣「調研組」，成員來自中組部黨建研究所、中央辦公廳調研室，於2005
年9月赴新都進行考察。[140]在李仲彬的努力下，四川透過鄉鎮黨委書記直選的
方式，來增強政改實效。更重要的是，他賦予黨委書記擁有「組閣權」，以釐
清黨政關係。鄉鎮市長成為黨委書記的閣員，並由黨委書記負擔最大的政治責
任，這是責任政治的意涵，也是「以『黨內民主』推動『人民民主』」的具體
制度。新都政改的「操盤手」李仲彬，也在該年9月獲得高昇，前往四川另一
個貧瘠的地區巴中任市委副書記；而新都區組織部長麻渝生，則升為新都區委
副書記。兩位政改要員都獲得晉升，顯見省委對新都政改的肯定。

六、小結：四川在2005年之後的有利條件

　　簡單的說，四川在2005年之後，推動省級大規模政改的有利條件全部具
備。首先，筆者所指出的三項「微義」要件──基層出現制度創新、該創新受
到中央的肯定、省委書記有政改的理念與威望──均在四川出現。較之周永
康時期的政情，最大的殊異在於基層的創新是否受到中央的肯定。顯然的，周
永康主政的四川，這項條件並不存在。這使得他雖然是「江系」的幹部，但不
敢將「鄉長直選」的改革推至全省。其次，筆者從省委書記的「政績」、「派
系」因素，去分析2004年之後的四川政情。張學忠在三項「微義」因素俱在
的前提下，願意發動大規模的「基層首長選制」改革，以追求「和諧社會」的
政績。而張學忠和胡錦濤的派系關係，更有助於張學忠推動這項重要的改革。

[138] 「鄉鎮黨委書記公推直選全面推開」，四川日報，2005年8月26日，第1版。
[139] 「鄉鎮黨委書記公推直選──不搞統一動作，先試點再廣面」，四川日報，2005年10月15
　　日，第1版。
[140] 「成都新都直選鎮黨委書記，專家稱此舉已觸及政治底線政改經驗擬在高層面部署」，江
　　南都市報，2005年11月10日，第A11版。

2005年之後的四川政情，就是在上述條件都存在的狀況下，發生了巨幅的制度變遷。

　　但筆者必須指出，四川的改革並非誕生在「現代化理論」所期待的沃土。該省經濟發展滯後，也不存在「中產階級」影響政治的可能性，但卻走出中國大陸最富「民主」色彩的路徑。這些特殊的情形，卻注定了四川的政改將會是一條充斥荊棘的道路。最明顯的情形，就是四川的「基層首長選制」雖起始於鄉長直選，但最終卻侷限於「黨內」的範疇，而形成了外界關注的「黨內民主」。這項改革的功效與缺失為何？筆者將論述於後。

第四節　四川政改的意涵——黨內民主：中共政治改革的「彌賽亞」？

　　四川的改革，反映出中共推行政改的一個重要思維——黨內民主。當今的中共，似乎將「黨內民主」視為中共政治改革的「彌賽亞」（Messiah）。這有兩層含意。第一，「黨內民主」被當前的中共政權，視為是活化黨內甄補和決策機制的主要路徑。中共似乎有意藉由「黨內民主」，作為黨國體制永續的保證。第二，中共有意賦予黨員作為政改革「先鋒隊」的角色，以期許在未來能將民主的範疇推至一般民眾。[141]這意味著中共的「民主」將走向「菁英主義」的道路。「黨內民主」是否有可能成為中共政改的「彌賽亞」？是否對政權永續扮演「救世主」的角色？

　　四川的政改路徑，是從「黨外」被彈回「黨內」。由於鄉鎮長的直選，風險過高，因此將相同的選制移植到「黨內」，以控制改革進程。這種制度對於提升黨內職務的「競爭」（competition）與「參與」（participation），都會有

---

[141] 最具代表性的文件，見於趙紫陽在十三大的政治報告。他說：「以『黨內民主』來逐步推動人民民主，是發展社會主義民主政治的一條切實可行、易於見效的途徑。」趙紫陽，「沿著有中國特色的社會主義道路前進」（1987年10月25日），中共中央文獻研究室編，**十三大以來重要文獻選編（上）**（北京：人民出版社，1991年），頁50-51。

所助益。但中共對於競爭和參與的實施方式，卻不同於西方國家。吾人確實很難將「黨內民主」視為真正的「民主」，它至多是一種新的幹部甄補體制，用以活化黨國體制的陳窠，並維繫政權的運作。

沈大偉（David L. Shambaugh）認為，中共在政權消亡與調適之間，會取得自我生存的平衡。[142]政治改革對於中共而言，只是維繫政權存續的手段。這無可避免的在改革過程中，中共會運用一些手段，以確保改革的衝擊不會危害政權穩定。在某種意義上，中共必須重新詮釋西方政治的基本概念，使之符合中共的實際需求。以基層首長的選舉為例，它欠缺「民主」的基本要件：重要職務的直選，以及公民享有普選權。質言之，「黨內民主」對於「選誰」以及「誰來選」，做了非常重大的限制。筆者將這兩種制度限制申述於後。

首先，哪些職務可以開放選舉（選誰）？筆者必須指出，和西方的選舉不同的是，中共對於基層首長所開放的選舉，很大的層次只是在競選「候選人」。在西方討論的民選官員，一定是指人民直接選舉的政務官。但在「黨內民主」，最有意義的競爭反而是在候選人的層級。即便是中央，所謂的「差額選舉」也僅是「差額預選」，也就是差額來預選候選人，最後的選舉一定是交由黨代會或人代會進行等額或差額的選舉。

在中共的幹部人事制度改革過程中，一直希望在「黨管幹部」的原則下，加強「甄補活化」。而中共想要尋求一套新體制，去結合這兩個原則。這個動機體現在「黨內民主」的選制設計，中共一方面將「選舉」的範疇侷限在「候選人」，但最後的決定一定是交由黨組織來「選拔」，以確保黨管幹部的原則。「黨內民主」的職務競選，為提名候選人之爭。換言之，中共並未直接將競爭層級開放到實質的職務，而僅限於職務的候選人。賴海榕明確的指出，即便鄉鎮出現部分競爭選舉，但實際上，這些職位的決定仍然掌握在上一級的黨委手中。[143]簡單的說，候選人提名權的擴大，並不是去改變黨管幹部的原

---

[142] David L. Shambaugh, *China's Communist Party: Atrophy & Adaptation* (Berkeley, Calif.: University of California Press, 2008), p. 177.

[143] 賴海榕，「競爭性選舉在四川省鄉鎮一級的發展」，**戰略與管理**，第2期（2003年4月），頁67。

則，而只是先透過「群眾」，幫黨組織進行第一輪的篩選，提供更多的民意與資訊，剔除政績、操守過差的候選人，以避免黨組織甄補「帶病上崗」的幹部。

其次，是「誰來選」？這觸及到「群眾」定義的問題。在實際的執行面向，中共大幅提高了政治參與標準，只有「幹部」才是直接參與提名和票決的「群眾」，此為典型的菁英民主。負責提名與票決的「群眾」，絕對不是我們認知的庶民百姓，而是同級與下級的黨政幹部。這些「群眾」透過「民主推薦」來提名候選人。在「黨政領導幹部選拔任用工作條例」第12條的規定，對於參與「民主推薦」的人員做了規定，[144]簡單的說，就是同級與下級的黨政幹部。有記者曾詢問四川省委組織部副部長蔣先繼一個重要問題：「把提名權交給『群眾』，這裡的『群眾』所指稱的範圍是什麼？普通群眾如何獲得和行使提名權？」蔣先繼回答：

　　這裡的「群眾」是相對於一些地方或個別單位的提名權集中在「一把手」或少數領導幹部手中而言的。「群眾」所稱的範圍是指「幹部選拔任用條例」規定的直接參加民主推薦的人員，此次我們作了進一步的拓展和延伸。[145]

實際上，「黨內民主」是一種幹部選幹部的方式。中共的習慣用語，是將參與推薦與票決的幹部稱之為「群眾」，這可能是受到中共黨史的語彙中，對於「群眾路線」特殊好感的影響。但詞彙的不精確，也使得外界對於「群眾」的定義產生誤解。筆者再次強調，如果將「群眾」視為是庶民百姓，是非常嚴重的誤解，只有幹部（或黨員）才獲得「群眾」的資格。這背後的思考，在於

---

[144] 這些人員包括：黨委成員；人大常委會、政府、政協的黨組成員；紀委領導成員；法院、檢察院、黨委工作部門、政府工作部門、人民團體的主要領導成員、下一級黨委和政府的主要成員、其他需要參加的人員。參見：「黨政領導幹部選拔任用工作條例」（2002年7月9日），中共中央組織部研究室（編），**幹部人事制度改革政策法規文件選編**（北京：黨建讀物出版社，2007年），頁46。

[145] 「將『群眾公認』原則落到實處——與省委組織部副部長蔣先繼對話幹部選拔制度改革」，**四川日報**，2004年8月13日，第6版。

選舉體制的改革對於中共而言，並非用之製造多元的民意，而是增加「群眾」對於黨的支持，以增加執政的合法性。[146]因此對於「群眾」的身分，必需嚴格管控。這和西方政體將選舉權擴大至全民，藉以塑造多元民意的機制，有著根本性的區別。

在釐清「選誰」以及「誰來選」的問題後，吾人可以擺脫中共政治術語的模糊，而對「黨內民主」有較清楚的視野。筆者以四川推動的「兩推一（陳）述」為例，該制度是四川對幹部的選拔方式。所謂的「兩推一述」，是「第一輪民主推薦」（群眾推薦）、「個人陳述」（候選人的政見陳述）、「第二輪民主推薦」（群眾推薦）的選拔制度。[147]換言之，此制度所實行的層級為候選人，並由「幹部」（群眾）來提名、票決，並確定兩位出線的候選人。最後，將兩位候選人呈請上級黨組織來「選拔」（競爭上崗），以確保「黨管幹部」的原則。

這項制度在四川獲得普遍推行。2004年3月30日，省委組織部向各市（州）委組織部印發「關於民主推薦市級黨政領導幹部『兩推一述』暫行辦法」的通知，代表著「兩推一述」在四川全面推行。[148]這種選拔方式，將「提名權」交到與會幹部的手中，提高了資訊流通的明確性，讓有真正「政績」的人選能出線。這種幹部甄補方式相當有趣，它一方面活化了甄補機制，但卻確保「黨管幹部」的原則。因為改革的層次僅為候選人的「提名權」，而非幹部任用的「人事權」。

這種幹部甄補的模式，是否是代表一種新體制的誕生？或者只是「限縮的民主」（restrictive democracy）？吾人不否認這項「中國特色」的甄補制度，

---

[146] Kevin J. O'Brien and Lianjiang Li, "Accommodating 'Democracy' in a One-Party State: Introducing Village Elections in China," in Larry Diamond and Ramon H. Myers eds., *Elections and Democracy in Greater China* (Oxford: Oxford University Press, 2001), p. 124.

[147] 遂寧市委是第一個被試點的地區，該市在2003年5月的常委增補，在候選人陳述完畢後，進行測評，再由參加大會的「幹部」（群眾）進行候選人的「再推薦」，以確定最後兩名的人選呈報黨組織。「遂寧率先實施『兩推一陳述』，創新市州領導幹部選拔方法」，四川日報，2003年10月27日，第1版。

[148] 「我省全面推行『兩推一陳述』」，四川日報，2004年4月12日，第2版。

確實擴大了競爭和參與的力度。但問題的重點，在於中共對於「哪些職務可以競爭」以及「誰可以參與投票」，做了非常嚴重的限制，這已經衝擊到「民主」定義的底線：由全民共享的普選權，來選舉重要的政務官。「黨內民主」的模式，絕非西方的民主真諦，它恐怕連「限縮的民主」都不是。

但它會是一種人類政治的新體制，成為中共政改的「彌賽亞」嗎？抱持樂觀論者，可見於何包鋼的觀點。他認為中共的「黨內民主」，有可能發展出一套結合傳統中國政治、一黨專政、民主選舉與監督的形式。[149]筆者認為這是比較大膽的推測，因為這種新體制，並無任何類似的先例與相關學理，可以佐證它能長期存續。比較合理的說法，或許可參見徐斯儉的著作。他主張中共政改走的是「政治改革最小論」，[150]中共試圖以最小的改革幅度取得政權的穩固。筆者認為「黨內民主」確實是一種新體制，它是在「政治改革最小論」的框架下，不願意觸碰一黨專政的原則，最後將改革重心放置在「候選人提名權」，以及對「群眾」的嚴格定義。

從歷史脈絡來看，中共一直在尋求區別於西方的菁英甄補機制，以結合「黨管幹部」和「甄補活化」的兩大原則。中共藉由在「黨內」進行選制改革，突顯出這種努力。[151]「黨內民主」絕對不是削弱「黨管幹部」的能力，而是藉由「群眾」的協助，讓黨組織在進行人事決策時，能掌握充分的資訊。對於維繫「一黨專政」來說，這是務實的思考。但該體制是否能成為中共政改的「彌賽亞」，讓黨國體制永久存續？甚至為發展中國家，提供另一種政治體制的選擇？筆者仍認為有待觀察。一個關鍵的問題，在於擴大黨內的競爭和參

---

[149] Baogan He, "Intra-party Democracy: A Revisionist Perspective from Below," in Kjeld Erik Brodsgaard and Yongnian Zheng eds., *The Chinese Communist Party in Reform* (London; New York: Routledge, 2006), p. 206.

[150] 徐斯儉，「中共十六大與政治改革」，**中國大陸研究**，第46卷第4期（2003年7 / 8月），頁31。

[151] 「黨內民主」在某種意義上，符合Levitsky等人所提出的「競爭威權主義」（competitive authoritarianism）。Steven Levitsky and Lucan A. Way, "Elections without Democracy: The Rise of Competitive Authoritarianism," *Journal of Democracy*, vol. 13, no. 2 (April 2002), pp. 51-65. 然則，和其他競爭威權政體不同的，是中共只允許一黨專政，而非一黨獨大體制，這侷限了中國政治走向民主化的機會。

與，無疑鼓勵黨內出現派系，但中共對於「派性」的提法卻棄如敝屣。若派系的定位隱晦不明而無法制度化，則「黨內民主」是否會成為有意義的選舉，吾人抱持高度的懷疑論。

第五節　解釋四川政治改革的發動

為何四川會走出一條「黨內民主」的道路？這涉及到兩個層次的探討。第一，政治改革的選項頗多，為何四川會朝向「黨內民主」的路徑來發展？第二，如果政治改革是一個充滿風險的改革，那為何四川省委願意推動全省性的政改？前者可以從省委書記的「政績」追求去思考，後者則從省委書記和最高領導人的「派系關係」去理解。

一、後發展地區的「政績」的需求：改革「基層首長選制」

在本書的論述中，所謂的後發展地區，是指經濟發展較為落後的省份。在改革開放後，由於市場經濟的導入，使得中共不再強調以國家力量來挹注西部的發展，這使得四川的經濟發展與東部各省的差距日益擴大，而淪為後發展的省份。雖然四川在西部省份的經濟尚稱名列前茅，但卻落後於東部省份，「跨越式」追趕的政策於是成為省委的執政思維。省委的施政主軸是處理經濟發展的後遺症：社會不穩定。

後發展地區的發展模式，各地迥異。但該地區的領導菁英，所面對的共同問題是解決落後現況。領導菁英個人的信念，使得他們確信過去的制度必需改變。[152] 以四川為例，主要的問題是經濟發展初期的社會不穩定。在這個前提下，使得省委必須慎選基層首長，來維繫社會穩定。四川的發展問題，在於後發展的地區，幹部素質較為低落，無法具體落實省委的政策。加上幹部的素行不良，易引起民怨，這些問題都使得省委必需改革選制，以篩選出優秀的幹

---

[152] Cyril E. Black, *The Dynamics of Modernization: A Study in Comparative History* (New York: Harper & Row, 1966), p. 64.

部。歷經鄉長直選遭到中央禁止後，省委將人事改革的重點聚焦於「黨內」，並進將改革的幅度限於「候選人的提名」，最終的決定權仍必須交由上級黨組織，以維繫「黨管幹部」的原則。

後發展地區所面對的問題，是如何維繫社會的穩定和諧，這是幹部想達成的「政績」。賴海榕認為在四川政改的推動之地，多是治安較差以及財政困難的地區，為平息眾怒，使得地方領導人願意推動選舉改革來決定較佳的領導幹部，一方面藉此來化解地方治安與財政的問題，一方面則透過群眾參與來增加人民對領導幹部的信任。正因為如此，使得競爭性選舉的改革出現分布不均的現象，在矛盾事件較多的地方，鄉鎮競爭選舉的數量較多，反之則較少。[153]賴海榕將地方的「初始條件」和「基層首長選制」做出連結，筆者認為是正確的觀點。

二、派系因素——降低政改的風險：「政績—派系」模式的解釋

但為何在後發展的省份中，以四川的政改表現最為亮眼？「基層首長選制」改革在全省被廣為推行，這令吾人好奇，四川省委為何願意支持這項激進的政改？從另一個層面來問：為何其他省份的領導幹部較不願意推動政改？四川的政改是在2005年大幅的進行，如果說這個現象是四川逐年累積下的結果，是否合理？筆者認為這不是很好的解釋，因為「積年累月」的政改經驗，並非四川獨有的現象，而是許多省份的普遍現象。

中國大陸各地，不乏基層出現政改的試點。以黨代會常任制的試點為例，中共在1988年底，曾在浙江、黑龍江、山西、河北、湖南等地，選擇十二個縣市進行試點，但在十六大時，只剩下五個地區仍持續推行。[154]以「一把手」的選舉制度改革為例，廣東的大鵬鎮曾在1999年初進行鄉鎮長選制的改革，[155]但這項試點在之後並未延續下去。湖北的羅田縣在2003年取消常委會而

---

[153] 賴海榕，「競爭性選舉在四川省鄉鎮一級的發展」，頁64-65。
[154] 這5個縣市為：浙江的紹興市、瑞安市、台州市椒江區，山西的晉中市榆次區、和順縣。「黨代表常任制新實驗」，21世紀經濟報道，2003年12月29日，第15版。
[155] 「深圳大鵬鎮兩票選鎮長」，中國青年報，1999年4月11日，第1版。

由全委會負責相關事務，[156]這是一項非常有意義的制度。這些改革散落在中國各地，可以證明四川絕非是政改的特例。這可以呼應筆者在第一章的主張：「基層幹部」的政改創新對於解釋省級政改而言，只是一個「微義」的要件。如果我們要探究四川政改的幅度為何在全國名列前茅，必須從更高的層次去深思該省政改的背後，是否蘊含著一個值得探究的邏輯。

筆者認為當中的關鍵，是省委書記的背景。張學忠和胡錦濤的派系關係，使得其推動政改的風險較少。張學忠和胡錦濤在西藏共事時，有非常密切的「同事關係」，這也可能是導致張學忠在胡錦濤調任黨中央後，拔擢張學忠調任人事部的原因。2002年底，張學忠再調為四川省委書記，在四川現有的改革基礎上，他推動了全省性的人事改革。胡錦濤與張學忠的「派系因素」，是一個值得關注的解釋項。這可以解釋為何在中國各省當中，即便各地不乏一些政改的創新，但為何四川卻能成為推動政改最廣泛的地區。筆者認為影響四川推動大幅度政改的重要因素，就是四川省委書記張學忠與胡錦濤的派系關係。

但派系解釋所衍生的另一個問題是：是否和胡錦濤具備派系關係的地方領導人，都會進行人事制度改革？即便「派系」因素，可以解釋為何地方領導人為何願意進行大幅度的改革，但卻無法解釋為何四川傾向進行「基層首長選制」的改革？是什麼樣的因素，使得「基層首長選制」的改革成為四川的執政要項？筆者認為這和「後發展」地區的「政績」需求，有很大的關係。

簡單來說，四川的這場改革，是在「政績」與「派系」聯繫下的結果。張學忠與胡錦濤的派系關係，使得張學忠獲得較高的改革先行權，而四川的「後發展」窘境，又使得省委面對經濟發展過程的社會維穩，使得「基層首長選制」成為省委的執政焦點，以維繫四川的社會穩定。筆者認為，「政績－派系」模式是一個較為合理的解釋，它可以說明為何四川較之他省，發生了更為廣泛與激烈的人事改革。筆者主要是從省委書記的層次來解釋四川政改。這種途徑能夠兼顧四川改革的特殊性，又不流於枝微末節的分析，應該是一個較有

---

[156] 吳理財，「羅田政改：從黨內民主啟動的憲政改革」，決策，第10期（2005年10月），頁40-41。

說服力的架構。

三、關於四川政治改革的其他解釋

筆者運用四川的個案，來建構「政績－派系」模式的解釋。在本章結束之前，我們看一下其他學者對於四川政改是否提出其他解釋。筆者的解釋層級主要侷限於省級領導菁英，也就是省委書記。部分學者的觀點和筆者類似，也重視政治菁英的解釋。例如李凡指出，在農村基層民主的進展中，不少改革是地方幹部所主導。[157]但這些學者的觀點和筆者不完全相同。筆者將評述這些解釋，以說明本書所提的「政績－派系」模式，為何是一個較令人滿意的回答。

不少學者認為菁英之所以發動改革，僅是為了獲取上級的注意。Ogden認為對於選舉改革而言，地方領導的偏好要重於經濟發展，在經濟發達之處，不一地推動最多的民主。[158]但這些學者似乎認為幹部的政改主要是為了「譁眾取寵」，與地方實際需求並無直接關係。菁英所發動的政改，僅為「政績工程」的考量。「政績工程」和本書所謂的「政績」並不同。「政績工程」指的是幹部的施政項目，並不一定是解決地方存在的真正問題，而可能只是為了增加上級領導的注意；[159]「政績」則指的是地方幹部的施政，是為了解決地方的實際問題。

許多學者認為幹部的「政績工程」，是導致四川政改的主因。楊雪冬認為，包括遂寧在內的貧瘠地區，領導人的出線是藉由政治改革的創新來增加上級的認同。此外，一旦這些貧瘠地區成為「試點」的重鎮，將可獲得上級的財政補助。[160]這些解釋，就是以「政績工程」來詮釋落後地區的政改。在經濟發

---

[157] 李凡，「中國基層民主發展的格局」，收錄於李凡（編），**中國基層民主發展報告2002**，西安：西安大學出版社，2002年，頁11。

[158] Suzanne Ogden, *Inklings of Democracy in China* (Cambridge, Harvard University Asia Center: Distributed by Harvard University Press, 2002), p. 255.

[159] 所謂的「政績工程」，流行在中共官場的一段提法極為傳神：「不怕群眾不滿意，就怕領導不注意；不怕群眾不高興，就怕領導不開心。」參見：「樹立正確的政績觀」，**人民日報**，2009年2月23日，第1版。

[160] 楊雪冬，「局部創新和制度瓶頸：四川省遂寧市市中區『公推公選』鄉鎮長和鄉鎮黨委書記」，收錄於俞可平（編），**地方政府創新與善治：案例研究**（北京：社會科學文獻出版

展無法獲得上級的矚目時，政改成為地方幹部的另一個選擇，用以增加其政治資本。

四川的政改在一些學者的眼中，是「旁門左道」的險招。它反映領導幹部在經濟發展無望後，轉用另一種形式來獲得上級的垂憐。但這對於地方的實際需求而言，一無可取。最為激進的觀點來自於潘維，他對於四川的政改充滿敵意。在他的看法中，民主等於「混亂」，而四川的政改正好應驗這項假設。潘維認為：

四川的試驗不會有多大的進展，地方領導人有他們個人的政治目的：他們想要出名。但試驗並沒有成功。事實上，四川是群眾抗議次數最多的地方。極少有地方想要模仿他們。[161]

但筆者認為，用「政績工程」來解釋四川幹部的政改動機，是不太公允的。四川確實是群眾抗議次數最多的地方，但潘維不應「導因為果」的認為四川的政改導致地方的動亂。相反的，四川省委與基層幹部正是因為要處理「後發展」地區的問題，才推行人事改革，以提升基層幹部的素質。筆者認同中國大陸的政改，有許多因素確實是領導人的「政績工程」，例如本書在第四章要探討的廣東省大鵬鎮，在1999年的鎮長選制改革，其主導的因素確實是「政績工程」，但四川的個案卻鮮少有「政績工程」的意涵。主要的因素是「政績」，是幹部為了解決地方發展的需要，所做的變革。

和筆者觀點接近的文獻，可見於賴海榕的著作。他認為在經濟不佳的地區，基層幹部唯一升遷的機會就是做出政治改革，以維繫社會穩定的政績。如果解決社會不穩的問題，即便是經濟落後地區的基層幹部，也有機會獲得拔擢。[162]換言之，四川領導幹部推動選制改革的動機，是追求社會穩定的「政

社，2003年），頁259。

[161] 這段談話是潘維接受 Leonard 採訪時，所表示的意見。Mark Leonard, *What does China Think?* (New York: Public Affairs, 2008), p. 60.

[162] 賴海榕，**中國農村政治體制改革——鄉鎮半競爭選舉研究**（北京：中央編譯出版社，2009

績」，而非「政績工程」。但賴海榕的研究主要侷限在鄉鎮層級，重視基層幹部的角色。這個途徑，比較難以說明為何同是落後地區的中、西部省份，四川的政改步伐提前甚多。

這項解釋的侷限，也反映出文獻過於重視地方基層幹部的角色。筆者不否認在四川的政改過程中，基層幹部的角色扮演極大的關鍵。張錦明、李仲彬等人對於「基層首長選制」的發動，確實是導致四川的人事改革的一大因素。楊雪冬認為四川的「政治明星」倍出，反映出基層民主改革過程中，不能欠缺基層幹部的支持與推動。[163]部分幹部又具備相當的組織工作歷練，[164]使得他們更知道中共組織的弊病與可行的改革方向。但這項解釋的盲點，在於中國各地省份都不乏基層的政改推手，這並不是四川省的特殊現象。換言之，基層幹部的因素很難解釋為何四川改革的幅度會較他省來得高。筆者反覆強調，基層幹部的創新只是影響省級政改的「微義」要件，只有聚焦於省委書記的面向，才能說明政改為何能夠廣為推行於該省。

省委書記的角色，對於該省的政改扮演了更為關鍵的角色。四川的基層幹部與省委書記，主要是追求「和諧社會」的政績。基層幹部率先推動「基層省長選制改革」，在獲得中央的肯定後，和「最高領導人」有派系關係的省委書記會擴大實施該項政改。筆者強調，省委書記的「政績－派系」因素，最能解釋四川為何走向選制改革，又為何發動大規模的改革。

不少學者從文化的面向，為四川政改做出解釋。四川大學教授蔡尚偉指出，巴蜀文化有很強的包容性，能容納異見，[165]這使得爭議性的試點得以推行。四川黨校教授彭穗寧認為，四川政改的起點多出現在盆地周邊以及大山地區，這是因為盆周和大山地區多是湖（兩湖）、廣（廣東）移民，形成「湖廣填四川」的移民文化。這種移民文化由於缺乏主體意識，因此產生出對於優秀

年），頁134。

[163] 楊敏，「四川的人與浙江的事」，頁27。

[164] 例如張錦明曾在1982至1995年間，在共青團任職。

[165] 徐浩程，「『蜀官』是怎麼煉成的」，頁17。

領導人的期許，這說明為何這些地區的農民，熱衷於選舉改革的參與。[166]但這些「文化解釋」的弱點卻顯而易見。首先，文化因素根本難以觀察，頗難判斷其是否真正存在。其次，即便這些「文化」是存在的，它也至多是四川利於推動改革的一項背景，但卻無法充份說服讀者，其與「基層首長選制」的改革，是否存在著緊密的關連性。最後，如果文化因素是一個必要的解釋項，那合理的推測是四川的政改在長久以來，都優於其他省份。但實際上，該省是在張學忠就任四川省委書記後，才在2005年發動更全面的政改。

　　本章討論了四川為何會發動「基層首長選制」改革，並以該個案建立起「政績－派系」模式。身為「後發展」的省份，四川在政改的歷程上，確實取得令人矚目的成績。透過筆者的解釋，希望能回答本書的疑惑：為何「基層首長選制」改革，會大規模出現在四川？在本章的討論中，筆者只利用一個省份的個案來建立理論，但單一個案所建立的理論，其「因果效度」（causal effects）是較欠缺的。[167]如果只有「歷史導向」（historically-oriented）的研究，而未涉及個案比較，並不容易獲得正確的因果推論。[168]筆者即將要納入的另一個個案，是從反面的角度去問到：是否經濟良好的省份，就不會進行「基層首長選制」改革？如果該省不推動「基層首長選制」改革，又會採用哪一種政改？筆者將眼光轉移到中國大陸東南的邊陲省份——廣東——在1980年代初期，最先進行對外開放的經濟大省。

[166] 楊敏，「蜀地出『官』」，決策，Z1期（2008年2月），頁14。
[167] Gerring, *Case Study Research: Principles and Practices*, pp. 43-48.
[168] King, et al., *Designing Social Inquiry*, p. 45.

　　討論完四川的政改後，筆者想從反面的角度追問：經濟富裕的省份，是不是就不易推動「基層首長選制」改革？如果答案是肯定的，那這些省份較傾向推動哪一種政改？廣東的發展提供了一個適合的案例。作為四川的「反面個案」，廣東在2001年的GDP總量占全國的九分之一，相當於東北三省的總量，人均GDP則比全國平均水平高出75%以上。[1]省長黃華華曾表示，廣東在2006年的GDP總量在全世界200個國家，排在第21位，2007年將超過台灣，2015年就能趕上韓國。[2]廣東的經濟發展在全國名列前茅，省委領導人為因應該省的持續發展，多次從提升行政效能的角度，去進行政治改革。相反的，「基層首長選制改革」一直不是該省重視的面向。省委雖然也曾實行或規劃若干選制的改革，但最後多無疾而終。

第一節　改革開放後的廣東

　　廣東的發展成就，世人有目共睹。但很少人會記得廣東在改革開放之前，是一個落後而貧瘠的地區。改革開放後，該省獲得中央的特批而引進市場機制，並迅速發展。廣東在1990年代末期面臨經濟轉型的迫切性，省委必須處

1　「適應性調整與競爭力提升——對廣東發展裝備工業的戰略性思考」，**南方日報**，2002年10月25日，第B5版。

2　「廣東GDP明年有望超台灣，黃華華在華師作報告分析經濟形勢，描述廣東發展前景」，**南方都市報**，2007年5月1日，第A6版。

理「發展中國家」所面對的問題：改革行政績效，謀求經濟的持續增長。

一、廣東的「先行一步」：從貧瘠地區到發達大省

　　廣東是中國東南部的邊陲大省，是當今中國經濟最富庶的省份之一。但在1978年之前，廣東對外聯繫的大門緊閉，經濟發展在全國的水平程度以下。1978這一年，該省的出口額僅占全國的14.2%，進口甚至不足2%。[3]隨著文革之後政治氛圍的丕變，廣東省率先提出對外開放的新政策，使得廣東在改革開放的起跑線上，能夠「先行一步」的發展。為何廣東在當時願意冒政治上的風險，提出市場取向的發展道路？除了該省鄰近港澳，甚早吸收西方世界的新知外，另一因素和廣東盛行已久的「地方主義」（localism）有密切相關。

　　在地理位置上，廣東和北京距離遙遠，使得當地幹部容易形成「地方主義」。在中共建政後，南下幹部和地方幹部的衝突始終不斷，使得中央在1949年、1950年代末期、文革初期，進行三次「反廣東地方主義」的鬥爭。[4]但廣東的「地方主義」在後毛澤東時期，卻促使幹部敢於追逐地方利益，率先擺脫中央的教條指令。廣東領導人最早將目光移到鄰近的港澳乃至西方世界，而提出改革開放的主張。前廣東省委書記習仲勛曾在1979年，批評中央的權力過於集中，使得「地方上感到事情很難辦」，他還認為「如果廣東是一個獨立的國家，可能幾年就搞上去了，但是在現在的體制下，就不容易上去。」[5]在習仲勛的建議下，廣東的深圳、珠海、汕頭，建立了經濟特區。「地方主義」和鄰近港澳的因素，注定廣東在1980年代成為引領中國大陸經濟發展的火車頭。

　　廣東的發展模式獲得學界的關注。傅高義（Ezra F. Vogel）在《先行一步：改革中的廣東》一書中，認為廣東在1980年代初期的發展模式，和日本、韓國、台灣等國家非常類似，必須取得經濟強國的支持，並端賴政府進行強而

---

[3]　「開放：增長的泉源──廣東經濟發展回顧與展望之二」，**南方日報**，1998年12月16日，第1版。

[4]　陳華昇，「廣東『反地方主義』與派系衝突之分析（1949-1975年）」，**中國大陸研究**，第51卷第3期（2008年9月），頁1-36。

[5]　「習仲勛主政廣東」編委會，**習仲勛主政廣東**（北京：中共黨史出版社，2007年），頁242。

有力的指導。從廣東省委在改革政策的主導地位，以及外商投資對於該省經濟的重要性，都證明了傅高義的論點。[6]廣東省堪稱中國大陸在後文革時期，第一個經濟起飛的省份。歷經20年的改革開放，廣東的經濟地位大致上屹立不搖，但在十五大之後，也面臨一些新的挑戰與轉型困境，這促使省委對該省得發展提出新的戰略考量。

二、省委新戰略：從「先行一步」到「更上層樓」

　　廣東的經濟社會發展，在1998年邁向一個新的階段。廣東在1997年的人均GDP已達1,250美元，珠三角甚至超過2,500美元，按照世界銀行的標準，已經是從工業化初期進入中期的階段。城鄉居民消費的「恩格爾係數」（Engel's coefficient）接近0.5，表明全省已基本上解決溫飽問題，總體上已進入小康社會。[7]省委的思維，是從「永續發展」的角度，去維繫經濟第一的榮譽。省長盧瑞華在1998年提到，要把重點放在「體制轉變和效益提高」，希望可以在2010年達到現代化的目標。[8]省委書記李長春提出要以「外向帶動」、「科教興粵」、「可持續發展」的發展主軸，確保經濟成長在10%以上，[9]並喊出「增創新優勢，更上一層樓」的口號。[10]廣東省在此時已經告別「短缺經濟」（shortage economy），開始進入「賣方市場」（seller's market），但這種「賣方市場」仍屬於初期的階段，[11]管理體制的建立更顯重要。「南方日報」的社論用「率先建立新體制」為標題，希望以制度建設來確保經濟發展。[12]

6　Ezra F. Vogel, *One Step Ahead in China: Guangdong under Reform* (Cambridge, Mass.: Harvard University Press, 1989), pp. 426-434.

7　「用鄧小平理論指導廣東增創發展新優勢的實踐」，**南方日報**，1998年9月16日，第3版。

8　「速度是快還是慢？」，**南方日報**，1998年1月19日，第2版。

9　「抓好三大發展戰略，實現五年奮鬥目標」，**南方日報**，1998年5月23日，第2版。

10　「從先行一步到更上層樓：省八次黨代會代表討論報告述評」，**南方日報**，1998年5月24日，第1版。

11　「三管齊下，趕闖幹冒：曾牧野教授談廣東如何增創新優勢」，**南方日報**，1998年4月1日，第1版。

12　「率先建立新體制：一論增創廣東發展新優勢」，**南方日報**，1998年6月15日，第1版。

　　廣東希望建立「新體制」來繼續吸引外資。20多年來的改革進程，該省走的是「外向型經濟」的道路。全省的國內生產總值，有三分之一靠外貿出口，40%的建設資金是利用外資，其比例為全國最高，外貿增長對於廣東的發展是重要支柱。[13]要如何增創政府體制的管理，以持續吸引外資，是省委施政的一項要點。此外，其他省份的競爭也讓廣東倍感壓力。進入1990年代之後，隨著中國的全面開放，各地區的競爭漸趨公平，對於外資企業而言，廣東不再是得天獨厚的投資環境。[14]這些現象對於以「外向型經濟」為主的廣東而言，是不可忽視的警訊。

　　廣東省委在1990年代末期，面臨到的難題是如何確保經濟的持續增長。在省委八次黨代會結束不久，領導人以制度改革來增進廣東的經濟優勢。李長春希望廣州和深圳能率先突破，引領廣東的經濟發展。在這個過程中，政府應該要做的是轉換職能，精簡機構。[15]本書所論論述的主軸，將聚焦於廣東省委與深圳市，在「行政三分制」推動過程的互動。

第二節　深圳──帶頭先行：行政管理體制改革

　　在本書的論述中，將重心放在廣東省委與深圳市的互動。不同於四川個案中，筆者運用遂寧、雅安、新都區等三個案例。在廣東的政改，筆者僅限於深圳。這背後的理由，在於深圳幾乎是廣東政改的全貌。該市推動廣東最為重要且敏感的「行政三分制」，並將改革成果擴至該省的其他地區。換言之，將論述核心放在廣東省委與深圳的互動，將更能深入的掌握該省政改的梗概。

---

[13]「李長春在全省外經貿工作會議上指出：外經貿是廣東經濟命根子」，南方日報，1998年5月5日，第1、2版。

[14]「精心實施外向帶動戰略：三論增創廣東發嶄新趨勢」，南方日報，1998年6月20日，第1版。

[15]「廣州深圳要舞龍頭」，南方日報，1998年5月24日，第1版。

一、為什麼是深圳？

深圳在改革開放初期，為中國大陸最早試點的經濟特區之一。該市前身是寶安縣，原為漁村，人口不到三萬人。該縣最引入矚目的並非經濟發展，而是提供內地居民偷渡至香港的前沿。1979年3月，寶安縣改為深圳市，並在1980年5月，由中央批准成為「經濟特區」。[16]從1980年代開始，中組部、人事部、中央編制辦，也在深圳推行各種試點工作，[17]這代表經濟體制的改革，影響了政治制度的設計。深圳在1990年代末期，遭遇其他地區的挑戰。在廣東省區，其最大的競爭者是廣州。廣州的工業基礎雄厚，是珠三角產業結構升級的指標。但深圳產業結構的升級相對落後，仍維持以輕工業為主的型態。[18]此外，深圳也遭到東部其他城市的競爭，尤以蘇州為甚。深圳在2003年前後，受到蘇州的挑戰。一個甚囂塵上的議論，是「前十年深圳超過蘇州，後十年蘇州可能超過深圳」。[19]

廣東的經濟型態是「外向型經濟」，外資對於廣東而言，較之他省更顯重要。發生於1998年的金融風暴，曾重創廣東經濟。特別是深圳特區，由於外資數量多，尤以港商和台商為主，受到金融風暴的影響也最大。[20]外資在1997年的「基本建設投資」比例，不論是廣東和深圳都占了歷史新高。但1998年，出現明顯的下滑，深圳的退步幅度更遠高廣東的平均值。深圳由1997年的25.8%遽降到1998年的6%，廣東則由28.7%下降到21.2%。深圳與廣東的外資比例差距，在1998年也創下了史上最高。上述內容，筆者以圖4-1來表示。

---

[16] 「深圳的合理選擇：再談香港與深圳共謀發展的客觀動因」，文匯報，2007年8月21日，第A26版。

[17] 「7年前深圳曾試點『大部制』」，法制晚報，2008年3月11日，第A6版。

[18] 「深圳能否改革還看新領導」，明報，2004年3月8日，第A32版。

[19] 「『特區』：深圳重新起跳」，南方都市報，2003年12月25日，第A7版。

[20] 「金融機構要推動出口」，大公報，1999年3月24日，第C11版。

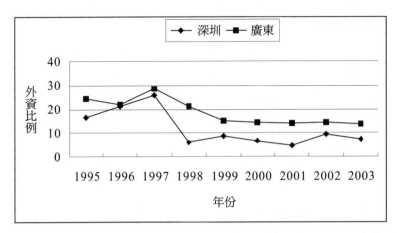

資料來源：國家統計局，**中國統計年鑒2004**（北京：中國統計出版，2004年）；深圳市統計
　　　　　局，**深圳統計年鑒2008**（北京：中國統計出版社，2008年）。

圖4-1　外資在「基本建設投資」所占的比例

　　外資對於深圳的發展有關鍵影響，其中又以港資所占比例最高。截至
2004年，香港在深圳投資的企業逾一萬家，占深圳外企總數的75.2%；港資總
額占深圳外資總額的67.5%。[21]在外資對持續衰退後，深圳市委書記黃麗滿提
出「特區不特」的問題，希望尋找「新的競爭力」來吸引外資。深圳市長于幼
軍在2002年的講話提到：「在激烈競爭的形勢下，投資發展環境日益成為一
個地區和城市競爭力的重要內容和關鍵因素。」[22]對於深圳的發展，「南方日
報」有一段佳喻：

　　1980年的深圳是個蓄勢待發的火車頭；1992年的深圳正在列車大提速；
1997年的深圳是火車頭停在加油站；2002年至2004年深圳則是火車頭正在檢
修，準備再次提速。而形容2010年的深圳需要看現在的表現，如果檢修調試工

---

[21] 「深圳的合理選擇——再談香港與深圳共謀發展的客觀動因」，**文匯報**，2007年8月21日，
　　第A26版。
[22] 「深圳將推出『行政三分制』」，**大公報**，2002年12月20日，第A12版。

作做得好，2010年深圳就會升級為「磁懸浮」，反之就只能走普通路線了。[23]

　　深圳要提高競爭力，必須加強行政效能。在中國入世後，政府職能的轉換成為一大焦點。只有調整政府與市場的關係，才能增強進出口的競爭力。[24]世貿組織所協議的23件事項，有21項是以約束政府為要旨，這對於「大政府」的體制是更激烈的衝擊。黃麗滿提到，深圳必須深化行政體制改革。人事局長陳安仁認為：深圳的行政體制應該從「管理型政府」轉變為「服務型政府」。[25]

　　深圳在2000年之後，受到其他城市的挑戰，逐漸喪失獨占鰲頭的地位。2002年底著名的網路文章──深圳，你被誰拋棄？──對於深圳市的發展提出警語，引起熱烈討論。市長于幼軍曾與該文的筆者進行對話，認為深圳的發展確實面臨挑戰，主要有三：一是加入世貿後，外資進入中國的投資取向發生變化；二是深圳經濟結構的變化；三是深圳面臨邁向現代化城市的轉折時機。[26]于幼軍提到：

　　我不同意「深圳被拋棄」這個觀點。黨中央、國務院、省委省政府沒有拋棄深圳，並且對深圳提出了更高的要求。……如果政府的行政體制、行政效率和服務工作沒有大的改革創新和進步的話，將很難適應我國加入世貿組織後的新要求，很難有效地推動地區的快速發展。[27]

　　深圳曾經是經濟特區，但其「特殊性」在2000年之後愈來愈不顯著。深圳的轉機，在於行政體制的創新。如果深圳能率先做出行政改革，或許能吸引外資。深圳的一連串體制創新，就是反映這種思維。

23 「一體化：後特區時代的選擇」，南方日報，2004年8月25日，第C7版。
24 「建立與國際接軌的行政管理體制」，南方日報，2000年6月19日，第B2版。
25 「深化行政機制改革，創新公共行政體制」，深圳特區報，2002年12月21日，第A2版。
26 「于幼軍履新：南風吹山西」，21世紀經濟報道，2005年7月21日，第5版。
27 「于幼軍坦釋『拋棄』話深圳」，北京青年報，2003年1月21日，第B1版。

二、1998—2001的改革重點：深圳的行政審批

　　深圳是引領廣東發展的城市之一，經濟發展向來不差。特別是在1998年的經濟表現，存在著高度的政治意義。市委在年初，竟將經濟成長率訂為14%，這和一些因素有關。首先，香港毗臨深圳，香港於1997年回歸中國統治後，深圳的經濟發展成為安定港人的指標之一。特別是1998年正是「回歸」的第一年，深圳的經濟表現，可謂意義重大。第二，亞洲各國在1997年歷經金融風暴，深圳經濟表現的良窳，可以提供一個案例，說明中國政府是否已經有效控制金融問題。[28]最後，1998年6月之後，中國大陸面臨洪災。市委在該年8月的會議中強調，確保GDP的成長達到14%，是對全國防洪部署的最大支持。[29]

　　深圳制訂了審批法規，用以簡化審批程序，以吸引外資來發展經濟。為達到經濟成長的目標，市委書記厲有為在經濟工作會議上，提到要以擴大外貿投資來改善政府職能，並實踐「少審批、多服務、高效率、法制化」的行政管理體制。[30]1998年2月，深圳市頒布了「深圳市政府審批制度改革實施方案」，為全國第一部涉及審批制度改革的文件，[31]受到黨中央和省委的支持，截至1998年8月底，全國已有17個省、市、自治區派員前往該市觀摩。[32]「南方日報」在1998年11月22日，以頭版的顯著標題報導這項改革，認為審批權力的下放，使得政府不再像「婆婆」，鉅細靡遺的進行管理。[33]

　　在審批制度改革之後，對於外商投資的審批效率有了提升，這有助於深圳經濟的發展。舉例來說，外資局的批文原本要送到36個部門存檔，但改革後減為16個。[34]深圳在1998年至2001年的工作核心，在於達成超常規的經濟發展，

---

[28]　「關注熱點，直面難點，突出重點——深圳市經濟工作會議綜述」，**深圳特區報**，1998年1月11日，第1版。

[29]　「確保14%：最大最好的支持」，**深圳特區報**，1998年9月7日，第1版。

[30]　「市經濟工作會議昨日召開」，**深圳特區報**，1998年1月10日，第1、2版。

[31]　「我市頒佈深圳市政府審批制度改革實施方案」，**深圳特區報**，1998年2月11日，第1、2版。

[32]　「砍掉的不僅僅是百分之四十三——深圳市審批制度改革備忘錄」，**深圳特區報**，1998年8月27日，第2版。

[33]　「深圳政府職能大轉變」，**南方日報**，1998年11月22日，第1版。

[34]　「市外資局改革外商投資審批制度」，**深圳特區報**，1998年2月22日，第1版。

以建立「深圳速度」。[35]市全委會強調，1998年的經濟增長14%，1999年達到13%，不僅是經濟問題，也是政治問題，關係著改革、發展、穩定的大局。[36]于幼軍在2000年表示，深圳將以5年的時間實踐基本現代化，到2010年達到中等發達國家水平，2030年趕上發達國家水平。[37]審批制度在當時是主要的政改，反映了深圳希望透過減少行政干預，來促進經濟成長。

三、為何不推動「基層首長選制改革」？

深圳在1990年代末期，一直在尋找「新的競爭力」，市委多次提到行政體制的革新，其中又以簡化審批制度為代表。但筆者想探討，為何該市不推行「基層首長選制改革」？在分析四川個案後，我們發現人事制度改革，一直是後發展地區的重點。該項改革對於深圳這種經濟富裕的城市，是否具備同等的重要性？

（一）直選的曙光？深圳大鵬鎮的試點

做為四川省的「反面個案」，我們想問的是：是否經濟富饒的廣東不會進行「基層首長選制改革」？令筆者意外的是，1999年1至4月間，深圳市龍崗區大鵬鎮曾經試行鄉鎮長的「直選」。這是否是意味著經濟的發展，已經導致民主的啟動，而證明「現代化理論」的預設呢？

大鵬鎮的選制稱做「三輪兩票制」。所謂的「三輪」是指全體選民的無記名推薦5名提名人（第一輪）、黨員和幹部針對5位提名人來推薦其中的1名作為候選人（第二輪），是指鎮人大對於這位候選人，進行法定的選舉（第三輪）。「兩票」則為群眾的「推薦票」以及人大代表的「選舉票」。[38]大鵬鎮

[35] 「創造高質量的『深圳速度』：市委工作會議側記之一」，深圳特區報，1998年12月31日，第3版。

[36] 「確保經濟增長目標順利實現：五論貫徹落實市委全會精神」，深圳特區報，1998年7月6日，第1版。

[37] 「深圳力爭5年基本實現現代化」，南方日報，2000年8月9日，第A1版。

[38] 黃衛平、張定淮，「基層民主政治發展與執政黨的地位——深圳大鵬鎮選舉制度改革的啟示」，特區理論與實踐，第2期（2002年2月），頁42。

的試點嚴格來說，只是由群眾進行候選人的推薦，但最後的決定權仍在人大。但這種模式改變了上級指定候選人，再由人大代表「劃圈」的刻板作法。

　　深圳推行鎮長選制改革的構想，源自於十五大的政治報告提出的「擴大基層民主，保證人民群眾直接行使民主權利」。1998年2月，廣東省人大常委會向全國人大常委會提交「關於廣東省深圳市在鎮級政府換屆選舉中進行直選試點的請示」，建議全國人大批准深圳在1998年的換屆改選時，選擇兩個鎮作為「直選」試點。[39]但根據李凡的資料，全國人大當時未批准這項「請示」。[40]在1999年1月，深圳市委選擇在大鵬鎮做鎮長選舉試點，但此舉違反全國人大在1998年的回覆意見。深圳的這項決定，廣東省委應該是知情的。筆者發現省人大常委會選舉聯絡工作委員會辦公室主任楊成勇，曾就試點發表談話。他表示深圳市委選擇大鵬鎮的原因，在於該鎮的「領導班子團結、村民純樸、人口較少」。[41]深圳的試點，是在未請示中央的情況下，由廣東省委默許的一次改革。

　　大鵬鎮將選制改革侷限於鄉鎮長候選人，使得人大仍擁有最終的人事決定權，但這項改革仍有高度敏感性。在試點工作展開後，中央層級的報刊報導有限，筆者只找到共青團中央機關報「中國青年報」，在1999年4月11日的頭版進行報導。文章指出直選鄉長是違憲的，而「兩票制」進行鄉長候選人的選舉則是一種創新。[42]該報導所透露的訊息，可以解讀為部分層峰菁英容許適度的選制改革，但強調改革不可觸及憲法的底線。

　　在中央層級的報刊率先報導後，廣東省委接著也有明確表態。「南方日報」在4月28日刊出大鵬鎮選制改革的新聞，全篇不見「直選」的字樣，而以「選民直接推薦鎮長預備人選」來進行報導。[43]可以看出即便這次改革僅限於

---

[39] 「深圳市司法局原副局長、全國首位直選產生的律協會長徐建建議：借鑒律協自治差額票選區委書記」，**南方都市報**，2008年2月20日，第SA46版。

[40] 李凡，**乘風而來**，頁204。

[41] 「民眾提名候選人人大代表投票，首位『民選』鎮長誕生」，**明報**，1999年4月30日，第A15版。

[42] 「深圳大鵬鎮兩票選鎮長」，**中國青年報**，1999年4月11日，第1版。

[43] 「深圳大鵬鎮選民直接推薦預備人選：『兩票制』選鎮長令人矚目」，**南方日報**，1999年4

鄉鎮長「候選人」，但省委卻避免利用任何「直選」的敏感字眼去闡述，以免觸碰中央的底線。在中央的默許與省委的支持下，大鵬鎮的試點順利展開，不少人對於該模式的推廣抱持樂觀態度。「中國青年報」指出深圳預備將大鵬鎮的「兩票制」在全市逐步展開，[44]而民政部辦公廳副主任白益華也撰文表示：「我認為，大鵬鎮『兩票制』推選鎮長的成功經驗，可以在深圳市推廣。」[45]但弔詭的是，在2002年的鄉鎮長換屆中，大鵬鎮的選制不但沒有推廣到深圳的各鄉鎮，該鎮的試點卻劃上休止符。這不禁令人好奇，原因究竟為何？

（二）為何終止？

　　廣東大鵬鎮與四川步雲鄉，為中國東、西部推改革「基層首長選制」的兩大新星。就改革的敏感度而言，步雲鄉高於大鵬鎮，因為步雲在1998年已經直選鄉長，而大鵬只是直選鄉長的候選人。步雲鄉在2002年的試點仍然持續，[46]為何大鵬鎮的試點反而終止？

　　首先，是經濟發展的因素。兩個鄉鎮雖然分別在1998年（步雲）與1999年（大鵬），開啟了鄉鎮長選制的試點，在中央下發「12號文件」後，步雲鄉卻甘犯違背中央命令之嫌，在2001年再度推行「直選」；但大鵬鎮在僅推行了一次「直選」，之後再也沒有持續。最大的原因，是經濟發展程度的不同，而產生了對「直選」的不同需求。在步雲鄉，由於經濟發展困頓而衍生的社會不安，因此地方領導需要透過選制改革來選擇優秀的幹部，化解執政的危機。換言之，選制改革對於社會維穩的重要性，確實存在。這也是張錦明在2001年時，不顧中央命令而繼續推行「試點」的主因。

　　但大鵬鎮的經濟發展優於步雲。[47]「直選」對於大鵬鎮的領導人而言，並

月28日，第1版。

44 「深圳大鵬鎮兩票選鎮長」，**中國青年報**，1999年4月11日，第1版。

45 白益華，「改革選舉制度擴大農村基層民主——兼評深圳市龍崗區大鵬鎮鎮長選舉制度改革經驗」，**馬克思主義與現實**，第3期（2000年6月），頁25。

46 但步雲鄉在2002年的試點，也從直選鄉長退卻到直選鄉長候選人，其選制和大鵬鎮類似。

47 筆者以兩區發動「直選」的時間：1998年的步雲鄉與1999年的大鵬鎮，兩地在當時的「人均國民生產總值」來做說明。但由於鄉鎮資料的欠缺，筆者只能找到較高層級的行政區域，分

無實質的內在需求,而僅是一種促進「政績工程」的表現。大鵬鎮在1998年的工農業總產值為52,876萬元,在全國已屬先進,但在龍崗區的鄉鎮卻僅達到中等水準。[48]這使得該鎮領導人願意在選制改革力求表現,以迅速增加「政績工程」。一份調查報告對於大鵬鎮領導人發動政改的動機,做了清晰的闡述:

一方面,〔大鵬鎮領導人〕通過選舉改革來增加政績,當然比通過發展經濟要容易一些;但另一方面,他們要怕選舉改革會削弱自己的權力,尤其是下級幹部的任命權。[49]

政績工程,才是大鵬鎮領導人推動「直選」的主要思維。即便大鵬鎮的經濟表現在中國已稱良好,但並非深圳地區的前茅。「直選」對於大鵬鎮的領導人而言,是在「拼經濟」無法短期見成效的前提下,而力求的另一項工作表現。由於欠缺實質改革的必要性,使得「直選」的推動在經濟富庶之地不易持續。不少後任者不願繼續推行該制,亦即不願在他人的「政績」基礎上求表現。此外,「直選」雖可增加政績,但確實會削弱地區領導人的人事權,以及觸及中央對於「黨管幹部」的底線。這些因素,都使得經濟發展良好的地區,多視「直選」改革為畏途,難以大規模的推廣。

另一個更主要的因素,是省級的態度。四川省委在「跨越式追趕」的心態下,希望能盡可能擺脫法規的侷限,拔擢優秀的幹部來任職,因此對於各地的「幹部人事制度改革」抱持較大的默許與期待。「12號文件」並未真正扼住四川改革的咽喉,省委與地方幹部在遵守中央法令的前提下,卻轉換改革的方式。張錦明在遂寧市進行的制度創新,其精神在日後以不同的形式保存下來。

別是遂寧市中區、深圳市的資料。市中區在1998年的「人均國民生產總值」為3,578元人民幣,而深圳為35,896元,兩地的總值相差近10倍。四川統計局,**四川統計年鑑1999**(北京:中國統計出版社,1999年),頁178;廣東省統計局,**廣東統計年鑑2000**(北京:中國統計出版社,2000年),頁635。

[48] 黃衛平、張定淮,「基層民主政治發展與執政黨的地位」,頁42。

[49] 鄒樹彬、黃衛平、劉建光,「深圳市大鵬鎮與四川省步雲鄉兩次鄉長選舉改革命運之比較」,**當代中國研究**,總第80期(2003年第1期),頁112。

雅安的黨代表直選、新都區的公推直選，都流露出遂寧改革的軌跡，包括競爭的參與、提名權的擴大等。省委甚至盡量制訂相關法規，以確保改革的步伐能持續前進。這說明了本書的預設：省級幹部在經濟不佳的地區，一方面推行經濟發展，一方面處理「後發展地區」所面臨的社會不穩。這些重大的挑戰，增加了人事改革的迫切性。

但廣東的情形正好相反。在歷經改革開放的「先行一步」後，廣東的經濟表現已在中國獨占鼇頭。省委要面對的問題，不是趕超的迫切性，而是繼續在穩定中力求「更上層樓」。在此前提下，行政改革才是省委關注的焦點，人事改革的重要性反而被稀釋了。省委書記李長春在2000年的「全省幹部工作暨黨校工作會議」上透露，廣東省的人事制度改革相對於其他改革，其進度是滯後的。[50]不但省委對於該項改革始終未感迫切，即便地方偶有推進，基層幹部也多以「政績工程」來衡量之。

在李凡的訪談中，有一段生動的描述。大鵬鎮在推動「直選」前，曾請示廣東省人大的意見，省人大農村工作委員會負責人建議「先搞了再說」，可惜1998年初卻因故未能推行，否則「中國的這個『第一』應該是深圳的。」[51]對於四川而言，「基層首長選制」改革是一個力保「社會維穩」的關鍵，但在廣東則只是一個「政績工程」，是用來跟他省「爭第一」的手段，並無內在的必要性。這也可以說明大鵬鎮在2002年終止試點後，其改革的軌跡在廣東省消失無蹤，未能被該省其他地區所吸收。

第三節　2002年之後的衝擊：行政改革的再加強

中共在2001年加入世貿組織後，隨著與國際接軌，體制改革的迫切性日益增加。在入世的衝擊下，中共明白行政改革不能單靠審批權的下放，而迴避

---

[50]「按照『三個代表』的要求，建設高素質幹部隊伍」，**南方日報**，2000年9月2日，第A3版。

[51] 李凡，**乘風而來**，頁204。

機構權責定位的問題。中共體制內部，存在好幾個部委共管一個領域的問題。在入世談判中，其他國家有明確的部門來談判專屬議題，但中共卻常發生不知派哪個部門來進行談判的窘境。[52]國家行政學院杜鋼建教授認為，中共在入世之後，更理解要將審批制度徹底改革，必先處理部門利益的問題，也就是將政府權力適度的分開。[53]這是深圳擬議「行政三分制」的時空背景。

一、黨中央與省委的省思

　　港媒曾引述李凡的觀點，指出十六大後各地政改頻頻啟動，有跡象顯示是以胡錦濤為首的新領導默許甚至支持的結果。在許多政改方案中，以深圳推行立法、行政和監督的「行政三分制」方案最具影響力，該改革方案近名義上是經「中央〔機構〕編制委員會」（中央編制委）批准，實際上是透過「最高層拍板」。[54]這個現象，顯示中國入世的衝擊，已經讓中央決定加速試行行政權力的區分。

（一）「行政三分制」的幕後主導：曾慶紅

　　關於行政權力區分的問題，中共絕非在入世後才暮然驚覺。筆者認為中共對該項改革已注意多年，最早提出的黨內菁英，可能是曾慶紅。誠如他對於差額選舉的貢獻，曾慶紅對於行政改革也有獨到的見解。他可能是黨內最早提出行政權力必須分開的幹部。有媒體指出，曾慶紅兩項最重要的政改，其一是逐步試行有限的差額選舉；另一個就是在深圳籌劃的「中共式的三權分立」。[55]這個「中共式的三權分立」，也就是深圳在2001年底開始籌備，原本打算在2003年試行的「行政三分制」。另一份媒體也指出「這次深圳改革幕後授意者

---

[52] 「7年前深圳曾試點『大部制』」，**法制晚報**，2008年3月11日，第A6版。

[53] 「深圳改革並非個案，專家透露，在十六大精神指導下，下一階段的政府改革可能在今年全面啟動」，**新華澳報**，2003年2月1日，第3版。

[54] 「深圳推行三權分立，川黨代會試常任制，京新領導層默許行政改革」，**太陽報**，2003年2月8日，第A21版。

[55] 「曾慶紅的政治陷阱——從最近的兩項政改說起」，**信報財經新聞**，2002年6月24日，第28版。

是曾慶紅」，這是他跟胡錦濤在政改的競賽。[56]

直接籌畫「行政三分制」的單位，是「中央編制委」。它是一個較為機密的部門，外界對其的報導不多。據港媒的訊息，十六大前後的「中央編制委」是以朱鎔基掛帥，[57]曾慶紅與胡錦濤亦是重要成員。[58]筆者認為在「中央編制委」當中，以曾慶紅最具實權，也和「中央編制委」淵源最深。早在1992年之後，「中央編制委」召開的會議就常見曾慶紅、張志堅等人出席。[59]張志堅後來擔任「中央機構編制委員會辦公室」（中央編制辦）主任，[60]其和曾慶紅存在「同事關係」。換言之，朱鎔基和胡錦濤只擁有「中央編制委」的形式領導權，但實際掌權的幹部是曾慶紅，他在「中央編制委」的資歷與人派，恐怕不是朱、胡兩人可以項背。

深圳的高度發展，提供中共在富裕地區推動政改試點的場域。2001年11月，該市被「中央編制辦」選定為行政改革的試點市一，由市長于幼軍擔任領導小組組長，其他成員來自市政府辦公廳、人事局、體改辦法制局等諸多部門，由「中央編制辦」直接監控整個試點工作的進展。[61]「中央編制辦」和深圳市有關部門組織了專家組，前往英國、新加坡和香港進行考察，由「深圳編制辦」起草一套方案，呈報到中央進行討論。草案主要借鑒英國和香港的模式，藉由機構精簡和重組，來實踐決策、執行、監督的行政三權分離。[62]以曾慶紅對於「行政三分制」的支持，以及「中央編制辦」主任張志堅和曾慶紅的關係，筆者認為深圳在2001年底之後的行政改革，中央層級的支持者與推動者就是曾慶紅。

[56] 「行政三分與政治改革」，**信報財經新聞**，2003年1月20日，第22版。
[57] 「組織系統三馬車籌備中共十六大」，**信報財經新聞**，2002年1月9日，第9版。
[58] 「胡錦濤的人際關係」，**信報財經新聞**，2002年10月7日，第22版。
[59] 「全國機構改革試點縣達三百多個，中央機構編制委員會召開座談會總結交流試點經驗」，**人民日報**，1992年9月22日，第4版。
[60] 「全國市縣鄉機構改革工作座談會要求以『三個代表』重要思想為指導，抓好市縣鄉機構改革的組織實施工作」，**人民政協報**，2001年9月10日，第1版。
[61] 「『行政三分制』震動深圳的改革」，**新華澳報**，2003年2月6日，第3版。
[62] 「行政三分制開啟政府轉型大門——訪深圳行政學院教授卞蘇徽」，**中國經濟時報**，2003年3月5日，第5版。

（二）張德江的保守、黃華華的中立

雖然曾慶紅極力主張「行政三分」的改革，但筆者很難看到省委書記張德江對此改革的回應。張德江在2002年11月，由浙江省委書記調任為廣東省委書記，開始了在廣東的五年歲月。他和江澤民的互動良好。江澤民到浙江考察時，稱讚張德江在私營企業設置黨組織的工作「幹得好」；2003年的「兩會」期間，江澤民在廣東組的討論會再度稱許張德江，他甚至說：「我今天確實高興，因為廣東省有你去掛帥。」[63]另外，「明報」提及江澤民曾公開表示：「德江同志到廣東主持工作，我就放心了。」[64]這些言論，都可以說明張德江確實是「江系」的幹部。他被調往廣東的原因，外界認為有兩個原因：其一是張德江與江澤民、曾慶紅的關係良好；其二，黨中央希望利用張德江在擔任浙江省委書記期間，推動浙江與蘇、滬融合的工作經驗，以增進粵、港的合作。[65]

但政治改革似乎不是張德江的政策，筆者幾乎找不到他對於「行政三分制」曾發表言論。反而是在他主政廣東期間，加大對於傳媒的控制力度。廣東省的「21世紀環球報道」，在2003年3月13日遭到省委宣傳部命令停刊，觀察家認為主因是該刊在3月3日，刊登李銳鼓吹政治改革的專訪。[66]廣州的「南風窗」在2003初刊登了前深圳蛇口工業區管委會主任袁庚的訪談，認為「三權分立是制約權力的手段」。[67]這些期刊鼓吹權力分立的言論，挑戰了張德江的底線，並受到不同程度的處份。張德江的政治態度保守，並不熱衷政改，反對任何權力劃分的嘗試。筆者曾指出，省委書記推動大規模政改的前提，是他存在政改的理念。但從張德江的案例來看，即便他是「江系」的幹部，即便出現了基層幹部（于幼軍）的制度創新，但由於張德江政治態度的保守，因此斷送了「行政三分制」在廣東大幅推廣的可能性。

---

63 「東北好漢，廣東展拳腳」，星島日報，2004年6月2日，第A3版。
64 「張德江被譽明日的溫家寶」，明報，2004年6月1日，第A2版。
65 「『鐵腕』張德江」，信報財經新聞，2004年5月31日，第25版。
66 「鼓吹政改批鄧小平，『21世紀環球報道』停刊」，明報，2003年3月15日，第A20版；「又見『倒春寒』」，信報財經新聞，2003年3月21日，第34版。
67 關山，「以世界眼光看政治文明——袁庚訪談錄」，南方窗，第2期（2003年1月），頁12。

　　省委的另一個要角是黃華華，他在2003年之後擔任廣東省省長。他雖在共青團歷練過，卻很難發現他和胡錦濤曾有過密切的同事關係。黃華華是標準的「地方型」幹部，一直在廣東地區任職。他曾在1983至1985年間，和謝非一起進入中央黨校學習，可能因為如此，在謝非擔任廣東省委書記後，提拔黃華華出任省委秘書長。[68]黃華華雖也在1985至1987年擔任過共青團廣東省委書記，但和胡錦濤並無長期的職務關係，一來是黃華華並未在團中央任職，二來是胡錦濤在1985年即調離團中央。從仕途背景來看，黃華華和胡錦濤的關係是微弱的。有報導直接指出，熟悉廣東官場的人士都知道，黃華華和胡錦濤的關係並不大。[69]

　　筆者認為黃華華的性質，就僅是「地方型」的幹部。他受益於胡錦濤之處並不多，反而是前省委書記謝非才對他有知遇之恩。黃華華和張德江之間，絕不能像一些媒體的觀點，視為「團派」和「江系」的抗衡。[70]張、黃的關係，倒是有點像是「南下幹部」和「地方幹部」之爭，這在過去的廣東政壇屢見不鮮。黃華華對於政改並無特殊的觀點，而表現出中立的態度。

第四節　深圳的突破

　　深圳的發展緊靠外資，持續吸引外資，成為深圳政府的重點。即便我們很難發現省委有支持「行政三分制」的言論，但深圳還是在曾慶紅的支持下，進行該制度的設計與討論。張德江未和曾慶紅的意見一致，筆者認為是張德江的立場過於保守，而非「派系鬥爭」的因素。這說明即便「江系」的幹部，政見也未必都一致。但張德江的因素，確實讓深圳的政改埋下陰霾。在張德江主政廣東期間，深圳根本未正式推動「行政三分制」，而是停留在紙上作業。

---

[68] 「粵推進年輕化黃華華任省長」，信報財經新聞，2003年1月22日，第22版。
[69] 「穗一年一變，黃華華獲江總賞識」，香港經濟日報，2002年10月16日，第A13版。
[70] 「『鐵腕』張德江」，信報財經新聞，2004年5月31日，第25版。

一、深圳——推動「行政三分制」的積極份子：于幼軍

深圳當時的政治菁英，以市委書記黃麗滿和市長于幼軍最重要。黃麗滿在2001年至2005年擔任深圳市委書記，她是江澤民在擔任電子工業部長時期的秘書，[71]也可視為「江系」的幹部。但筆者較少發現黃麗滿公開對於「行政三分制」做出直接的論述，常看到的報導極為為空泛，不外乎是她認為深圳要從實際出發，並借用國內外經驗，以持續推行政體制改革等言論。[72]筆者並不認為她反對「行政三分制」，但她對於深圳應如何具體推動行政改革並無堅定的立場。誠如一份報導所指出，她的作風是「以守為主」，[73]欠缺創新的精神。

對於深圳政改較為積極的幹部是于幼軍。他在2000年4月接任深圳市長，是一位作風務實而親民的官員，本身並無明顯的派系色彩。他願意和網民就深圳未來的發展進行對話，被傳為美談。即便是他在2008年遭中紀委被撤銷中央委員職務，[74]但我們不應對他過去的政績產生偏見。他在2001就任深圳市長時，「南方都市報」曾這樣介紹：

時年，于幼軍47歲，年富力強。擁有中山大學工商管理碩士、馬克思主義哲學博士身分的他，被稱為「才子」和「儒將」。而此前他在廣東省省委常委、宣傳部長崗位上的開明工作經歷，也令外界對其執政表現寄予厚望。[75]

深圳市在2001年底，在「中央編制辦」授意下，開始籌備「行政三分制」的改革。緊接著，十六大的政治報告提供了深圳進行改革的依據。江澤民在報告提到：「按照精簡、統一、效能的原則和決策、執行、監督相協調的要求，繼續推進政府機構改革。」[76]政治報告制訂的最初提法，是讓決策、

---

[71] 「于幼軍調湖南，升任常務副省長」，**明報**，2003年5月30日，第A24版。

[72] 「黨的十六大代表發言摘編（二）」，**人民日報**，2002年11月11日，第7版。

[73] 「深效港『行政三分』緣何流產」，**香港經濟日報**，2003年12月5日第A51版。

[74] 「于幼軍簡歷」（2009年9月11日搜尋），**人民網**，<http://news.xinhuanet.com/ziliao/2006-01/16/content_4055843.htm>。

[75] 「轉身，從速度深圳到效益深圳」，**南方都市報**，2005年3月1日，第A40版。

[76] 江澤民，「全面建設小康社會，開創中國特色社會主義事業新局面」（2002年11月8日），

執行、監督「相互分立、相互協調」，但幾經權衡，捨去高度敏感的「分立」字眼，僅保留「相協調」的字句。[77]深圳領導幹部極為重視政治報告的這段文字。在十六大閉幕後幾天，深圳市就召開小型的會議，根據上述這34個字做出討論。這段政治報告，為深圳籌備一年多的「行政三分制」提供依據。[78]

深圳市對於這麼敏感的改革，似乎相當高調。有媒體報導于幼軍在2003年初的省人大透露，深圳作為中央編制辦選定的惟一試點，「行政三分制」的改革方案已定稿，並獲「中央有關部門」原則同意，將在今年上半年全面啟動。[79]另有報導指出于幼軍曾向媒體表示，深圳在今後幾個月內，將在「北京的鼓勵下」實施行政三分的改革。[80]深圳市委黨校刊物「特區理論與實踐」在2003年初刊登出相關的報導，但立場較為低調，文章指出「行政權三分」並非深圳首創，除了香港政府的管理體制外，海南省洋浦開發區管理局也曾在1993年試行過。[81]這篇報導，指出深圳的政改不過是借用中國大陸地區的經驗，而淡化了「敢為天下先」所可能引起的批評。

二、具體方案

「行政三分制」難以視為「三權分立」。筆者認為其中的關鍵，在於「行政三分制」的「行政」只是administration的範疇，而非executive的層級。依據北京行政學院教授張勤的說法，該制區分的是「事權」，而非「權力」。[82]「行政三分制」就是將行政事務的權力，分為決策、執行、監督，由「決策局」負責決策權；「執行局」擔負執行權；監督權在「監督局」。深圳

頁28。
[77] 「深圳改革並非個案，專家透露，在十六大精神指導下，下一階段的政府改革可能在今年全面啟動」，**新華澳報**，2003年2月1日，第3版。
[78] 「深圳受命特別試驗，『行政三分』再造政府」，**南方周末**，2002年12月19日，第A1版。
[79] 「深圳市府『行政三分』改革方案將於上半年全面啟動」，**江南都市報**，2003年1月27日，第13版。
[80] 「行政三分與政治改革」，**信報財經新聞**，2003年1月20日，第22版。
[81] 傅小隨，「『行政三權協調』與深圳的行政體制創新」，**特區理論與實踐**，第2期（2003年3月），頁36-37。
[82] 「論『行政三分制』」，**北京日報**，2003年4月7日，第17版。

大學教授馬敬仁曾參與該制度的設計，他認為在決策的職權上，將現有機構按大行業、大系統的方式重新組建，再依據這些決策部門的職掌，來設置專業化的執行機構。市的監督局、審計局整併為監督機構，並對於各地的監察室進行垂直領導。國家行政學院教授杜鋼建認為，這次的改革不僅是精簡政府編制，而是改變政府職能，這是「中央編制辦」在深圳試點的創新，應該大幅度推廣至全國。[83]

依據方案，深圳將以經濟發展、城市發展、社會發展為體系，各自設置決策局，而決策局以下再設置不同的執行局。在新設的體制中，尤以決策局最為重要，每個決策局有兩個諮詢機構。一個是局長的內部諮詢機構；一個是制約局長的權力機構，由非政府官員組成，可以勸告、修改或否決「決策局」的決定。深圳市是以「慢決策、快執行」的方略，希望在決策過程中能反覆研議，在執行的過程則能迅速達成。[84]我們將「行政三分制」改革前後的政府架構，繪於圖4-2。

這套設計的關鍵，在於「慢決策、快執行」的方針。先透過事務功能的區分，設置數個「執決局」，在決策之時，再藉由內部諮詢與外部制約，讓決策過程能緩慢而周全。在執行時，透過下屬的幾個「執行局」，以利於迅速貫徹。「決策局」在每年年初與「執行局」簽訂「行政績效合同」，並由「監督局」進行考察和監督。「監督局」的運作，交由市長來直屬管轄。[85]

「決策局」是最為重要的單位。深圳預計將政府機關按大行業、大系統的模式組建若干「決策局」。從事後所流露的資料來看，當時市領導對於要設置幾個「決策局」曾有過激烈討論，但並無一定的共識。「決策局」的數量少，有利於機構功能整合，但將使更多局長的前程不保。當時所提出的最激進方案，是僅設置三個「決策局」——經濟發展、城市發展、社會發展。[86]但該方

---

[83]「行政三分制能否打造現代政府」，**北京青年報**，2003年3月20日，第B9版。
[84]「政改試管：深圳市府細節曝光」，**財經時報**，2003年1月25日—1月31日，第1版。
[85]「5年前一次流產的『行政三分』改革大部制的深圳初戀」，**21世紀經濟報道**，2008年3月7日，第1版。
[86]「5年前一次流產的『行政三分』改革大部制的深圳初戀」，**21世紀經濟報道**，2008年3月7

改革前

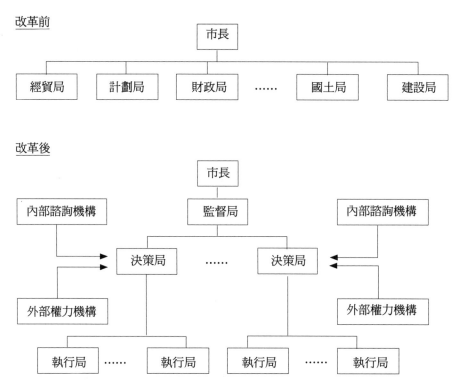

改革後

資料來源：「政改試管：深圳市府細節曝光」，**財經時報**，2003年1月25日—1月31日，第3版。

圖4-2　深圳「行政三分制」改革前後的政府架構

案的牽涉甚廣，反對者眾。最後，對於要併成幾個「大局」仍無共識。在制度的侷限與省委未表態支持下，筆者想模仿毛澤東的口吻來問：深圳，你能走多遠？

三、深圳：能走多遠？胎死腹中的「行政三分制」

嚴格來說，深圳的這項改革一直停留在紙上作業。媒體雖罕見大篇幅報

導，但卻欠缺對中央意向的報導。于幼軍曾提到，深圳推動該制的時間表及
詳情，則尚待國務院批覆。[87]但媒體卻遲遲未報導對該項改革，中央是否已有
表態。在2003年4月之後，筆者已經鮮少在報刊找到「行政三分制」的相關新
聞，推測應該是層峰領導對於改革幅度未達成共識，而始終無明確表態。國務
院在2003年7月底，在溫家寶的授意下，國家發改委「經濟體制綜合改革司」
副司長李海巖帶領的七人調研小組，赴深圳來觀察該市的發展方向，深圳亦向
調研組呈交書面報告。[88]李海巖此行，對於中央看待深圳發展的方向，是一次
重要的政治風向球。但中央的相關人士並未對於「行政三分制」有相關的表
態。

　　中央意向的模糊使得地方也跟著觀望，暫緩釋放任何消息。媒體再一次
出現的報導，已經是在2003年11月之後，文章指出深圳的「行政三分制」可能
已廢止試驗。[89]深圳法制研究所研究員鐘曉渝透露，該法案一直沒有實施，是
因為中央一直沒有批准。國務院調研組在7月底來深圳時，有人就「行政三分
制」探詢調研組意見，但沒得到回答。最後，深圳在2004年3月公布了「深圳
市深化行政管理體制改革試點方案」，該「方案」籌畫的時間長達三年，並根
據「中央編制辦」下發的「關於深圳市深化行政體制改革創建公共行政管理
體制試點批覆」來制訂。[90]筆者有理由相信，這份「方案」的原稿，就是曾慶
紅、于幼軍當初所構想的「行政三分制」改革。

　　但2004年的這份「方案」，已經不見「行政三分制」的內容。「方案」
的特色有二：其一，是對於政府機構進行再整併。以弱化對經濟管理部門的職
能，強化公共服務與社會安全的職能，做為整併的主軸；其二，是實施「大處
制」。也就是「處」以下不再分「科」，以打破行政區域的限制。[91]在局級的

---

87 「于幼軍談『行政三分制』與西方『三權分立』制度是兩碼事」，大公報，2003年3月7日，
　 第A1版。
88 「國務院調研振奮深圳人」，南方都市報，2003年8月7日，第A17版。
89 「深圳『行政三分制』不了了之，存在缺陷難以執行，替代方案在醞釀中」，西安晚報，
　 2003年11月4日，第6版；「深效港『行政三分』緣何流產」，香港經濟日報，2003年12月5
　 日，第A51版。
90 「『方案』醞釀三年」，南方日報，2004年3月29日，第C3版。
91 「行政體制改革方案正式公佈」，南方日報，2004年6月10日，第C4版。

改革中，「方案」不見權力分散的精髓，只能說是再做一次政府機構精簡的工作。但「大處制」是一個有創意的改革，它體現決策、執行、監督三項權力的分立，有可能在「處」級實施。它所顯示的另一個意義，在於「局」級的改革過於敏感，只能先從「處」級試行。「方案」公布後，證實「行政三分制」已終止試點。

四、未能推行之根由

　　「行政三分制」只停留在方案的設計階段，在張德江的任內並未真正落實。終止試點的原因甚多。有人甚至認為在2003年發生的「非典」（SARS）事件，使得市領導人將主力放在「抗典」而無心再進行政改。[92]但筆者認為這種天災因素的解釋力甚微，一個較合理的說法，是這項改革涉及高度的敏感性，僅靠曾慶紅和于幼軍的推動，並無法持續。首先，「行政三分制」的性質令黨內保守派感到困惑。有學者認為「行政三分制」類似西方的「三權分立」，[93]深圳市社科院研究員楊立勛在幾年後表示，當年「行政三分制」未能試行的原因之一，就是部分媒體和社會輿論把「行政權三分」誤解為「三權分立」。[94]即便于幼軍一開始就澄清「行政三分制」並不涉及政府權力的分立問題，[95]但仍難消除保守派的觀感。這對於原本就有爭議性的制度而言，無疑增添了實施的困難性。

　　再者，「行政三分制」的規劃並不明確，不少黨內人士對於該制是否能推行不無疑義。行政三分之後，表面上似乎是分權，但實際上「決策局」的權力可能相對集中，而「執行局」則淪為辦事單位。另外，是黨與政府的權力應如何劃分的問題。即便行政權分散到決策、執行、監督三局，但這三局和黨的權力如何對應？中紀委研究室研究員李永忠，在2003年初前往深圳調研，並與于

92 「深圳行政三分時機已經成熟，深大教授馬敬仁稱，深圳早在兩年前就開始試水『大部制』」，**南方都市報**，2008年3月11日，第A37版。

93 蘇紹智，「評深圳『行政三分制』」，**信報財經新聞**，2003年2月17日，第24版。

94 「深圳政治改革推動三分制」，**亞洲週刊**，第23卷第33期（2009年8月23日），頁34。

95 「于幼軍談『行政三分制』與西方『三權分立』制度是兩碼事」，**大公報**，2003年3月7日，第A1版。

幼軍進行交談，李永忠認為在黨政分工還處於逐步探索的階段，將政府的行政權進行三分，將有一定的難度。[96]舉例來說，監督局和紀委的關係如何定位？常委會與決策局的屬性為何？這都涉及到黨國體制的制度核心。

最後，這項制度改革牽涉到部門重組，關乎許多局級幹部的仕途。于幼軍雖在2001年底就已著手籌備「行政三分制」，但時程一延再延，主要是機構精簡的方案牽涉到幹部的利益。市政府一位官員表示，局長們的意見分歧太大，有一位局長在會議甚且大聲質問：「為什麼砍掉我們〔的〕局？」[97]從2004年公布的「方案」來看，其繼承「行政三分制」的部分精神，但卻從原本設計的「大局制」下階到「大處制」。這反映出對於深圳市對局級幹部的職務分配，仍無足夠的權威來整併或裁撤，因此才拿「處」級先行試點。「大處制」的方案，是對於現實政治的一種退卻與妥協。

以上幾點，是從制度設計的敏感性來闡述。但如果只有這樣，「行政三分制」未必不能推行，因為舉凡中共歷次的政改，不乏牽涉到性質定位與既得利益的爭執，這絕非「行政三分制」獨有的問題。筆者認為一個更主要的因素，是該制在2003年預備試行之際，並未得到張德江的支持。「行政三分制」最先是由曾慶紅策劃，他和江澤民的關係緊密，因此筆者認為該制在2001年進行策劃之際，江澤民應該是默許的。但同是「江系」的張德江，因為自身的理念而未支持這項改革。換言之，「江系」內部的政治菁英，對於政改的觀點可能出現迥異。

在十六大之後，胡錦濤升為總書記。目前並無任何公開的文獻，可以直接佐證胡錦濤在當時是否反對深圳的政改。但從權力政治的角度來看，胡錦濤對於曾慶紅所主導的政策，存在著消極抵制的可能性。一份港媒認為「行政三分制」推動的成敗，是曾慶紅與胡錦濤的「政改競賽」。[98]該項改革是曾慶紅所提出的方案，他在當時是「江系」的要員。十六大之後，中共黨內面臨到繼

---

[96] 「改革『攻堅』，迎難而上」，**新華澳報**，2003年10月13日，第3版。
[97] 「深圳受命特別試驗，『行政三分』再造政府」，**南方周末**，2002年12月19日，第A3版。
[98] 「行政三分與政治改革」，**信報財經新聞**，2003年1月20日，第22版。

承的問題，江澤民與胡錦濤的權力消長，牽涉到黨內最敏感的政治神經。「行政三分制」的推動如果成功，對於胡錦濤的威望並無太多助益。可惜的是胡錦濤在十六大至張德江卸任廣東省委書記（2007年）期間，並未對於「行政三分制」有公開發言，頗難真正判斷其意向。因此，即便胡錦濤不支持深圳改革的可能性是存在的，但筆者仍傾向將於深圳終止政治改革，歸因於張德江的保守態度。[99]

「行政三分制」始終未在于幼軍的任內獲得實踐。在省委書記立場保守的窘境下，只有于幼軍的態度最積極，甚至向媒體透露該方案已獲「中央有關部門」同意，就待國務院正式發布。可惜于幼軍忽略地方試點是否推行，往往牽涉到高層領導人權力傾軋的問題。他始終未能等到國務院的批准，但卻等到一張調職令。

于幼軍之後的仕途，有令人意想不到的發展。按照1980年代後的政治慣例，深圳市長在卸任後，部分會升任深圳市委書記，例如梁湘、厲有為；有些則調任財經專職，例如李灝擔任全國人大財經委員會副主委，李子彬則調為國家發改委副主任。但于幼軍的仕途卻極不尋常。媒體指出，廣東省委原打算安排于幼軍擔任廣東省委副書記，但中央卻認為「像于幼軍這麼年輕的同志，應該放在更重要的位置。」[100]于幼軍在2003年5月，升為湖南省委副書記兼常務副省長。這項任命的時機有些詭譎，特別是他預備在深圳大展抱負之際。由於張德江和黃麗滿對於政改的態度並不積極，因此將于幼軍調離深圳後，無疑是撲滅在地方煽動「行政三分制」的火苗。

深圳在2001年開始籌備的這場改革，是在曾慶紅的授意下所規劃的方案。以曾慶紅在當時與江澤民的派系關係，筆者認為江澤民也默許該制的擘

---

[99] 這裡出現一個要解釋的問題：如果推動「行政三分制」有助於提高「江系」的威望，為何同為「江系」的張德江，仍不願意執行？筆者認為江澤民對於這項改革，採取默許與觀望的態度，而將掌控權交給曾慶紅來推行。若推行成功，江澤民坐享其成，如果失敗，江澤民也不必承擔太多政治責任。在江澤民並未明示「行政三分制」必須推動的前提下，張德江的保守理念獲得了實踐的空間。張德江不太願意去推動「行政三分制」這項涉及權力分開的敏感改革。

[100] 「廣東深圳高層大執位」，**明報**，2003年6月14日，第B8版。

劃，可惜省委書記張德江的保守立場，不但深圳未進行該改革，更遑論廣東會大規模的出現「行政三分制」。即便如此，西方媒體仍高度評價這次改革，認為這是中共自1949年以來，最大膽的政治改革，它表明中國準備在深圳試行「西方式」體制。[101]在不牴觸黨國體制的前提下，「行政三分制」代表著中共對於權力制約的思考，可惜的是這次改革層次只是「行政權力」，而非「政治權力」。

深圳在十六大之後的政治改革，在張德江的保守立場，與局級幹部的反彈下，被迫終止。只有深圳市交通局因為改革的早，而以「大交通局」的形式保留下來。[102]從高層政治的角度而言，即便胡錦濤在十六大之後，有可能因為權力政治的考量，而不表態支持「江系」推行的政改，但「行政三分制」的設計和他在十七大之後推動的「大部制」，卻有高度相似之處，足見胡錦濤日後借用「行政三分制」的精髓。胡錦濤贊同「江系」的政改方針，但絕不將改革成果交給「江系」。胡氏將中國開明帝王「廢其人但不廢其言」的作風，展現無遺。

第五節　「行政三分制」的復辟：中央與廣東的行政改革

深圳在2003年終止「行政三分制」的擘劃，廣東的政改進入了低盪沈浮的四年。在張德江主政期間，再也沒有令人耳目一新的改革。十七大之後，胡錦濤的權力日趨鞏固，和十六大前後相較，已經不存在政治繼承的問題。他重新發動「行政三分制」的改革，但在中央層級卻以「大部制」的詞彙重新包裝。筆者認為「行政三分制」的提法過於敏感，外界容易誤解為三權分立；而「大部制」的字面意義，則強調職權的統合與協調，這是中共內部人士較能接受的詞彙。

---

101 「行政三分與政治改革」，信報財經新聞，2003年1月20日，第22版。
102 「5年前一次流產的『行政三分』改革大部制的深圳初戀」，21世紀經濟報道，2008年3月7日，第1版。

一、「大部制」的啟動

　　一位參與國務院「大部制」擬議的人士表示，「大部門體制」的提法源於黨的十七大報告。[103]胡錦濤在十七大的政治報告提出：「加大機構整合力度，探索實行職能有機統一的大部門體制，健全部門間協調配合機制。」[104]這是中共中央第一次在官方文件使用「大部門體制」的詞彙，也就是後來慣稱的「大部制」。[105]按照「中國改革」，這份國務院下屬期刊的定義，「大部制」是指：「在政府部門設置中，一個部門統一管理那些職能相近、業務範圍雷同的事項，解決機構重疊、職責交叉、政出多門的問題，以達到提高行政效率，降低行政成本的目標。」[106]在中央層級的領導中，以李克強負責「大部制」的規劃。[107]

　　在十七大之後，官方智庫加速對於「大部制」的擬議。不少學者提到在部門的整併上，以交通所屬部門可先進行。中國改革發展研究院遲福林建議，建立「交通運輸部」的時機相對成熟，就先行推出。[108]中國人民大學管理學院毛壽龍教授的報告則建議，「大部制」改革可分兩個階段，2008年先在交通和農業等領域試行；2013年則進一步進行政治、職能和組織層面的改革。[109]中共在2008年初的十七屆二中全會上，審議「國務院機構改革方案（草案）」，對於「大部制」進行討論，以利於在該年的「兩會」公布。官方決定先在一、兩個

---

[103] 「大部制改革報告近期提交國務院」，南京日報，2008年1月15日，第B2版。
[104] 「高舉中國特色社會主義偉大旗幟，為奪取全面建設小康社會新勝利而奮鬥」，人民日報，2007年10月25日，第1版。
[105] 對於大部制的探討，可另外參見Yukyung Yeo, "Remaking the Chinese State and the Nature of Economic Governance? The Early Appraisal of the 2008 'Super-Ministry' Reform," *Journal of Contemporary China*, vol. 18, no. 62 (November 2009), pp. 729-743; Lisheng Dong, Tom Christensen and Martin Painter, "A Case Study of China's Administrative Reform: The Importation of the Super-Department," *The American Review of Public Administration*, vol. 40, no. 2 (March 2010), pp. 170-188.
[106] 「醞釀『大部制』」，中國改革，第1期（2008年1月），頁30。
[107] 「中央新常委展施政新風習女兼數要職李主抓大部制」，大公報，2007年12月31日，第A4版。
[108] 「李克強將主抓『大部制』改革」，新華澳報，2007年11月23日，第4版。
[109] 「『大部制』報告下周交國務院」，明報，2008年1月15日，第A20版。

領域先試行，避免過多部委的反彈。[110]在2008年3月11日，十一屆人大一次會議公布了「國務院機構改革方案」，決定組建交通運輸部、人力資源和社會保障部、環境保護部、住房和城鄉建設部。[111]

二、巧合？抄襲？「大部制」和「行政三分制」的高度相似

中央在2008年正式出台「大部制」的改革後，不少知情人士覺得似曾相識。這和深圳在2003年準備試行的「行政三分制」，有太多的雷同。曾參與制訂「行政三分制」的學者杜鋼建，就持這樣觀點。[112]筆者認為胡錦濤在2003年雖然沒有明確表態支持深圳的政改，但並不反對該制的理念。當年深圳政改是由曾慶紅主導的「中央編制辦」所策劃，而2007年的「大部制」則由「團派」出身的李克強來推行。時空情境轉移，在胡溫體制的權力鞏固下，這場行政改革在埋沒四年後再度登場。我們試著比較這兩場改革的內容，發現幾乎是同一個模式的思維。

首先，兩次改革都不觸及「政治權力來源」的問題，而僅從「行政權力分散」的角度去進行改革。所謂的「大部制」，就是深圳當年要組併的「決策局」（大局制）。在中共整併功能相似的部委，在深圳則合組功能相似的「局」，試圖組建不同的行政區塊，並進行權力的分散。借用美國學者許慧文的術語來說，這有點像是在中共的行政體系內部，劃分為數個獨立的「蜂巢」，[113]並在這些「蜂巢」內部進行事權的劃分。但這些改革的成效是令人質疑的。整併之後的「大部」或「大局」，權力可能相對擴大。杜鋼建指出「大部委」的三權必須確實分離，如果「分不清楚，大部制更危險。」[114]原深圳市委書記厲有為也認為，「行政三分制」要將決策集中在幾個專門的決策部門，

---

[110] 「十七屆二中全會昨天開幕『大部制』改革將討論通過」，**聯合早報**，2008年2月26日，第18版。

[111] 「新一輪國務院機構改革啟動」，**人民日報**，2008年3月12日，第1版。

[112] 「7年前深圳曾試點『大部制』」，**法制晚報**，2008年3月11日，第A6版。

[113] Shue, *The Reach of the State.*

[114] 「5年前一次流產的『行政三分』改革大部制的深圳初戀」，**21世紀經濟報道**，2008年3月7日，第1版。

是「不科學」的制度。[115]在這場改革中，中共要分散行政權力，但真正的運作卻有可能適得其反。

第二，更令筆者感到困惑的機制，是「決策局」和「執行局」的配置。在深圳的「行政三分制」當中，規定每個「決策局」必須配屬相對應的數個「執行局」，以增加行政效率。但這種設計在中共的黨國體系當中，存在著先天的侷限，那就是黨務、政務的糾葛，使得「決策局」和「執行局」之間的聯繫，根本難以劃分清楚。簡單來說，一件「事權」的本質，幾乎都牽涉到黨、政的範疇，因此若不解決黨政關係，很難清楚設定「決策局」和「執行局」的配置。一個比較能夠採行的方式，誠如順德在2009年之後的嘗試，將機構整併的層級，放大到黨、政部門，所有的黨、政部門按照「政務管理」、「經濟調節與市場監管」、「社會管理與公共服務」，來作功能性的整併。[116]換言之，只有涉及黨、政關係的合併，讓功能相近的黨、政部門來合署辦公，再劃分為數個「決策局」，這才有可能做到深圳當初的設想：讓「決策局」配屬相對應的「執行局」。順德模式的改革比深圳的力度更大，連國家行政學院教授汪玉凱都讚揚「順德改革非常有創意」。[117]

但就現實而言，打散黨、政機構的區野，無疑是敲醒黨國體制的喪鐘。它斲喪了「以黨領政」的原則。姑且不論深圳未敢採行這種改革，就連作為試點的順德而言，也倍感壓力。順德區委書記劉海坦承：「這一次在順德的改革壓力更大，感覺更難。」[118]順德不過是佛山（地級市）下轄的市級區，推動該項改革都已困難重重，身為副省級市的深圳若要採行，阻力恐怕更大。至於中央層級的「大部制」，要將部門組併的範疇擴及黨、政部門，筆者認為將是遙遙無期。但黨、政糾葛的問題不解決，所謂的「大部制」或「大局制」，永遠

---

115 「深圳『行政三分制』不了了之，存在缺陷難以執行，替代方案在醞釀中」，**西安晚報**，2003年11月4日，第6版。
116 「順德改制」，**21世紀經濟報道**，2009年9月18，第7版。
117 「全國著名政府改革研究專家汪玉凱：順德改革非常有創意」，**南方日報**，2009年12月3日，第FC2版。
118 「困局‧突圍‧標本——順德大部制改革『滿月』透視（中）」，**南方日報**，2009年11月3日，第A1版。

無法吸納所有功能相似的機構，特別是黨務機構的職能，會凌駕在「大部」或「大局」之上。

其三，兩者的改革都牽涉到監督職權的定位。在「行政三分制」的設計上，「監督局」直屬市長來獨立運作。但「監督局」是一個令人疑惑的組織。深圳市的「監督局」直屬於市長，必要時可以直接由市長授命，穿透每個「行政蜂巢」的藩籬，去行使監督權。深圳在制度規劃上，可能參照香港「廉政公署」的設計。「廉政公署」直接聽命於香港特首，因此能獨立並有效執行廉政業務。[119]中共體制的複雜性遠高於香港。即便「監督局」直屬市長，但市長之上又有市委書記，則「監督局」是否能監督市委書記？再者，市委書記掌握的是黨務的紀委系統，「監督局」的職權是否凌駕紀檢系統？若「監督局」與紀委是一個業務分權的體系，則應如何具體區分？這些問題都有待解決。

在監督的機制上，「大部制」的設計也可看到深圳政改的軌跡。中共在2007年9月正式成立「國家預防腐敗局」（國家防腐局），由中紀委副書記、監察部部長馬馼，出任首屆局長。[120]中央黨校教授林吉吉認為，「國家防腐局」可能借鑒香港廉政公署或者新加坡貪汙調查局的經驗。[121]弔詭的是廉政公署的職權極大，但「國家防腐局」的職權僅是「負責全國預防腐敗工作的組織協調、綜合規劃、政策制定、檢查指導」。[122]該局並未有實質的調查權，而是從預防腐敗的角度去做一些政策宣導與規劃的工作，這和香港的體制南轅北轍。不論是「監督局」或「國家防腐局」，其職權設計都不具體，難以發揮實質監督之效。究其根源，還是中共不願弱化紀委會的功能。

最後，就具體執行過程來看，兩者的改革都觸及到機構利益的問題。深圳在當年的改革中，遇到局級領導的反對，最後在2004年的方案中，不得以

---

[119] 「深圳『行政三分制』提高腐敗成本」，**財經時報**，2003年1月25日—1月31日，第3版。
[120] 「國家預防腐敗局揭牌」，**人民日報**，2007年9月14日，第10版。
[121] 「由各路專家組成，組織方案已獲批准，國家防腐局人事構成仿照港廉署」，**文匯報**，2007年3月21日，第A9版。
[122] 「加強預防腐敗工作，深入推進反腐倡廉建設：中央紀委副書記、監察部部長、國家預防腐敗局局長馬馼答記者問」，**人民日報**，2007年9月19日，第9版。

從「大局制」下階到「大處制」。而李克強主導的「大部制」也面臨類似的情形，一個顯例就是鐵道部拒絕整併到交通運輸部。在2008年初方案還在討論時，鐵道部部長劉志軍就在全國鐵路工作會議上表示，目前未得到關於鐵道部改革的指示，近期不會實行管理體制改革。[123]筆者認為主要的原因是鐵道部的利益過大，且和軍方關係密切。該部門的改革過於敏感，中共遂暫時停止將鐵道部與以裁併。

從整體的角度來看，「行政三分制」或「大部制」確實有相近之處，就連缺失也是高度雷同。筆者認為其制度設計，都反映出黨國體制在無法實現「權力分立」的侷限下，中共試圖在不同功能的行政區塊進行事權的劃分。首先，中共藉由「大部」和「大局」，去吸納功能相近的機構，組併為行政區塊，使之恰如「蜂巢」般的獨立。其次，再設法在這些行政區塊內部，進行事權的劃分。然則，這當中卻存在制度的缺陷。這些缺點包括：第一，這些行政區塊可能演變為事權專屬的「獨立王國」；第二，黨務、政務的二元劃分，使得「決策局」和「執行局」的配置無法健全；第三，監督機制的地位不明，職權有限，很難扮演如香港「廉政公署」的角色；最後，由於部門「本位主義」的考量，這場機構整併的改革，可能排除部分享有特殊地位的機構。

三、深圳政改的再啟動

歷經數年的沈寂後，深圳在2008年之後再度扮演改革先鋒的角色，並引領了廣東省的改革進程。這次的改革，和兩位新任幹部有關，其為汪洋與劉玉浦，都是胡錦濤的嫡系。一份港媒這樣評論：「經濟特區深圳近來搖身一變，以『政改特區』亮相。台前主角是上任不到半年的深圳市委書記劉玉浦，而幕後推手則是廣東省書記汪洋。」[124]汪、劉兩人的背景究竟為何？為何中央要同時將他們派往廣東任職？主因非常明確，就是胡錦濤想利用和兩人的關係，在廣東進行大規模政改。

---

[123]「劉志軍：鐵道部近期不併入大運輸部」，**香港商報**，2008年1月15日，第A7版。
[124]「汪洋幕後推手，深圳變政改特區」，**香港經濟日報**，2008年6月25日，第A6版。

（一）胡錦濤的嫡系：汪洋與劉玉浦

　　汪洋的仕途中，曾獲得鄧小平、朱鎔基與胡錦濤的賞識。他與胡錦濤同籍安徽，曾在1983至1984年間擔任共青團安徽省委副書記，當時胡錦濤擔任團中央第一書記，兩人因而有同事關係。他並在2001年底進中央黨校學習，和校長胡錦濤又有師生情誼。在擔任安徽銅陵市長時僅30多歲，在官場被稱為「少帥」。[125]按照銅陵官方網站的報導，汪洋曾在1991年11月14日，授意下屬在「銅陵報」發表一篇「醒來，銅陵！」的文章，和鄧小平之後的「南巡講話」相契合。[126]鄧小平在結束南巡而北上，途中要求汪洋晉見。[127]在元老加持下，汪洋在1993年以38歲擔任安徽省副省長，是當時全國最年輕副省長。他在安徽省委副省長及副書記期間，在財經事務上有出色表現，受總理朱鎔基的賞識。[128]在1999年調京擔任國家發展計劃委員會副主任，又成為最年輕的副部級官員。

　　汪洋的官聲極佳。他在擔任國務院常務副秘書長（正部級）時，於2004年11月前往四川漢源處理大規模群眾事件，將事件性質定位為「不明真相的移民大規模聚集事件」，不追究一般民眾，[129]成功的避免事件擴大，為同是胡錦濤嫡系的省委書記張學忠化解難題。擔任重慶市委書記後，於2007年順利處理「最牛釘子戶」事件，官方認為「取得的令人滿意的結果。」[130]港媒報導，汪洋是平息該事件的「操盤者」，他理解政治最重要的藝術就是妥協。[131]此外，汪洋也善於和媒體應對，媒體認為他「自信、果敢、成熟、雷厲風行的色彩早

[125]「汪洋50 出頭掌直轄市」，明報，2007年3月10日，第A23版。
[126]「銅陵17年三掀『頭腦風暴』」（2009年9月7日搜尋），銅陵市人民政府台灣事務辦公室，< http://www.huaxia.com/tltb/tldt/2008/06/1012693.html >。
[127]「汪洋50 出頭掌直轄市」，明報，2007年3月10日，第A23版；「『霧都少帥』到『南天王』」，星島日報，2007年12月27日，第A2版。
[128]「胡總愛將汪洋掌廣東，學者：新思維新作風有利港發展」，成報，2007年12月2日，第A2版。
[129]「促四川安撫抗爭民眾胡錦濤指示嚴懲貪官」，信報財經新聞，2004年11月16日，第11版。
[130]「重慶『釘子戶』拆了」，人民日報，2007年4月3日，第10版。
[131]「妥協是和諧社會多贏結果」，星島日報，2007年4月4日，第A28版。

就成為他為官從政的『名片』。」[132]

　　在十七大之後，隨著胡溫政權的鞏固，汪洋成為被胡錦濤拔擢的要員，而出任廣東省委書記。汪洋調任廣東的原因，一方面是他有在國務院財經部門的工作經驗，適合處理廣東的經濟發展問題；二來是廣東經濟地位的重要，使得中央領導人向來派任嫡系人脈來任職。汪洋出任廣東省委書記，顯示胡錦濤在中央的地位進一步鞏固。汪洋於2007年底就任該職，在省委十屆二次全會發表談話時，以強烈的口吻認為廣東應再發揮「殺開一條血路」的氣魄，以爭當「科學發展觀的排頭兵」。[133]在汪洋的談話中，常見到他善用胡錦濤的詞彙。胡錦濤於2003年4月，在廣東第一次提到「堅持全面的發展觀」。[134]四年之後，他的嫡系汪洋又在廣東宣示不惜「殺開血路」，來做「科學發展觀」的排頭兵。歷史的機遇，給了廣東「再行一步」的機會。

　　另一位擔負廣東政改的要員，是2008年1月擔任深圳市委書記的劉玉浦。[135]他在1982至1986年擔任團中央常委、團中央國家機關委員會書記，和胡錦濤直接共事。胡、劉兩人彼此非常熟悉，劉玉浦在1986年離開團中央後，就是胡錦濤推薦他去陝西任職。[136]劉玉浦在日後，曾擔任陝西與廣東的組織部部長。在前深圳市委書記李鴻忠離任前，外界猜測是由曾任溫家寶秘書的林雄接任市委書記，[137]但劉玉浦出線的人事命令卻頗出意外。按照兩人的資歷，林雄曾獲經濟學碩士，並和港商、台商關係良好，又在廣東有長達15年的歷練，這

---

[132] 「『山城少帥』帶頭鼓掌歡迎記者採訪，汪洋被堵門口」，**南方都市報**，2007年10月17日，第A8版。

[133] 「以新一輪思想大解放推動新一輪大發展」，**南方日報**，2007年12月26日，第A1版。

[134] 「抓住新機遇，增創新優勢，開拓新局面努力實現加快發展率先發展協調發展」，**人民日報**，2003年4月16日，第1版。

[135] 2010年4月，在未有明顯的徵兆下，省委組織部部長胡澤君宣佈劉玉浦不再擔任深圳市委書記，而由深圳代市長的王榮出任。這項突然的任命雖然受到多方的揣測，但由於「行政三分制」已經在劉玉浦的任內推廣，因此無損於本書的論述主軸。「王榮出任深圳市委書記，昨日深圳全市幹部大會上突然宣佈任命，劉玉浦不再擔任市委書記職務」，**南方都市報**，2010年4月10日，第A4版。

[136] 「胡總拍板劉玉浦掌深圳」，**明報**，2008年1月3日，第A20版。

[137] 「特區領導層將大執位，汪洋巡深圳安民心」，**明報**，2007年12月4日，第A21版；「林雄空降深圳任市委書記」，**星島日報**，2007年12月19日，第A25版。

都不是劉玉浦可以比擬的。更重要的是，林雄在2007年才48歲，而劉玉浦已經58歲，再兩年就到了深圳市委書記（副省級）屆退的60歲。[138]讓一位待退幹部出任深圳市委書記這樣有實權的職務，其人事安排確實令人匪夷所思。

比較合理的解釋，是胡錦濤想利用劉玉浦的最後任期，在深圳展開大規模改革。深圳市委書記和廣東省委書記一樣，幾乎都由中央領導人派親信擔任。在前任市委書記中，李鴻忠曾任李鐵映的秘書；黃麗滿也擔任過江澤民的秘書。深圳市委書記的任命並非廣東省委可單獨管轄，其任命往往由中央派任，例如1986年任職的李灝，就是「被國務院領導點將來深〔圳〕」。[139]劉玉浦赴深圳之後，其言論表現出高度支持錦濤的立場。他在2008年1月2日到任的談話中，提到「以胡錦濤同志、江澤民同志為『核心』的兩屆中央領導集體」的說法。[140]他是黨內極少數以「核心」來稱呼胡錦濤的幹部。[141]以中共官員對於政治文字的敏感，劉玉浦顯然有意透露胡錦濤已是黨內的「核心」。從胡、劉的關係來看，任命劉玉浦的人事安排，很可能是出自胡錦濤的授意。

廣東在2008年的重要人事，幾乎已由胡錦濤控制。省委書記汪洋和深圳市委書記劉玉浦，是胡錦濤的嫡系。在胡錦濤擔任總書記以來，這是他第一次掌握廣東的人事佈局，顯示他在中央權力已穩固。在胡錦濤的主導，以及汪洋、劉玉浦的授命下，深圳展開了更大幅度的行政改革，其結果將影響整個廣東的政改。

（二）深圳——2008年的探索：再推「行政三分制」

汪洋、劉玉浦在執政廣東、深圳後，確實大幅推進政治改革的進程。我們將視野聚焦在2008年之後的深圳，發現在幹部所設計的改革方案中，隱然呈現

---

[138] 「中共中央關於建立老幹部退休制度的決定」（1982年2月20日），收錄於中央辦公廳法規室等（編），**中國共產黨黨內法規選編（1978-1996）**（北京：法律出版社，2001年），頁307。

[139] 「七任書記掌舵特區27年」，**南方都市報**，2008年1月3日，第A47版。

[140] 「劉玉浦上任自提五點要求」，**南方日報**，2008年1月3日，C1版。

[141] 在官方的報章文件中，慣之的用法是「以胡錦濤同志為總書記的黨中央」，而不會用「核心」的字眼。

出兩個軌跡——繼續推進「行政三分制」？抑或「基層首長選制」？事實上，這兩種改革的軌跡同時呈現在2008年之後的深圳市。前者，是深圳市這幾年來的改革主軸，它最終被成功的推動。後者，可說是深圳新領導人在2008年後的思維，但它在2009年初，就已經黯然退場。

深圳的「行政三分制」於2003年試行失敗後，已甚少被官方提及，但在2008年後再度成為「亮點」。中央推動的「大部制」，為深圳再度推動「行政三分制」提供良機。先是深圳市長許宗衡在2008年的人大記者會表示：「本次全國人代會即將討論的大部制改革，深圳早就進行了嘗試。」[142]接著，廣東官媒在2008年3月，曾報導市政府副秘書長南嶺對交通部門試行「行政三分制」的談話。[143]這是歷經數年的沈寂後，再度見到官媒使用這個詞彙。一個月後，該媒體刊出對學者馬敬仁的訪問稿，他認為「建立行政三分制的條件已基本成熟，深圳今年可以啟動進入行政三分制的關鍵性環節。」[144]

在2009年5月之後，深圳官場的氣氛夾帶著欣喜與陰霾。欣喜的是市府向國務院呈報的「深圳市綜合配套改革總體方案」，已在2009年5月獲批准，取得了在深圳推動行政管理體制、經濟體制改革、社會領域的「先行權」。[145]深圳市委副秘書長蒙敬杭認為，這是中央給深圳的「尚方寶劍」。[146]有此「方案」，將能使「行政三分制」獲得更具體的試行。但在該年6月8日，官方證實市長許宗衡被「雙規」並遭免職。[147]這個消息令人回想起于幼軍在2003年，因極力推動「行政三分制」而被調職的先例，使外界再度臆測中央或省委推動政改之意向。

對此，省委馬上做出處理。根據「明報」的消息，廣東省委在許宗衡被免

---

[142] 「全國人大代表許宗衡：深圳早就嘗試大部制改革」（2008年03月10日），**中國新聞網**，<http://www.chinanews.com.cn/gn/news/2008/03-10/1186945.shtml>。

[143] 「深圳可全面推行大部制」，**南方都市報**，2008年3月12日，第A40版。

[144] 「制度調查，給多大規矩就有多大方圓」，**南方都市報**，2008年4月9日，第A20版。

[145] 「『深圳市綜合配套改革總體方案』獲國務院批准」，2009年5月27日，**深圳特區報**，第A1版。

[146] 「深圳再試『行政三分制』」，**成都晚報**，2009年6月23日，第13版。

[147] 「深圳市長許宗衡被雙規，昔日政壇『低調黑馬』」（2009年6月8日），**人民網**，<http://leaders.people.com.cn/GB/9431826.html>。

職後，下發一份「紅頭文件」，考慮以「深圳綜改」為藍本，由省編制辦公室在整個珠三角地區試行「行政三分制」。[148]由此可知，廣東與深圳領導人不願讓外界將許宗衡免職的事件，賦與過多聯想而阻礙行政改革。「行政三分制」一直在省委與市委的「呵護」下，謹慎推行。

（三）重提「基層首長選制改革」──類似大鵬鎮的命運：再次終止

　　省委與市委的第二條政改思路，是在深圳改革「基層首長選制」。這次的政改和大鵬鎮在1999年的鎮長選舉改革，沒有太多的聯繫關係，完全是汪洋和劉玉浦等人在執政後的新嘗試。但這次改革的命運和大鵬鎮類似，延至2009年已經終止，並未見官方有具體的規劃和部署。

　　汪洋在執政後，希望深圳的政治改革能有所創新。2008年3月底，汪洋赴深圳，強調深圳要加強民主法制建設，在全國樹立樣板。不久，深圳市政府公佈「深圳市近期改革綱要（徵求意見稿）」，表示市委、市政府正在醞釀的多項重大改革：區長差額選舉、區人大代表直選、黨代表大會常任制等。[149]這份「綱要」最令外界注意之處，在於區長差額選舉，令人期待深圳是否有可能進一步推出「直選區長」的試點。市委在6月份也對「綱要」做出回應，通過「深圳市委市政府關於堅持改革開放推動科學發展努力建設中國特色社會主義示範市的若干意見」，表示深圳將試行一系列人事改革，最重要的嘗試是局級幹部將由常委會差額選出。[150]「法制日報」讚揚深圳的兩份文件，都「擴大民主，令人矚目」。[151]

　　但市委通過的「若干意見」，並未提到直選的內容。「若干意見」僅將差額選舉限定在局級幹部，且是由上級的「選拔」來決定，並非交由人民的「選舉」。此外，該文件並未提及區長選制的改革。即便如此，外界仍樂觀預期區

---

[148] 「高調顯明許宗衡非改革派」，**明報**，2009年6月24日，第A15版。

[149] 「政治改革嘗試重大突破，民主法制再樹特區樣板，深圳擬推區長差額選舉」，**南方日報**，2008年5月23日，第C1版。

[150] 「通過建設中國特色社會主義示範市若干意見，深圳：局級幹部差額票選」，**南方日報**，2008年6月7日，第A1版。

[151] 「幹部差額票決，逼近民主選舉內核」，**法制日報**，2008年6月11日，第3版。

長差額選舉即將試行。[152]「南方都市報」還認為，區長差額選舉是一個重要突破，這代表中國「副〔省〕部級」官員的選拔將透過人民來決定。[153]中山大學教授袁偉時認為，深圳對於差額選制雖僅是起點，但這是必然趨勢。[154]在一片樂觀的臆測中，卻始終未見地方或中央官員的表態。2009年3月，廣東的「新快報」終於透露出令人沮喪的消息。許宗衡在面對記者提問「綱要」的實施狀況時，回答道：

　　我非常明確地向你表述，這只是學術部門在研究、在探討的一個意見，沒有通過任何的正式的決策程序來討論過這個問題，事實上不存在要按照它所提出的目標來推進政治體制改革。[155]

　　當日，團中央的「北京青年報」也有類似報導。文章表示「綱要」只是學術部門在研究意見，並未經任何決策層級的批准，因此不會成為深圳政改的方案。[156]筆者並不認為廣東和深圳一開始就將「綱要」視為學術機構的意見，因為廣東的官媒也曾報導區長差額選舉即將試行的消息。但人事改革的必要性，對於時下的廣東而言並不迫切，一旦遭到阻力，省委與市委便不願再推進。誠如許宗衡所言：「今年深圳政治體制改革的重點是行政體制改革，主要是轉變政府職能，完善大部門制。」[157]筆者認為，「基層首長選制」對於深圳而言，遠不若「行政三分制」來得重要。

　　深圳的政改，雖然獲得汪洋、劉玉浦等「團派」幹部的推進，但一如過往的政改，其政治風險性始終存在。這也是汪洋指出，深圳不是要搞「政治特

---

[152] 「深圳擬推區長差額選舉」，**文匯報**，2008年5月25日，第C12版；「深圳擬試區長差額選舉為以後條件成熟時進行市長差額選舉積累經驗」，**南方都市報**，2008年5月23日，第A40版。

[153] 「市民的參與熱情是壓力更是動力」，**南方都市報**，2008年5月29日，第A34版。

[154] 「深圳試行差額選舉，遲早傳到其他省市」，**聯合早報**，2008年6月16日，第13版。

[155] 「政改綱要未經決策程序討論」，**新快報**，2009年3月9日，第A5版。

[156] 「深圳不會按網上版本推進政改」，**北京青年報**，2009年3月9日，第A11版。

[157] 「深圳不會按網上版本推進政改」，**北京青年報**，2009年3月9日，第A11版。

區」的原因。[158]過於激進的改革將衝擊省委的權力，也影響胡錦濤在中央的地位，這都使得汪洋必須謹慎行事，捨棄次等重要的人事改革，而將政治資源挹注到最重要的行政改革。深圳在十七大走了一遭後，仍然回到「行政三分制」的原點，而不願意為「基層首長選制」的改革，投注過多心力。

四、星火燎原：廣東各地的「行政三分制」與省級的「大廳局」

深圳先行的「行政三分制」，最後在廣東境內大規模的推動。2008年12月頒布的「中共廣東省委廣東省人民政府關於經濟特區和沿海開放城市繼續深化改革開放率先實現科學發展的決定」，將試點擴至廣州、深圳、珠海、汕頭、湛江，在五市實施「職能有機統一的大部門制改革」，[159]文件提到深圳的次數最多，達到12次。顯見深圳市的行政改革，已經在廣東扮起領頭羊的角色，而影響到周圍地區的政改。官媒認為，「決定」明確支持深圳推行「大部制」以及行政三分的試點，[160]這已經是官方對於深圳，乃至廣東必須推動「行政三分制」的定調。國家發改委在數日後，接著下發「珠江三角洲地區發展規劃綱要（2008-2020）」，明確定位深圳為「國家綜合配套改革試驗區」，[161]以試行中國大陸的行政改革。

除了地方層級的試行外，省級也推行「大廳局」的改革。在2009年9月，廣東的「大廳局」推出具體措施，包括新組建三個「大廳」（交通運輸廳、住房和城鄉建設廳、衛生廳），以及一個「大局」（食品藥品監督管理局）。其中，「食品藥品監督管理局」歸由「衛生廳」管理，[162]這項改革說明「大部制」的改革已推向廣東的省級單位。廣東省委推動「大廳局」的另一個原因，在於深圳自2001年籌畫「行政三分制」以來，該省已經有較為充裕的經驗進行

---

158 「廣東省委書記汪洋：深圳不搞『政治特區』」，**聯合早報**，2008年4月4日，第A18版。

159 「省委省政府昨日出台的『中共廣東省委廣東省人民政府關於經濟特區和沿海開放城市繼續深化改革開放率先實現科學發展的決定』」，**南方都市報**，2008年12月17日，第A8版。

160 「深圳『適度分開』重新激活『行政三分』想像」，**南方日報**，2008年12月19日，第A12版。

161 「行政管理體制改革先行先試：國家發改委確定深圳為『國家綜改試驗區』」，**21世紀經濟報道**，2008年12月22日，第8版。

162 「廣東『大廳局』露出大半張臉」，**新快報**，2009年9月5日，第A5版。

該項改革。因此筆者認為深圳的改革起了星火燎原的效用，使得廣東其他地區在2009年之後廣為推行「行政三分制」，甚且影響了省級「大廳局」的改革。

第六節　比較廣東與四川的政治改革

筆者利用廣東的政改，作為四川的「反面個案」。筆者在本章初始提出一個疑惑：經濟發展良好的地區，是否就不會推動「基層首長選制」改革？對此，本章抱持肯定論。廣東的政改，主要是為經濟發展配套，特別是對招商引資的制度需求。建立「行政三分制」的目的，是為了活化行政效能，並建立事權專屬的政府部委，以解決過去事權不明的侷限，這在招商引資的談判過程中，會有極大的效益。而廣東的「行政三分制」，是在胡錦濤的嫡系汪洋，就任廣東省委書記後，才大幅度展開，這也符合本書所提出的「政績－派系」模式的解釋。

一、走向「行政國家」的廣東：「政績一派系」模式的再解釋

廣東從2001年開始，以深圳為試點地區，希望從加強行政效能的方式來進行政改。在曾慶紅與于幼軍的主導下，推動「行政三分制」的擘劃，但該制所涉及的層面廣泛，阻力甚高，最後終歸失敗。從「派系」的角度來看，當時廣東省委書記張德江，和曾慶紅都被外界認為是「江系」的人馬，為何張德江並未支持曾慶紅的改革？一個可能的解釋，張德江的政治立場非常保守，不願意推動政改。香港政論家林和立指出，張德江的現代化意識較低，他在江澤民發表「三個代表」前夕，仍發表言論鼓禁止資本家入黨，以免斲喪共產黨的「純潔性」。[163]以張德江的政治態度，不難理解為何他不支持深圳的「行政三分制」改革。

廣東在2009年出現大規模的「行政三分制」，是汪洋在胡錦濤的授意

---

[163] 「張德江搞錯鄧小平理論」，明報，2005年9月30日，第A38版。

下，所推動的結果。在十六大前後，胡錦濤在中央的政治地位尚未完全鞏固，因此對深圳的改革並無表態，但筆者認為他並未反對「行政三分制」的內涵，因為胡錦濤在2007年推動的「大部制」，就是仿照「行政三分制」的設計，只不過換了一個詞彙來包裝。十七大之後，胡錦濤的政治地位進一步鞏固，使得他在2008年，任命「團派」出身的汪洋、劉玉浦，出任廣東省委書記與深圳市委書記。在汪、劉接任職務後，深圳全面推動「行政三分制」的改革。「派系」因素的解釋，可以說明為何廣東在2009年的行政改革，如驟雨般的急降而來。

　　汪洋、劉玉浦所推動的政改，走的是「行政國家」（administrative state）路徑。[164]改革的目的是為了增強政府效能，利於招商引資，藉以增進經濟發展。廣東的政府改革，是透過功能性的整併來建立獨立的機構，並在機構內部進行權力分散，來劃分決策權、執行權、監督權。這種模式，是在不觸碰黨國體制的前提下，實施機構內部的「行政權力」三分制。其主要目的，就是增強行政效能，並明確政府的職能定位，以有利於招商引資的進行。換言之，廣東在2008年之後推動的「行政三分制」，完全可用「政績－派系」模式來解釋之。

　　在廣東的政改過程中，雖曾觸及「基層首長選制」的改革，但如曇花一現。從大鵬鎮在1999年的鎮長選制改革，以及深圳在2008年曾提議的區長差額選舉，都令人期待該省將會擴大實施「基層首長選制」的試點。但大鵬鎮的試點僅舉辦一屆，而區長的差額選舉更停留在紙上作業。換言之，「基層首長選制」的改革不若四川來得明顯。就「政績」的觀點而言，筆者認為「小康社會」對省委而言，更重於「和諧社會」，使得「基層首長選制」改革不是省委最關注的焦點。領導幹部所發動的政改，都是政治生涯的賭注，因此他們不會在次要的議題上進行改革。這可以解釋為何「基層首長選制」一旦受到阻力，

---

164 西方公共行政學對於「行政國家」的討論，主要是基於行政事務的日漸專業化，而使得民選政府必須授予行政官僚更多的權力。但「行政國家」的出現，卻可能危及民主政治的倫理：行政權獲得過多的自由裁量權，而破壞憲政的安排。James W. Fesler and Donald K. Kettl, *The Political of the Administrative Process* (Chatham, N.J. : Chatham House, 1991), pp. 1-3.

廣東省委就傾向終止試點，而未如四川省委對該項改革的關注與支持。

　　筆者用條列的方式，讓讀者瞭解四川、廣東在推動政治改革歷程的異同。首先，筆者所列舉的三項「微義」的要件，兩省均存在。在基層幹部的制度創新上，四川有張錦明、李仲彬的「基層首長選制改革」，廣東則有于幼軍的「行政三分制」；這兩種制度創新，也獲得中央的肯定；而四川省委書記的張學忠、廣東省委書記汪洋，也都有理念和威望進行政治改革。其次，在省委書記的「政績」、「派系」因素，申述於下。在「政績」因素上，由於兩省的初始條件的不同，使得張學忠、汪洋，分別追求「和諧社會」和「小康社會」得政績。改革「基層首長選制」有助於「和諧社會」的政績，「行政三分制」則助於追求「小康社會」。在「派系」因素上，張學忠、汪洋均為胡錦濤的親信，因此能夠降低推動激進政改的風險。上述的比較，可以說明為何2005年之後的四川，以及2009年之後的廣東，分別是中國省級單位，推動人事改革與行政改革的耀眼明珠。

二、四川的「黨內民主」、廣東的「行政國家」：整體評析

　　在個案比較結束前，筆者認為四川、廣東的政改路徑，似乎隱含著一個饒富興味的議題。四川的改革，涉及到「政治權力來源」的問題，但改革只限於「黨內」權力來源的分配。但廣東的改革卻走的是「行政改革」的路徑，希望能透過機構整併來活化行政效能。一言蔽之，兩個省的改革呈現出一個場景：四川的「黨內民主」、廣東的「行政國家」。兩種模式對於政制改革而言，存在什麼樣的意涵？本書嘗試從較大的視野，去探討「黨內民主」和「行政國家」的意義與侷限。

（一）黨內民主的「公民資格」：中共黨員──上帝的選民？

　　四川的「黨內民主」最值得關注的地方，在於它涉及「政治權力來源」的改革，但卻走向典型的「菁英民主」，只賦予黨員最實質的參政權。所有的「菁英民主」都面對一個問題，那就是「菁英」的屬性為何？這個問題，

涉及到民主政治的「公民資格」應如何界定。[165]亙古以來的爭辯，反映「公民資格」應傾向平等主義或是菁英主義。[166]「公民資格」的界定，歷經劇烈的變化。[167]在很長的一段時期，西方的「公民資格」是以「性別」和「種族」為單位，排除了女性與黑人的參政權利。

　　所謂的「黨內民主」，是以「黨籍」來限定公民資格。將公民資格限定在黨員，代表著中國將是由菁英階級來實踐政改。根據中組部的資料，在2008年底的中共黨員人數是7593.1萬人，大專學歷以上的比例占34%。[168]以中國大陸的廣土眾民，要在短期間內實施全民普選，或許有窒礙難行之處。但若先由黨員層級來發動政改，是比較可行的方式，主要原因有二。首先，七千五百萬的黨員，在數量上已經有一定的代表性。另一個更重要的理由，是黨員的平均學歷要較一般民眾為高，因此將公民資格限定在黨員，也象徵著中國大陸將由一群素質較高的「公民」（黨員）來試行政改，這有助於改革過程中的政治穩定。

　　中共扮演「上帝」的角色，挑出了「上帝的選民」：中共黨員。中共習慣的說法是「我們黨始終是中國工人階級的先鋒隊，同時是中國人民和中華民族的先鋒」。[169]這意味著中共政權較之民主政治而言，享有更高的位階，它決定了「公民資格」的範疇。[170]一個最值得深究的議題，是中共未來是否有可能將「公民資格」擴及到全體公民？換言之，中共謂之的「以『黨內民

---

[165] Saward, *Democracy*, p. 117. .

[166] Derek Heater, *What is Citizenship* (Cambridge: Polity Press, 1999), pp. 82-88.

[167] 大部分西方各國在一次大戰之前的投票權，僅侷限於男性的成年人，而成為一種「男性民主」（male democracies）。典型的「民主」國家：美國，其黑人的投票權是在1965年才具備，而瑞士的婦女甚且到1971年才取得選舉權利。Sorensen Georg, *Democracy and Democratization: Processes and Prospects in a Changing World* (Boulder: Westview Press, 1998), p. 20; 張維為，「反思西方民主」，黨建，第4期（2008年4月），頁59。

[168] 「中共黨員60年來增加16倍」，南方日報，2009年7月1日，第A2版。

[169] 「全面建設小康社會，開創中國特色社會主義事業新局面——在中國共產黨第十六次全國代表大會上的報告」，人民日報，2002年11月18日，第1版。

[170] 這也反映出「公民資格」與民主政治之間，隱含的「雞和蛋的問題」（chicken-and-egg problem），也就是決定「公民資格」的方式，是以「非民主」的程序所決定。Ian Shapiro and Casiano Hacker-Cordón, "Outer Edges and Inner Edges," in Ian Shapiro and Casiano Hacker-Cordón eds., *Democracy Edges* (New York: Cambridge University Press, 1999), p. 1.

主」帶動『人民民主』」，究竟有無實踐的可能性？這個問題的重點，在於「菁英」是否願意放下權力。西方國家雖然在很長的時間，走的是「監護制」（guardianship）的民主型態，[171]也就是由一群菁英先實施民主，但最後都先受實施全民普選，讓成年的人民獲得「公民資格」，這和西方社會存在著健全的市民社會，有很大的關係。在沒有「多元壓力」的情境下，政治的既得利益者很難放棄既有權力。基本上，中國只具備「國家主導的市民社會」（state-led civil society），「市民社會」是由國家所創造，用以協助國家的統治。[172]在中國欠缺自主的「市民社會」前提下，我們很難想像「公民資格」會從「黨員」擴至人民。

　　四川的改革確實觸及「政治權力來源」的敏感議題。但四川走的「黨內民主」模式，僅願意將「公民資格」限縮於黨員，從有限度的改革去活化政權，但不能衝擊政權的穩固，更不能觸及一黨專政的地位。筆者認為，中共黨國體制的「公民資格」就只會停留在「黨員」。這種改革或許能夠化解黨內的政治矛盾，但社會矛盾所積累的民怨，卻難以透過「黨內民主」的方式化解。「黨內民主」對於中共政改的前景，有可能會一場「顛簸下的轉型」（trapped transition）。[173]它能夠暫時化解矛盾，但由於「政治權力來源」的限縮，使得權力集中的體制弊病，無法根本消除。

（二）行政國家：「巨靈」國家？

　　在某種意義上，廣東的政改路徑和四川相反，它幾乎不涉及「政治權力來源」的問題。廣東的改革所走向「行政國家」的路線，這是中國現今政改的另一種思維，也就是建立政府主導的體制，來回應市場經濟的需求。中國自從進行改革開放後，市場經濟的需求影響了政府機構的整併。楊大利認為自從1997年的亞洲金融風暴後，使得政府機構的改革更趨向理性化，而地方政府的改革

---

[171] Robert A. Dahl, *Democracy and its* Critics (New Haven: Yale University Press, 1989), pp. 57-58.

[172] B. Michael Frolic, "State-Led Civil Society," in Timothy Brook and B. Michael Frolic eds., *Civil Society in China* (Armonk, N.Y. : M.E. Sharpe, 1997), p. 56.

[173] Pei, *China's Trapped Transition*, pp. 7-11

經驗，也提供中央作為參考依據。[174]中國政府就在市場機制的誘因下，進行機構的重組與整併，其目的是達到有限政府、依法行政等目的，符合市場經濟運行的需求。這些努力，在中共加入世貿組織之後更形明顯，特別是在2003年的政府改革中，組建商務部，以整合對外貿易之相關業務。[175]

在中國各省區當中，由於東部地區的經濟發展較快，因此對於行政效能的需求較高。廣東的政改發展，正是走向「行政國家」的途徑，鮮少觸及首長選制的改革，也就是不去觸碰「政治權力來源」的問題。此外，誠如筆者之前強調，廣東的「『行政』改革」指的僅是「行政」（administration）的改革，其層次應該是附屬在「政治」之下。「政治」指的是國家意志的表達；而「行政」在於執行國家的意志，它必須由「政治」來控制。[176]「政治」的權力來源，主要表現在首長的選舉，以實踐人民的意志。但「行政國家」被公共行政理論所攻訐之處，在於行政授權的擴大，可能有悖於民主政治的體制。[177]在中共的黨國體制中，由於欠缺人民的政治參與，因此行政權的擴張較之西方國家，更有可能出現弊病。

在欠缺「政治權力」改革的前提下，所謂的「行政改革」很可能是一場危險的騙局。行政力量如果過大，又欠缺人民意志的制約，很可能會增進獨裁者的統治效能。在這個限制下，所謂「行政國家」更可能發展成一種權力不受限的「巨靈」（Leviathan）。廣東的「行政三分制」即便能提升政府效能，但這種效能很可能是「決策局」在壟斷行政權力下的結果。「決策局」可能是一個

---

[174] Dali L. Yang, "Rationalizing the Chinese State: The Political Economy of Government Reform," in Chien-min Chao and Bruce J. Diskson eds., *Remaking the Chinese State: Strategies, Society and Security* (New York: Routledge, 2001), p. 36.

[175] Dali L. Yang, *Remaking the Chinese Leviathan: Market Transition and the Politics of Governance in China* (Stanford, Calif.: Stanford University Press, 2004), pp. 25-64.

[176] Frank J. Goodnow, *Politics and Administration: A study in Government* (New Brunswick, N.J.: Transaction Publishers, 2003), p. 72.

[177] Etzioni-Halevy認為民主與官僚政治之間，存在著兩難困境。他主張一個強大的官僚體系，有可能會擺脫民主的監控，而獨立追求官僚利益。但民主體制又不可或缺官僚系統的支持，因為一個強而有力的官僚體系，可以有效的將民主政治的決策、法案，加以實現。這使得民主與官僚政治之間，出現了一個弔詭的困局。Eva Etzioni-Halevy, *Bureaucracy and Democracy: a Political Dilemma* (London: Routledge & K. Paul, 1983), pp. 90-98.

「睿智英明」的領導單位，但在乾綱獨斷的同時，也容易塑造一群權力是不受限的菁英集團。

我們以「行政三分制」作為具體的制度來分析，發現這種改革不太可能弱化統治集團的權力。「決策局」的首長所掌握的資源，實際上是較過去來得大。而「執行局」受命於「決策局」，只成為辦事機構。再加上「監督局」和紀委的職權劃分不清，很難具備真正的獨立性。這些制度的缺失，都使得「行政三分制」可能將權力集中在統治集團。誠如一位評論家的洞察：「與其說是拷貝三權分立，不如說是把一切權力絕對集中於行政部門，來迴避真正的三權分立。」[178]

筆者的觀點和楊大利的不同之處，是認為中國的行政改革不一定會型塑為理性化的國家。楊大利始終沒有直接處理一個重要問題：在未改變「以黨領政」的前提下，行政機構是否能真正自主的追求組織的合理再造，從而增進行政效能來發展經濟？筆者認為楊大利的觀點過於樂觀，他似乎認為中國的國家力量，會自主的導引出依法行政、有限政府、反貪腐等功能。他並未去聚焦於一個微觀的制度，去分析中國在市民社會、司法獨立、公民參政的機制均欠缺的情況下，如何成為理性化的國家？中國的行政改革即便能增進政府效能，但恐怕並不像是楊大利所言：實踐國家機制的重塑，以達臻行政的理性化。相反的，它有可能再現黨國體制的幽靈，也就是建立權力不受制約的「巨靈」國家。

三、個案比較的餘韻

筆者在第三、四兩章，分別比較四川、廣東的政治改革。省委分別追求「和諧社會」、「小康社會」的政績，從而推動人事改革與行政改革。此外，張學忠、汪洋與胡錦濤的派系關係，使得四川、廣東兩省的政改幅度冠居全國，分別推動更為激進的「基層首長選制」與「行政三分制」。從四川與廣東的個案，筆者建立了「政績－派系」模式。筆者希望該項理論，能適

---

[178] 「行政三分與政治改革」，*信報財經新聞*，2003年1月20日，第22版。

用於中國大陸的其他省份。然則，理論的「通則性」與個案「特殊性」之間，存在著難以兼顧的張力。誠如Verba所言：「我們必須尋求『通則化』（generalization）或『涵蓋法則』（covering laws）的特殊形式，使之援引於所有個案。」[179]研究者在建立理論後，應該在能力許可的範圍內，尋求不合理論預期的異例，並進而修正理論架構，以增加「通則性」的解釋能力。

　　四川、廣東的個案比較，讓筆者意猶未盡。筆者想問：「是否有個案不符合『政績－派系』模式的預期？」若存在這個異例，是否能精緻筆者原先提出的理論？為了進行這項工作，本書將視野移向東部的另一個經濟大省：江蘇。該省與廣東的經濟條件類似，但卻未在行政體制改革有過多亮眼之處。相反的，該省的「基層首長選制改革」獨步全國，較之四川而言，更是有過之無不及。江蘇的政改超乎筆者的預期，究竟是筆者忽略了其他重要的因素？或是江蘇的獨特性難以用任何理論來解釋？江蘇的個案，是否能精緻「政績－派系」模式？為何江蘇的「基層首長選制改革」，在2004年之後如雨後春筍般的冒出？這令我們好奇：江蘇，究竟發生了什麼事？

---

[179] Sidney Verba, "Some Dilemmas in Comparative Research," *World Politics*, vol. 20, no. 1 (October 1967), p. 113.

　　筆者在前兩章相繼討論四川、廣東的政改，並以「黨內民主」、「行政國家」歸結兩省的政改模式。此外，筆者藉由兩省的個案，建立起「政績—派系」模式，用來解釋中國大陸省級的政改。但筆者必需進一步去問，是否有省級的政改不符合這項解釋？如果有，究竟是理論的預設出現問題，或是該個案的特殊性無法用任何理論解釋之。江蘇省的政治改革，正好是一個有趣的異例，促使筆者重新去檢視「政績—派系」模式。

第一節　江蘇政治改革之謎

　　江蘇的政改，和其他東部各省一樣，對於行政改革的推動相當積極。但是在2004年之後，江蘇另一個引人矚目的改革，是選舉制度的變革，特別是鄉鎮黨委書記選制的改革。換言之，江蘇也走向「基層首長選制」的改革，這個路徑和四川有相似之處。為何經濟大省的江蘇，會走向「基層首長選制」改革？領導幹部在這類改革當中，獲得最大的誘因與報酬為何？是否有助於提升自己的「政績」？這些問題，都急需本書去作釐清。

一、政改的意涵：經濟發展導致民主？

　　沒有什麼省份的政改發展，像江蘇一樣充滿謎樣。乍然望之，江蘇的政改似乎沒有邏輯可言。該省的經濟條件和廣東極為相似，都是中國大陸東部經濟發達的省區。依照本書的預期，該省應該走向行政改革，因為領導幹部可以透

過這類改革來發展經濟，並獲得最主要的「政績」。圖5-1顯示近十年來，江蘇、廣東和四川的「地區生產總值」。無庸置疑，廣東一直穩居三省之冠，江蘇緊追在後，而四川與其他兩省的差距有逐漸拉開的趨勢。以2007年為例，廣東的「地區生產總值」已高達人民幣31,084.4億元，而江蘇為人民幣25,741.15億，四川僅為人民幣10,505.3億。從經濟發展的初始條件來看，江蘇、廣東確實是高度類似，而四川的發展是較為落後的。

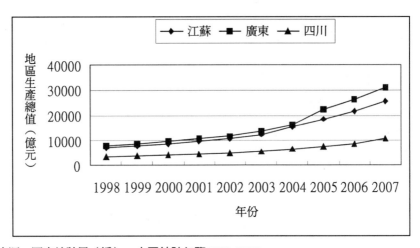

資料來源：國家統計局（編），中國統計年鑑1999-2008。

圖5-1　江蘇、廣東、四川的「地區生產總值」（1998－2007）

　　但在「人均地區生產總值」的競爭，江蘇卻是後來追上。在2003年之前，廣東的「人均地區生產總值」以些微幅度領先江蘇。在2004年，江蘇以20,705元人民幣，超前廣東的19,707元，首度形成了江蘇領先廣東的狀況。2007年的「人均地區生產總值」，江蘇為33,928，廣東為33,151，江蘇領先廣東達777元。四川在三省的排名仍敬陪末座，其2007年的表現為12,893元，大約是廣東和江蘇在2000年左右的水準。三省的「人均地區生產總值」，可見於圖5-2。

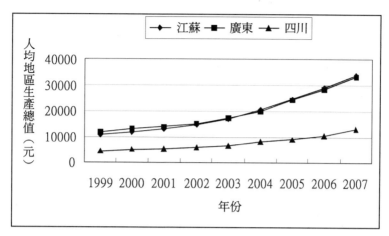

資料來源：國家統計局（編），中國統計年鑒1999-2008。

圖5-2 江蘇、廣東、四川的「人均地區生產總值」（1999－2007）

　　江蘇的經濟條件和廣東相似，但政改的路徑卻大相逕庭。該省雖然也曾改革行政體制，尤以南京市最為積極，但改革的力度未曾像廣東一樣，涉及行政權力的分開。換言之，江蘇的行政改革在東部各省的發展中，並不特殊。相反的，江蘇在「基層首長選制」的進程上，卻令人感到好奇。該省在2003年之後推動的鄉鎮黨委書記「公推直選」，相似的改革在2004年擴至全省。幅度之快，較於四川毫不遜色。江蘇甚且試行縣市長候選人的「公推公選」，這個改革的層級已凌駕四川。換言之，江蘇似乎走向四川的政改路徑。本書原本預期「基層首長選制改革」只會出現在經濟貧瘠的省份，但該項改革竟發生在江蘇，其原因為何？

　　一個符合「現代化理論」的說法，是江蘇的經濟發展終於導致了民主化。從江蘇與廣東的比較上，這個假設是值得慎思的。即便江蘇在2004年之後的「人均地區生產總值」，已經凌駕廣東，但領先的幅度僅為數百元人民幣。這麼有限的差距，會喚起「中產階級」的參政意識，從而迫使政府推動民主改革嗎？如果江蘇的經濟發展，不是解釋政治發展的關鍵變項，那我們從何理解江蘇為何推動諸多的選制改革？是不是有什麼因素是「現代化理論」所忽略

的，但對於中國大陸的政治發展卻是重要關鍵？江蘇，一個政治改革的謎樣省份，亟待吾人去剖析。筆者想問：江蘇到底發生了什麼事？

二、一個江蘇，兩個世界：蘇南與蘇北的差距

在回答「江蘇發生了什麼事」之前，我們必須對江蘇南、北的發展差距有初步瞭解。蘇南與蘇北雖是一個地理概念，但更是一個「經濟區域」（economic region）。這兩個地區的發展差距由來已久。蘇南自古為「魚米之鄉」，而蘇北卻是著名的災區和戰區。1980年代以來，蘇南地區在上海浦東的導引下，發展了以鄉鎮企業為主的經濟建設，是為著名的「蘇南模式」。[1]在蘇南的經濟起飛後，加劇了江蘇南、北地區的發展差距。江蘇省委書記李源潮曾在2005年提到，蘇南的宿遷市和蘇北的蘇州市相較，其人均GDP相差大約十倍，蘇北的落後問題一直是「最讓我們睡不著覺」的事。[2]

更精確的細分，江蘇可以淮河和長江為間隔來區分三個經濟區域。這包括蘇北五市（徐州、連雲港、淮安、鹽城、宿遷）、蘇中三市（南通、揚州、泰州）、蘇南五市（南京、蘇州、無錫、鎮江、常州）。江蘇的三個經濟區域，以蘇北的貧困問題最為嚴重。改革開放之後，江蘇省委提出「積極提高蘇南，加快發展蘇北」的方針，希望彌平兩區的橫溝。[3]但淮北（蘇北）地區相對貧困的局勢仍為根本改變。1995年，江蘇省委制訂「扶貧攻堅計劃」，希望能在1998年，處理淮北200萬人口的「脫貧」。[4]簡言之，江蘇區域經濟具有明顯的梯隊特徵。蘇南五市的人均GDP冠於全國、全省水準；蘇中三市高於全國水準、低於全省水準；蘇北五市低於全國平均水準。省委書記回良玉曾提到，實現「蘇南幫扶、南北合作」，是推進蘇北發展的重要條件。[5]

消弭蘇南與蘇北的差距，成為江蘇領導人執政的重點。回良玉在2001年

1　新望，**蘇南模式的終結**（北京：新華書店，2005年），頁76-77。
2　「李源潮：十年拉平江蘇『南北差距』」，**大公報**，2005年7月3日，第A2版。
3　「蘇北上來了」，**人民日報**，1984年8月25日，第3版。
4　「江蘇告別貧困縣」，**新華日報**，1998年1月13日，第1版。
5　「制定三區發展策略，蘇南、蘇中及蘇北明確區位目標」，**文匯報**，2001年9月15日，第A12版。

提出要推進蘇北投資的計劃，力求2005年投資規模比2000年「翻一番」。[6]李源潮在接任省委書記後，也對於蘇北的窘境高度關切。他認為江蘇的發展，難點在蘇北，重點在農村。省長梁保華說：「沒有蘇北的小康，就沒有江蘇的小康。」為了扶持蘇北，江蘇除了投資數百億元資金之外，還實施蘇南與蘇北五市的對口支援，從蘇南選派幹部前往蘇北任職。[7]江蘇南北的差距，使得這兩區推動了不同的政治改革。筆者以蘇北的宿遷，以及蘇南的南京，作為主要的探討對象。

第二節　第一個世界——富裕蘇南：南京

　　南京為江蘇省省會，屬於副省級城市。該市的經濟表現在蘇南名列前茅，以中國教育部與蘇州大學進行的「長江三角洲地區城市綜合競爭力比較」，在八項經濟指標綜合排名中，南京的排名僅次於上海，而領先了其他江蘇的城市。[8]2000年10月，前文化部副部長李源潮調任江蘇省委副書記，主管全省農業和農村工作，後兼任南京市委書記，參與城市管理和宏觀經濟調控。[9]他在擔任南京市委書記期間，進行「行政審批」與「幹部評議」等政治改革。

一、胡錦濤的「團派」親信：李源潮

　　李源潮生於1950年，學歷、家世背景甚佳。他曾獲得北大經濟學碩士、中央黨校政治學博士學位。香港政論家丁望指出，其父李幹成曾任上海市副市長，為前上海市委第一書記陳丕顯的親信。陳丕顯曾向胡耀邦推薦時任共青團

6　「江蘇推進蘇北大發展5年內力爭人均GDP達全國平均水準」，人民日報（華東版），2001年5月9日，第14版。

7　「『兩個率先』競一流」，人民日報，2004年12月29日，第1版。

8　這八項經濟指標分別是：城市經濟實力、城市資金實力、城市科技實力、城市產業結構與效益、城市開放程度、城市服務設施水準以及城市政府能力。「長江三角洲地區城市綜合競爭力比較，上海為最具競爭力城市」，台灣新生報，2003年8月10日，第4版。

9　「胡錦濤訪美國團系上升浪潮」，信報財經新聞，2002年4月17日，第8版。

上海市委書記的李源潮，使得李源潮在1983年調職團中央書記處，[10]開啟了他在團中央的工作經歷。

　　外界多將李源潮視為胡錦濤最倚賴的親信之一，這項論點是成立的。胡錦濤在1982年底進入團中央，和劉延東、李源潮，擔負團中央最主要的工作。[11]李源潮和胡錦濤的職務關係尤為密切。在1983年，李源潮出任「團中央書記處書記」兼「全國青聯副主席」，而胡錦濤為「團中央書記處書記」兼「全國青聯主席」；胡錦濤在1984年晉升為團中央書記處第一書記，在共青團和全國青聯都是李源潮的直屬長官。[12]從仕途背景來看，他和胡錦濤有極為密切的「同事關係」。

　　中共內部人士對於團中央在1980年代培養的幹部，有不錯的評價。與李克強、李源潮相識的前共青團幹部曾向「聯合早報」表示，1980年代的團中央，有一種較開明和民主的氣氛，這使得曾在1980年代任職團中央的幹部，多為「思想開明，有政治抱負」的官員。[13]亦有報導指出，共青團之所以成為當前中共的穩健改革力量，和「三胡」（胡耀邦、胡啟立、胡錦濤）奠立的開明作風有關。[14]中國青年政治學院副教授王東成曾負責共青團組訓工作，他認為共青團幹部多接受過完整的現代教育，其人格性質表現出團結性強、積極性大、不受保守意識型態拘束。此外，由於共青團一直處於較邊緣的地位，這使得共青團幹部多具有謙卑的性格，謹慎而不張揚。[15]

　　這些關於「團派」人格的報導，也應驗在李源潮身上。他在2003年升任江蘇省委書記時，中央給他的評價是：「其勇於實踐和創新的施政作為也頗得外界肯定」。[16]根據港媒報導，李源潮在2003年省政協的開幕的一段講話，成

---

10 「四代後期崛起五代有副省長」，**信報財經新聞**，2001年11月7日，第9版。

11 「共青團八十年三胡推動改革」，**信報財經新聞**，2002年5月8日，第11版。

12 「胡總政治理念，江蘇何以先行」，**香港經濟日報**，2004年11月15日，第A37版。

13 「團派崛起有助於北京政府扭轉『政令不出中南海』窘境」，**聯合早報**，2007年9月25日，第16版。

14 「共青團八十年三胡推動改革」，**信報財經新聞**，2002年5月8日，第11版。

15 「團系人馬接班位居要津」，**信報財經新聞**，2003年3月3日，第10版。

16 「兩會前瞻：新老交替在即，中外關注高層人事變動」（2003年2月16日），**中國新聞網**，<http://big5.chinanews.com.cn:89/n/2003-02-16/26/273167.html>。

為當時巷議街談的話題。李源潮說：

　　歷史上走在改革前頭的人最容易犧牲，現在我們要把他改變過來，旗幟鮮明地鼓勵探索、善待挫折，寬容失敗，激勵成功。讓勇於改革、勇於創新的人得到尊重、得到利益、得到地位⋯⋯。[17]

　　作為胡錦濤在「團派」的親信，李源潮也繼承了開明、改革的作風，他要讓「勇於改革」的人得到尊重與地位。一份資料顯示李源潮在主政江蘇期間，允許下屬幹部工作出現失誤，但不允許不改革，也不允許發展慢，其顯明的用人風格鼓舞了幹部的改革動力。[18]他在2003年就任之初的會議中，強調要工作重點在於「大力推進幹部人事制度改革，認真貫徹幹部選拔任用工作條例」，使得「想幹事、會幹事、幹成事的幹部嶄露頭角」。[19]他提出「兩個率先」的口號作為江蘇的發展目標，也就是「率先」實現全面小康社會，以及「率先」實現現代化，[20]目的是維持江蘇在全國居於「第一方陣」的地位。[21]

二、南京模式

　　江蘇的行政改革，是以「南京模式」為樣本。李源潮在主政南京期間，主要的政改為「行政審批」改革。南京推動行政改革的背景，也和中國入世有關。李源潮認為入世後，面對城市與城市之間的競爭，必須加快產業結構重組，成為中國率先達到現代化的城市之一。[22]李源潮從增加行政效率著手，在

---

[17] 「江蘇省人事新布局」，**大公報**，2003年2月23日，第A2版。
[18] 包永輝、徐壽松，**政道：仇和十年**（杭州：浙江人民出版社，2009年），頁241。
[19] 「省委十屆四次全會強調：保持工作的連續性穩定性，凝心聚力加快改革和發展」，**新華日報**，2003年1月11日，第A2版。
[20] 「加快富民強省，力爭『兩個率先』」，**新華日報**，2003年3月5日，第A1版。
[21] 「學習貫徹中央領導重要講話，肩負起『兩個率先』的歷史責任」，**新華日報**，2003年3月21日，第A1版。
[22] 「加快才能率先，提高才能發展——訪省委副書記、南京市委書記李源潮」，**新華日報**，2002年3月1日，第A1版。

南京推動「政務大廳」的網上服務，以建立「電子政府」來增加行政效率。[23]
此外，南京在2002年之後，推動了類似深圳在1998年的審批改革，以建立服務
型政府，[24]目的是將不符合世貿組織的規範，與阻礙市場經濟發展的機制與以
清除。[25]在2002年，南京市設定取消273個審批事項。[26]南京的行政審批改革獲
得中央肯定。國務院副總理李嵐清在2002年8月親赴南京，聽取回良玉、季允
石、李源潮關於行政審批改革的彙報。[27]

　　李源潮在南京的另一個改革，是幹部評議制度。南京市在2001年和2002
年，推行「萬人評議機關」，對於不稱職、不適任的幹部進行免職。[28]南京市
委書記李源潮認為「凡是人民群眾亮紅燈的，就不能過關。」在南京市的評議
中，有兩位成績排名最末的局級幹部，遭到就地免職。[29]李源潮推行的「萬人
評議機關」和「末位淘汰」在全國相當聞名。該制度使得政府機關承受民意的
壓力，「新華日報」認為「萬人評議機關」催生了「服務型政府」。[30]

　　但筆者必須指出，若以全國的角度檢視之，李源潮在南京推動的「行政審
批」與「幹部評議」，並無過多的特殊性可言。南京的行政審批，開啟的時間
不若深圳來得早。南京的審批改革也非江蘇的唯一。該省在2002年前後在各地
推動審批改革，並下發「關於深化行政審批制度改革工作的意見」，[31]而東部
各省也多出台類似的制度。在「幹部評議」的推行，2002年試行過的省份（直
轄市）共計11個地區。[32]李源潮主政下的南京，政改進度雖不算落後，但卻未

---

[23]　「『政務大廳』網上亮相」，新華日報，2002年4月26日，第C1版。
[24]　「南京加快建設服務型政府」，新華日報，2002年4月12日，第C1版。
[25]　「南京鼓樓區創建『服務型』政府」，新華日報，2002年5月24日，第C1版。
[26]　「南京再『砍』170項行政審批」，新華日報，2002年6月20日，第C1版。
[27]　「李嵐清在南京召開座談會時強調：積極推進行政審批制度改革，加大綜合執法改革試點力
　　度」，新華日報，2002年8月20日，第A1版。
[28]　「南京今年推出系列新舉措：繼續深化幹部人事制度改革」，新華日報，2002年3月5日，第
　　C1版。
[29]　「『末位淘汰』衝擊波：南京市兩位局長因在『萬人評議機關』活動中被亮『紅牌』而就地
　　免職」，新華日報，2002年2月27日，第B2版。
[30]　「『萬人評議機關』催生服務型政府」，新華日報，2002年10月13日，第A1版。
[31]　「我省大力推進行政審批制度改革」，新華日報，2002年5月29日，第A1版。
[32]　這11個地區包括：江蘇、廣東、浙江、山東、廣西、遼寧、河南、湖北、天津、寧夏、新
　　疆。謝寶富，萬人評議：中國地方黨政機關績效評價新方式初探（北京：北京大學出版社，

令人耳目一新。他推動行政審批，但未如深圳，進一步將改革推向行政權力分散，這個原因究竟為何呢？

三、「行政三分制」為何缺位？外資比例偏低：「蘇南模式」再檢視

為何江蘇的行政改革，力度不若廣東來的大？我們分析兩個代表性地區：南京、深圳，發現其改革的力度有差距。李源潮在南京的政改，只進行「行政審批」的下放，卻未進行類似「行政三分制」的改革？本書認為必須從「蘇南模式」的特殊性去檢視。但筆者澄清，筆者引用「蘇南模式」一詞，目的是為了突顯江蘇發展的特殊性，而並非只討論蘇南地區的發展。筆者只視「蘇南模式」為江蘇最特殊的發展模式，但本書討論的範圍絕不僅限於「蘇南」。

關於江蘇與廣東行政改革力度的差距，一個比較不佳的解釋，是從歷史的角度去討論。廣東地區由於改革開放較早，改革的風氣較其他地區來得高，塑造了「敢為天下先」的氛圍，因此改革的力度也較大。[33]但這種歷史解釋，並未提出一個具體而可觀察的分析指標。此外，歷史解釋即便可以說明廣東的改革力度較他省來得高，但卻難以說明為何廣東會朝向「行政三分制」，而江蘇卻未試行該制。對此，筆者提出「外資」因素的解釋，去說明為何「行政三分制」並非江蘇政改的首選。[34]

筆者的觀點，認為外資因素提供領導人推動「行政三分制」的誘因。我們檢視深圳在2001年之後，之所以推動「行政三分制」，其背後動機是將中國政府的行政體制設計的較類似西方，藉由「大局制」的改革來定位行政功能，以有利吸引外資。外資影響行政改革的另一個例子，是海南的洋浦。洋浦在1992年3月，成立洋浦經濟開發區，其管理局的制度設計參照國際慣例，確保外資

2008年），頁6。

[33] 「廣東人精神，要經得起歷史考驗」，**南方日報**，2003年8月14日，第A8版。

[34] 「外資」對於中國政治發展的影響性，已被學者所重視。有文獻指出，由於中共官方能掌控「外資」的投資和運作，因此「外資」無法帶動中國的民主化。Mary E. Gallagher, "'Reform and Openness' Why China's Economic Reforms Have Delayed Democracy," *World Politics*, no. 54 (April 2002), pp. 338-372.

和內資的自主權，並將執行權力獨立出來，交給法定機構，以僱傭制的形式來簽署合同。嚴格來說，深圳的「行政三分制」和中央的「大部制」，都有洋浦改革的身影。[35]換言之，吸引外資是推動「行政三分制」的一個動力。不論是海南洋浦這個「行政三分制」的先行者，或是日後的深圳，都可以說明外資因素對於行政改革的影響。

而江蘇的發展模式與廣東迥異。廣東引以為傲的「珠三角模式」，是以外資導向為主；而江蘇著名的「蘇南模式」，則以鄉鎮集體企業為主，其前身是社隊企業。戴慕珍（Jean C Oi）所謂的「地方國家統合主義」（local state corporatism），指的是地方政府透過鄉鎮企業的控制與參與，[36]事實上就是以「蘇南模式」為樣版。換言之，在過去的發展過程中，「珠三角模式」確實是注重外資導向，而1980年代的「蘇南模式」，則取決於鄉鎮企業的發展，外資因素似乎不是重點。

但「蘇南模式」在1990年代中期之後，已經有了明顯的改變。其主要是對於外資導向、明晰所有制的重視，論者將之稱為「新蘇南模式」。江蘇省社科院副院長張顥瀚為「新蘇南模式」下的註解是：「以外向型經濟帶動，所有制以股份制為主，企業規模擴大，企業技術升級。」[37]換言之，「蘇南模式」在1990年代中期後，對於外資的重視與日邊增。我們在圖5-3，比較廣東、江蘇兩省的外資因素，在「基本建設投資」所占的比例。

從圖5-3可以看出，即便是江蘇在1990年代中期後，外資的比重已經不可忽視，但仍低於廣東。在1998年，兩省的外資比例有明顯下降，這是受到東亞金融風暴的影響，使得外資的短缺，但在1999年之後，兩省的外資比例大致上保持著一定的比例。除了外資在全省的發展比重外，我們還必須去比較兩省的外資比例占中國外資比例的數量，以理解兩省的外資比例是否在全中國占據極大份量。在省級外資占全國的比例上，又以廣東獨占鰲頭。有報導指出，在中

---

[35]「洋浦，改革敢為天下先」，海南日報，2008年3月11日，第5版。

[36] Jean C Oi, *Rural China Takes Off: Institutional Foundations of Economic Reform* (Berkeley, Calif. : University of California Press, 1999), p. 12.

[37]「新蘇南：有強項，也有軟肋」，人民日報（華東版），2003年8月6日，第23版。

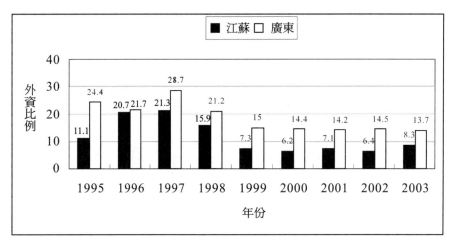

資料來源：廣東省統計局，**廣東統計年鑑1996-2004**；江蘇省統計局，**江蘇統計年鑑1996-2004**。

圖5-3　外資在全省「基本建設投資」所占的比例

國入世後，廣東的外資比例占全國的四分之一，然而其他省份也急起直追。[38]
筆者利用中共官方的統計數據，將兩省外資在全國「基本建設投資」所占的比
例，整理於圖5-4。

　　圖5-4顯見，江蘇省的外資在全國所占的比例也不及廣東。以2003年為
例，江蘇的外資比例已經達到全國的12.6%，遠高於中國省級的平均值，但廣
東仍以21.1%的比重遙遙領先江蘇。「人民日報」報導：「蘇南目前的外向
型經濟，無論是外資依存度，還是外貿依存度，都還大大落後於珠三角。」[39]
「蘇南模式」在1990年代中期後，已經改變了發展方式，特別是重視對於外資
的引入。但即便如此，所謂的「新蘇南模式」的外資比例，仍不敵「珠三角模
式」。廣東的外資比重高於江蘇，促使廣東省委在必須採用更激進的方式來改
革「行政管理體制」。但相對的，江蘇省委對於試行「行政三分制」並無過多
的誘因，省委僅願意在「行政審批」等層次進行改革。

---

[38] 「粵年引外資130億美元約占全國四分之一」，**香港商報**，2002年12月14日，第B5版。
[39] 「新蘇南：有強項，也有軟肋」，**人民日報**（華東版），2003年8月6日，第23版。

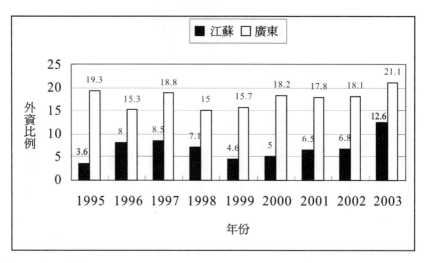

資料來源：廣東省統計局（編），**廣東統計年鑒1996-2004**；江蘇省統計局（編），**江蘇統計年鑒1996-2004**。

圖5-4　兩省的外資在全國「基本建設投資」所占的比例

第三節　第二個世界──貧瘠蘇北：宿遷

　　相較於蘇南的富裕，蘇北則是貧瘠之地。蘇北的宿遷，是江蘇最貧瘠的地區，但卻是率先在江蘇進行「基層首長選制改革」的發源地。這一場政改，關鍵因素是領導幹部：仇和。他在1996年擔任宿遷市沭陽縣委書記，並在2001年升為宿遷市委書記。宿遷市是蘇北最貧瘠的地區，該市在2001年的人均GDP較之蘇北五市竟然低了一半，而沭陽又是宿遷最窮困的縣，有11項經濟指標為省人均的10%，財政收支缺口達1億多元。[40]仇和任職於這些落後的地區，為了改進經社環境，他的作風充滿爭議，但卻意外獲得省級與中央領導的支持。

---

[40] 「為什麼是宿遷，為什麼是仇和」，南方周末，2004年2月5日，第A3版。

一、最富爭議的市委書記：仇和

「南方周末」在2004年，以近一個月的時間專訪仇和，並指出仇和是「最富爭議的市委書記」。[41]仇和的個性，帶有高度的威權色彩。他希望透過非常規式的改革，做到立竿見影的效果。誠如仇和的自評：「我搞科研出身，科研重結果，不重過程，所以有時表現出急躁的情緒。」[42]但有趣的是，中共高層領導人似乎並不反對仇和的改革。沭陽縣在1997年爆發了前任縣委書記賣官鬻爵案，促使仇和思考應如何讓官職任免的資訊更為明確。他在1997年於沭陽縣率先推行全國第一次「幹部任前公示制」，在試行一年半後，中組部於1999年1月派員前往調研，並受到時任國家副主席胡錦濤的肯定。[43]任前公示的制度，在日後寫進了「黨政領導幹部選拔任用工作條例」第38條。

仇和的作法在全國引起正反兩極的評價。中國人民大學教授毛壽龍認為，當代中國需要的是制度建設，而並非仇和這種狂風驟雨的政策。[44]「法制日報」也認為仇和的作法屬於威權政治，端賴領導者的魄力和意志去進行工作，但這種方式不具有普適意義，不值得各地效仿。[45]但肯定者亦有之。「中國經濟時報」指出仇和所鐵腕推行的施政，在很多程度是「自由主義經濟學家、法學家所極力鼓吹的！」[46]另一篇文章則報導，「仇和現象」代表著許多中國官員，認為「民主」是缺乏效率和貽誤時機的制度，只有鐵腕作風才能做出實績。[47]

筆者認為，對於要力求「政績」表現的領導來說，仇和的作風並非是完全不可取的作法。仇和的施政能夠推行，和省委的支持有關。時任省委書記回良玉，曾大力支持地方的改革，並在地方改革曝光而面對媒體壓力時，打電話鼓

---

[41] 仇和的作法極端，引起許多人的批評。例如他下令教師在課餘必須負責「招商引資」，以增加經濟發展，這項政策引起教師的罷課抗議。「最富爭議的市委書記」，南方周末，2004年2月5日，第A1版。

[42] 「為什麼是宿遷，為什麼是仇和」，南方周末，2004年2月5日，第A3版。

[43] 周文冰，「再探宿遷改革與仇和現象」，時代潮，第22期（2005年），頁12。

[44] 毛壽龍，「沭陽奇跡能夠持續多久？」，中國社會導刊，第4期（2004年2月），頁1。

[45] 「『仇和模式』不具有普適意義」，法制日報，2004年2月17日，第8版。

[46] 「我們需要仇和這樣的『鐵腕』」，中國經濟時報，2004年2月10日，第7版。

[47] 「『仇和現象』折射民主與效率的對立困局」，中國經濟時報，2004年2月10日，第7版。

勵下屬「不要有壓力，好好幹。」[48]回良玉渴望求新求變，和東部省份的激烈競爭有關。回良玉曾於2001年，向「大公報」社長王國華表達在江蘇為官的心態。他說：「面對沿海經濟發達省市之間你追我趕，誰也不甘居人後的競爭態勢，我有一種寢食難安的危機感。」[49]

或許是這份危機感，造就了省委的開明態度，也賦予仇和更多的改革空間。仇和在2000年擔任宿遷市長之後，省領導曾問他：宿遷是江蘇最窮的城市，需要什麼幫助？仇和表示，他希望要有政策的支持。江蘇省委和省政府在2001年，聯合發出「第12號文件」，允許宿遷在不違背國家政策法規的前提下，採取更靈活的政策。[50]這份文件，形同是讓宿遷獲得了改革的先行權。

仇和在任職宿市委書記後，繼續推動政改。他勤訪基層，追查幹部的政績是否有浮報的現象。[51]在仇和的主導下，宿遷市委在2002年初出台「黨政領導幹部辭職暫行辦法」，對於測評成績過低與能力不足的幹部，給與自願辭職、引咎辭職、責令辭職，這是江蘇省首度推行該項制度。[52]宿遷還全面推動領導幹部公開述職制度，「稱職率」低於60%的幹部，或群眾信任度較差者，一律免職。[53]仇和認為在貧困地區要做出政績，必須「治重症下猛藥」。[54]仇和的個人因素，也使得宿遷在2003年推動重要的人事改革──鄉鎮黨委書記的公推直選。宿遷不但成為政治改革的重鎮，更使得新任省委書記李源潮也仿效仇和的改革，最終使得江蘇成為東部省份當中，推動「基層首長選制」最為成功的地區。

---

[48] 包永輝、徐壽松，政道：仇和十年，頁241。
[49] 「江蘇省人事新布局」，大公報，2003年2月23日，第A2版。
[50] 「最富爭議的市委書記」，南方周末，2004年2月5日，第A21版。
[51] 「宿遷市委書記痛斥政績『水分』」，新華日報，2002年2月4日，第A1版。
[52] 「宿遷建立黨政領導幹部辭職制度」，新華日報，2002年2月9日，第A3版。
[53] 「宿遷領導幹部全面公開述職：稱職率低於60%，群眾信任度較差者，一律辭職」，新華日報，2002年4月1日，第A1版。
[54] 「為什麼是宿遷，為什麼是仇和」，南方周末，2004年2月5日，第A3版。

二、宿遷的「公推直選」

　　「宿遷經驗」之所以能夠推廣至全江蘇，和李源潮有絕對關係。李源潮要在江蘇達到「兩個率先」的發展，並有意藉助仇和的政改經驗。李源潮在全省人才工作會議上，強調江蘇要實現「兩個率先」，最缺的是高素質人才，一定要將人才選用作為發展江蘇省的關鍵。[55]省委組織部長徐國健強調，實踐「兩個率先」的關鍵在領導幹部，必須大力推動幹部人事制度的改革。[56]在仇和主政下，宿遷對於人事制度改革著墨甚多，這使得「宿遷經驗」成為李源潮矚目的焦點。

　　李源潮主政江蘇後，省委對於宿遷政改極為關注。宿遷的宿豫縣，是首進「公推競選」鄉鎮黨委書記的地區。但由於「競選」一詞過於敏感，後來以「公選」稱之。[57]但事實上，宿遷市委認為「競選」並非「公選」（公開選拔），而是「直接選舉」，[58]故本書以「公推直選」稱之。省委官媒對此消息的報導，竟然早於中央官媒。省委的「新華日報」最早在2003年4月就刊出消息，宿豫縣將對於曹集鄉黨委書記、侍嶺鎮鎮長的選任，採用「公推直選」的方式進行。[59]中央官媒「人民日報（華東版）」到了5月才報導相關消息。[60]宿豫縣委書記許步健認為，宿豫的經濟基礎薄弱，急透過選制改革，來選出一批幹吏，以助於地區的建設。[61]

　　仇和進而將「公推直選」的方式，推向宿豫的11個鄉鎮長。2003年6月16日，開始在11個鄉鎮進行鄉鎮黨委與鄉鎮長的選任。在「公推」的過程中，包括候選人演講與答辯、民意測評，成績最高的前兩名獲得人大主席團的提名，

---

[55] 「建設人才強省為『兩個率先』提供人才保證」，**新華日報**，2003年6月14日，第A1版。
[56] 「圍繞在『兩個率先』目標，深化人事制度改革」，**新華日報**，2003年6月3日，第A1版。
[57] 「公推公選『出爐』的台前幕後」（2008年12月23日），**新華網**，<http://news.xinhuanet.com/politics/2008-12/23/content_10548452.htm>。
[58] 史偉民、何鳴、趙春暉，「江蘇省宿遷市宿豫縣保安鄉『公推競選』鄉長調查報告」，收錄於史衛民等（編），**鄉鎮改革：鄉鎮選舉、體制創新與鄉鎮治理研究**（北京：中國社會科學出版社，2008年），頁242。
[59] 「宿豫：公推競選鄉鎮『一把手』」，**新華日報**，2003年4月24日，第A1版。
[60] 「宿豫：公推競選鄉鎮正職」，**人民日報（華東版）**，2003年5月23日，第3版。
[61] 「宿豫『公推競選』鄉鎮黨政一把手」，**新華日報**，2003年5月12日，第B1版。

交付人大進行最後的選舉。「新華日報」的記者發現,原有的鄉長是採取上級指派的方式來任職,在歷經三個月的磨合期尚不能完全進入狀況,但透過「公推直選」的鄉鎮長,對於鄉鎮事務較為熟悉,能迅速扮演職務所需的角色。[62]

江蘇省委對於「公推直選」的報導力度,要遠高於四川。在宿遷市推動鄉鎮黨委書記的選制後,省委與黨中央的機關報刊馬上予以報導,這和成都新都區進行的試點,一年之後才在見諸於官媒的情形,有很大的不同。「新華日報」更在2003年6月3日至10日間,刊出6篇關於江蘇人事改革的報導。[63]「新華日報」並在2003年7月14日的頭版刊出評論員文章:用好機制選準人用好人。[64]我們發現,江蘇的這場改革,根本是中央與省委「大張旗鼓」下的進行,這和四川省委「遮遮掩掩」的改革路徑有極大的不同。

在中央與省委的肯定下,宿遷的改革進一步擴大。宿豫縣競選鄉鎮黨政正職後,中央、省、市組織部,都為此進行調研,認為這是選用制度的創新。因此,宿遷市委決定在全市全面推廣。除了宿豫縣以外,泗洪縣、沭陽縣又以相同方式選出10名鄉鎮長。這意味著「公推直選」鄉鎮黨政正職的制度已在宿遷市全面展開。[65]8月底,沭陽縣透過差額選舉選出7名鄉鎮長,其程序是透過政見陳述與群眾推薦,確定2位候選人,再交由人大進行差額選舉。[66]宿遷的這些政改,主要推動者是仇和,而仇和背後的支持者,就是李源潮。

仇和與李源潮的努力,獲得胡錦濤的肯定。胡錦濤在2004年4月30日至5月6日,視察江蘇,包括蘇北的宿遷市。胡錦濤在視察過程中,指出必須提高領導班子的整體素質,提高黨組織的創造力和凝聚力。[67]在這次的視察行程具有相當大的政治意義。筆者認為胡錦濤藉由此行,肯定了江蘇的政改,特別是

---

[62] 「目擊宿豫公推競選鄉鎮長」,**新華日報**,2003年6月18日,第B1版。

[63] 「『聚焦江蘇幹部人事制度改革』系列報導,在我省各地引起幹部群眾熱烈反響」,**新華日報**,2003年6月11日,第A1版。

[64] 「用好機制選準人用好人」,**新華日報**,2003年7月14日,第A1版。

[65] 「宿遷『公推競選』鄉鎮黨政正職全面推開」,**新華日報**,2003年9月2日,第A3版。

[66] 「沭陽首次差額選舉7名鄉鎮長」,**新華日報**,2003年9月4日,第B4版。

[67] 「心系科學發展觀,情牽百姓利益——胡錦濤總書記在江蘇」,**新華日報**,2004年5月6日,第A1、A2版。

胡錦濤親訪宿遷，並面見爭議極大的市委書記仇和。胡錦濤在2004年在5月2日視察宿遷的過程中，一位隨行幹部曾透露：

其實中央對宿遷的一舉一動都洞若觀火，不僅如此，還幾次派人到宿遷進行暗訪，是老百姓對仇和的良好口碑、宿遷日新月異的巨大變化，讓中央高層選擇沈默。[68]

這段文字顯示中央一直掌握宿遷政改的訊息，並予以默許。2004年5月2日，李源潮與仇和陪同胡錦濤造訪宿遷。仇和後來告訴「南方周末」的記者：「我感覺胡總書記最關心的，還是政治民主的建設情況。從沭陽推行的幹部任前公示，到宿遷的公推競選，胡總書記對此問得最多，問得最細。」[69]當時陪同胡錦濤視察的宿遷市級官員回憶：「仇書記匯報時，胡總書記問到了『公推公選』等政治民主制度建設的情況。」[70]當時胡錦濤聽得很認真，也問得很細，但沒有表態。[71]胡錦濤、李源潮、仇和，同聚宿遷這個政改重鎮，並留下合照。

這張照片刊登於宿遷的官網：網上宿遷。刊出的時間是5月20日，離胡錦濤視察宿遷的5月2日相距不久，可見中共內部對於刊出這張照片並無過多異議。仇和在照片中，正低下腰，為胡錦濤和李源潮匯報政情。這張照片反映出中共官媒的特性，它突顯了三位主要的領導幹部的形象：胡錦濤、李源潮、仇和。筆者認為可視之為中共政改的「三巨頭」，他們各自代表著中央、省委、地方的意向。這三位領導齊聚宿遷，相當程度上是代表中央與省委高度肯定宿遷的選制改革。仇和後來認為胡錦濤在宿遷的談話，可解讀為「選一個人，是

---

[68] 包永輝、徐壽松，政道：仇和十年，頁242。

[69] 「爭議仇和」，南方周末，2004年12月30日，第3版。

[70] 但誠如前文所述，筆者認為宿遷試行的制度，實際上為「公推直選」。

[71] 「宿遷超常規發展已獲肯定，政策能否延續引人關注」，人民網，2006年1月26日，<http://politics.people.com.cn/BIG5/8198/4064033.html>。

註：照片中的人名，為筆者自行加上。
資料來源：「胡錦濤總書記在宿遷考察」（2004年5月20日），網上宿遷，<http://www.suqian.
　　　　 gov.cn/gov/xwfl/tpxw/1424165100.htm>。

圖5-5　中共政改「三巨頭」

機制，選一套班子，就是制度了。」胡錦濤視察後，仇和成立一個課題小組，
籌備更全面的鄉鎮黨委、鄉鎮長的競選，他甚至認為直選的級別，應該要推到
縣級。[72]

三、宿遷的「蝴蝶效應」：江蘇省境的政改

　　宿遷的政改受到中央肯定，李源潮亦有理念推動政治改革，他進一步推動
縣市長候選人的「公推公選」。省委在2003年6月，開始研議「公推公選」縣
（市）長推薦人選，並完善辭職制度。[73]是年10月，省委決定在蘇南的常州以

---

[72] 「爭議仇和」，南方周末，2004年12月30日，第3版。
[73] 「圍繞在『兩個率先』目標，深化人事制度改革」，新華日報，2003年6月3日，第A3版。

及蘇北的徐州，採「公推公選」的方式選出金壇、沛縣兩個縣（市）長的推薦人選。省委組織部副部長王奇在記者會上表示，「公推公選」縣（市）長是省委作出的決策。[74]10月27日，金壇和沛縣一共推薦了13位候選人，參與意見陳述和答辯。[75]11月，由組織部門進行考察，分別產生兩位候選人，再交付全委會進行差額選舉。[76]最後，由金壇市副市長吳曉東和徐州市政府副秘書長孟鐵林當選。這是中國大陸第一次運用市全委會差額的方式，選出正職領導。江蘇在首長選制改革的層級，已經凌駕四川所實施的鄉鎮黨委書記，且實施的範疇也不限於「黨內」。

省委書記李源潮在2004年2月7日召開會議，總結「公推公選」的工作。「新華日報」對於該次會議有深入報導。報導指出「公推公選」在全國獲得關注，贊成與反對者均有。但該報導認為「公推公選」並未違背現行法令，而是依據「幹部任用條例」去推進的創新。[77]省委組織部在2004年2月15日召開的全省組織部長工作會議，提出要建構「民主開放的組織工作新機制」，組織部長徐國健認為要以「公推公選」做為江蘇的用人機制。[78]

在省委表態支持下，不少地方的領導幹部也認同基層首長選制的必要性。徐州市委書記徐鳴表示，2003年下半年在省委組織部的推動下，徐州沛縣進行縣長候選人的「公推公選」。就以往而言，「人治」的因素在幹部選任過程較為重要，這容易造成拉幫結派的情形，但「公推公選」可以化解這種問題。[79]阜寧縣委書記祁彪也撰文指出，「公推公選」開闢了「用制度選人」的路徑，將幹部的政績評判權交給群眾。[80]

---

[74] 「省委組織部負責同志就公推公選縣（市）長推薦人選答記者問」，新華日報，2003年10月21日，第A1版。

[75] 「常州徐州公推公選縣（市）長民主推薦順利結束」，新華日報，2003年10月28日，第A2版。

[76] 「金壇沛縣公推公選縣（市）長候選人產生」，新華日報，2003年12月8日，第A1版。

[77] 「幹部選拔制度的新突破」，新華日報，2004年3月4日，第A4版。

[78] 「努力建構民主開放的組織工作新機制——訪省委常委、組織部長徐國健」，新華日報，2004年2月17日，第A1版。

[79] 「公推公選是個好辦法」，新華日報，2004年3月28日，第B3版。

[80] 「建構民主開放用人新機制」，新華日報，2004年4月21日，第A4版。

在李源潮的主導下，江蘇推動「公推公選」的層級逐漸擴大。[81]2004年9月，江蘇將「公推公選」推向22名「省管幹部」的層級，包括盱眙縣、洪澤縣、泗陽縣的縣長職務。[82]我們把江蘇推行「公推公選」（主要是鄉鎮級以上）和「公推直選」（主要是鄉鎮級）的地區，整理於表5-1。

表5-1　江蘇推行「基層首長選制」改革的地區

	副省級市的 區級 （副廳級）	區長		數目
江蘇		南京白下區（2003）、南京雨花台區（2003）		2
	縣市級 （處級）	區委書記		
		清河區（2003）、淮陰區（2003）		2
		縣市長		
		金壇市（2003）、沛縣（2003）、盱眙縣（2004）、洪澤縣（2004）、泗陽縣（2004）、興化市（2005）句容市（2005）、豐縣（2005）、賈汪區（2006）、龍雲區（2006）、泉山區（2006）		11
	鄉鎮級 （科級）	黨委書記		
		曹集鄉（2003）、黃墩鎮（2003）、蔡集鎮（2003）、歸仁鎮（2004）、龍集鎮（2004）、界集鎮（2004）、十字鎮（2004）、湯澗鎮（2004）、洮西鎮（2004）、梅花鎮（2005）、井頭鎮（2005）、順河鎮（2005）、曉店鎮（2005）、皂河鎮（2005）、陸集鎮（2005）、蔡集鎮（2005）、董浜鎮（2005）、土橋鎮（2005）、王莊鎮（2005）、燕尾港鎮（2005）、馬集鎮（2006）		21
		鄉鎮長		

---

[81] 中央研究院政治所徐斯儉老師曾向筆者表示，雖然李源潮在江蘇推動「基層首長選制改革」，但並非推動宿遷的「公推直選」，而是力度較低的「公推公選」。這反映出鄉鎮級的改革若推至更高層級，制度會做出轉換，以避免政治上的敏感性。筆者感謝並認同徐老師的洞察。對於這個問題，筆者的回答是：即便是「公推公選」，但江蘇的推動層級較之他省仍然較高，因此就某種程度上，應仍符合本書的推論。

[82] 「公推公選省管領導幹部演講答辯和現場測評結果公告」，新華日報，2004年9月29日，第A4版。

| 江蘇 | 鄉鎮級（科級） | 侍嶺鎮（2003）仰化鎮（2003）耿車鎮（2003）、皂河鎮（2003）、保安鄉（2003）、黃墩鎮（2003）、青陽鄉（2003）、大樓鄉（2003）、半城鄉（2003）、沭城鎮（2003）、李恒鎮（2003）、潼陽鎮（2003）、賢官鎮（2003）、桑墟鎮（2003）、章集（2003）、東小店鄉（2003）章集鎮（2003）、錢集鎮（2004）、官墩鄉（2004） | 19 |

說明：筆者搜尋至2009年10月5日。

資料來源：筆者搜尋於google與百度等網站。

第四節　江蘇的政改──「制度變遷」的動因：三層次的觀察

　　為何江蘇的政改朝向「基層首長選制」改革？針對這個異例，筆者能否提出較為系統性的解釋，並進一步精緻「政蹟－派系」模式？本書希望能從「三層次」的觀察，去簡化歷史事件的複雜性。這三個層次包括──基層、基層和省級、省級和中央。領導幹部的因素至為關鍵，其中又以仇和、李源潮、胡錦濤最重要，他們分別代表地方、省級、中央的意向。江蘇的故事，也必須從這三人談起。

一、第一層次：仇和──影響江蘇政改的「關鍵點」

　　為何江蘇的「基層首長選制」改革，會在2003年之後大幅度的推展？筆者認為仇和在宿遷的政改，是一個非常重要的「關鍵點」（critical juncture）。[83]這位「最富爭議的市委書記」，透過非常規性的改革來肅清宿遷的吏治。但有趣的是，仇和的施政卻意外受到省委與中央的默許。江蘇省委在回良玉的時代，就以開明著稱，在李源潮接任省委書記後，更進一步吸收「宿遷經驗」，而試圖在全江蘇省進行推廣。李源潮之所以能夠在江蘇廣為推廣

---

[83] 對「關鍵點」的探討，請參見Thelen, "Historical Institutionalism in Comparative Politics," pp. 388-392.

「基層首長選制」改革，很大的因素是他與胡錦濤的派系關係。胡錦濤也有意透過李源潮在江蘇的改革，試驗在經濟富裕的東部地區，是否可能改革「基層首長選制」。

仇和的個人因素，是一個讓「制度變遷」溢出常軌的因素。他曾說過：「天下最真實的官只有兩個，一是宰相，一是縣官，越是落後的地方越是有改革的空間和餘地。」[84]仇和在宿遷的改革，是為了擺脫宿遷的落後困境。在江蘇的經濟發展過程中，一直存在著蘇北與蘇南的重大鴻溝。當蘇州市人均GDP超過5,000美元時，宿遷市才達700美元。[85]換言之，仇和所主政的宿遷，其經濟狀況和中國的西部省份相差無幾，但卻受到蘇南的經濟發展壓力。在這種狀況下，仇和在宿遷發動了東部地區最激進的「基層首長選制」。從這個層面來說，宿遷所走的路徑和遂寧、雅安等地是相似的。但不同於張錦明等人的低調，仇和卻大張旗鼓的推行他的改革。我們很難用任何「誘因」去解釋仇和的動機，只能說是仇和個人的特質，使得他不避諱用大張旗鼓的方式來推動政改。

二、第二層次：李源潮、仇和──江蘇政改的路徑轉軌

仇和這種「非常規性」的改革，卻獲得李源潮的賞識。宿遷一位官員曾指出，仇和在改革上看似特立獨行，但他卻能跟省級部門進行溝通，這使得仇和率先試行的政治改革，最終都得到了高層的認可。[86]而李源潮的政治態度，賦予了仇和更多的改革空間。李源潮曾撰文表示，要「大膽起用政治上靠得住、發展上有本事、人民群眾信得過的幹部」[87]這就不難理解為何李源潮會支持仇和的改革，並進而吸收了仇和的「宿遷經驗」，而在全省推廣「基層首長選制」改革。仇和在日後的仕途也獲得晉升。他在2006年升為江蘇省副省長，人大主席團對仇和的評價是「銳意改革，工作能力強」，論者認為這是省委對於

84　「仇和在爭議中升遷」，人民日報（海外版），2006年4月28日，第4版。
85　「『兩個率先』競一流」，揚子晚報，2005年2月13日，第A2版。
86　「仇和升遷」，21世紀經濟報道，2006年1月23日，第1版。
87　「興起新高潮要在『四新』上下功夫」，人民日報，2003年9月30日，第9版。

仇和的肯定。[88]基本上，李源潮和仇和都屬於「政治性官僚」，對於實績與成效的重視，要遠勝於常規性的規範。領導幹部的因素，導致江蘇發動大規模的政治改革。

李源潮出身的「團派」，長於政治性的事務。這種政治性官僚的特質，不同於技術性官僚。鄭永年認為政治性官僚在面對問題時，傾向用政治方式來解決，而非採用規範性的手段，他還認為胡錦濤之所以大幅拔擢「團派」幹部，並不能完全用胡錦濤的扈從關係去解釋，他認為「團派」的崛起，反映出中共對於平衡「技術性官僚」、「政治性官僚」的考量。換言之，胡錦濤希望運用「政治性官僚」來迅速解決中國政治的問題，擺脫技術官僚墨守成規的僵硬作風。[89]將李源潮定位為政治性官僚是極為適宜的，他講求實效更甚於程序，這可說明李源潮為何欣賞仇和這種「急風驟雨」的政改。

仇和的政制改革，受到胡錦濤的默許，這也是李源潮敢擴大改革的原因。仇和在推動改革後，新華社以「內部參考」的方式報導之，胡錦濤和幾位中央領導作出批示，並由中組部派出調查組前往調研。[90]有宿遷的前例可循，使得李源潮在推動該項改革時，減少了制度創新的成本。仇和在宿遷推動的「公推直選」，開江蘇政改之先河。仇和的改革，是江蘇政治制度變遷的「關鍵點」。這項改革，獲得胡錦濤的默許，也使得李源潮找到了依循的對象。在宿遷進行「基層首長選制」改革不久，省委書記李源潮作了重要批示，稱「公推競（直）選」是基層幹部人事制度的改革和創新。[91]

仇和的政改是江蘇制度變遷的「關鍵點」，但四川、廣東的制度變遷是否就沒有「關鍵點」？同為基層領導幹部，仇和對於江蘇的影響性，較之四川的張錦明、李仲彬，或是廣東的于幼軍，是否有更異殊之處？簡單的說，仇和的改革使得江蘇的政改路徑產生了轉折。在李源潮吸收了「宿遷經驗」後，促

---

[88] 「仇和升遷」，**21世紀經濟報道**，2006年1月23日，第1版。
[89] 「團派崛起有助於北京政府扭轉『政令不出中南海』窘境」，**聯合早報**，2007年9月25日，第16版。
[90] 「公推公選『出爐』的台前幕後」，新華網。
[91] 「公推公選『出爐』的台前幕後」，新華網。

使江蘇走向人事制度的創新。而並未走向更激進的行政改革。不論四川、廣東的政治改革，受到制度運作的「沉澱成本」（sunk costs）和「既得利益」（vested interests）的制約，[92]使得領導幹部「鎖定」（lock-in）在既有的制度架構下尋求突破。換言之，四川、廣東的政改並未有巨大的路徑轉軌，只有「路徑依賴」的過程，很難視之為有「關鍵點」的存在。

但江蘇卻脫離原有的路徑，而走向和四川雷同的政改模式，這是一種路徑轉軌。究其原因，和領導幹部的因素有非常大的關係。仇和在蘇北所面對的問題，和四川類似，提出的政改模式也和四川雷同。李源潮欣賞仇和的「非常規性」改革，並在江蘇全省擴大試點。李源潮和仇和的因素，是解釋江蘇政治變遷的關鍵。

特別是李源潮的個人信念，調整了省委對於政改的「偏好」排序，由原先的行政改革重於人事改革，改變為首重人事改革。筆者將之繪於圖5-5。

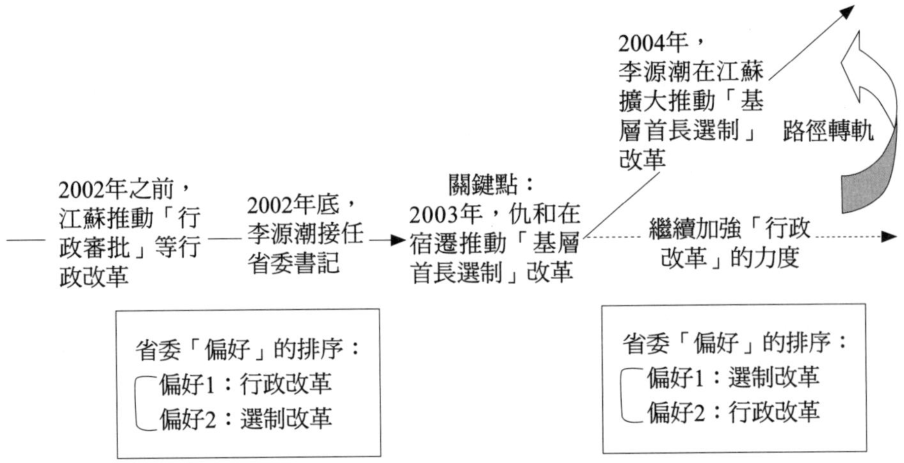

2004年，
李源潮在江蘇
擴大推動「基
層首長選制」　路徑轉軌
改革

2002年之前，　　　　　　　關鍵點：
江蘇推動「行　2002年底，　　2003年，仇和在　　繼續加強「行政
政審批」等行　李源潮接任　　宿遷推動「基層　　改革」的力度
政改革　　　　省委書記　　　首長選制」改革

省委「偏好」的排序：　　　　　省委「偏好」的排序：
偏好1：行政改革　　　　　　　偏好1：選制改革
偏好2：選制改革　　　　　　　偏好2：行政改革

說明：實線代表政改的路徑，虛線代表未繼續推行的政改路徑。
資料來源：筆者自行整理。

圖5-5　江蘇省政改的「路徑轉軌」

---

[92] Thelen, "Historical Institutionalism in Comparative Politics," p. 391.

任何路徑的轉軌，都必須承擔風險性，這也包括李源潮的改革。如果江蘇繼續推動行政改革，即便未持續走向「行政三分制」的力度，也能在審批制度等改革的過程中，增強行政效能，這對於江蘇省的經濟發展有一定的效益。換言之，假設李源潮在江蘇省委任期內，能持續穩定江蘇的經濟發展，對於仕途晉升而言，是一個較為平遂的選擇。但李源潮所推動的改革，卻走向制度轉軌的途徑，是什麼「誘因」？讓李源潮願意賭上政治生涯？他在省委書記任內的政改，是否獲得充分的「利得」（pay-off），而形成「報酬遞增」（increasing returns）呢？[93]

三、第三層次：胡錦濤、李源潮──「和諧社會」在江蘇的試驗

是什麼機制讓李源潮在推動政改的過程中，獲得報酬的遞增？又是什麼「誘因」，讓李源潮願意賭上政治生涯，而進行大規模的「基層首長選制」改革？筆者認為，胡錦濤提升江蘇實施「和諧社會」的效用，使得李源潮願意在「和諧社會」的政績上加以琢磨。李源潮在江蘇的改革，反映出一種不以GDP為導向的改革思維。「和諧社會」的政績，是對於江澤民時期「唯GDP論」的挑戰，胡錦濤需要有地方領導，為他的「和諧社會」豎立標竿。換言之，李源潮在「政績導向的機會主義」中，擁抱了「和諧社會」這項政績。這在以GDP作為政績指標的東部各省中，的確是獨樹一幟。

胡錦濤的因素，恰如一隻「看得見的手」。改變江蘇的政績效用。胡錦濤願意讓江蘇省推動更多的「基層首長選制」改革，是用以鞏固「和諧社會」的執政理論。胡錦濤在2003年提出了「科學發展觀」，其內涵兼容了「小康社會」與「和諧社會」，目的是為了扭轉江澤民時期的「唯GDP論」。[94]2004年之後，更多的高層領導批判了「唯GDP論」。曾慶紅在一次專題會上指出，

---

[93] 「報酬遞增」的概念，請參見Pierson, "Increasing Returns, Path Dependences, and the Study of Politics," p. 252.
[94] 黃亞生認為，1990年代之後入主中南海的「上海幫」，其執政的訴求就是「唯GDP論」。在胡錦濤執政後，開始重視農村問題和貧富差距，以調整中共在1990年代以來的發展政策。Yasheng Huang, *Capitalism with Chinese Characteristics: Entrepreneurship and the State* (Cambridge: Cambridge University Press, 2008), p. 293.

GDP雖是世界通用的經濟指標，但也存在片面性、絕對化的缺陷。[95]在中央經濟工作會議上，亦有幹部主張應揚棄「唯GDP論」的路線。[96]簡單的說，胡錦濤在16大之後，就希望能提出不同於江澤民的指導理論，特別是在「和諧社會」一塊，胡錦濤需要豎立樣版，特別是對於東部的富裕省份。

　　但為何胡錦濤願意將「和諧社會」的改革先行權，交給江蘇？這和省委書記李源潮的派系因素絕對有關。在「小康社會」的政績中，以GDP為導向，有非常明顯的指標與進行方式。但「和諧社會」的「政績」並非以GDP為導向，其過程與結果的不確定性要更高。在這個過程中，「派系」因素賦予推行者的相對安適感，使之減低改革風險，而願意推動較為激進的政改。

　　在胡錦濤的個人脈絡關係中，李源潮與胡錦濤的關係是極為緊密的，他是胡錦濤在1980年代任職團中央的親信。李源潮在執政江蘇後，其個人特質與「團派」經歷，都讓李源潮獲得了「基層首長選制」改革的先行權，這有助於豎立「和諧社會」的樣版。他可能是東部省份要員中，少數不以提升GDP為執政目標的官吏。在太湖污染事件時，他甚至說「只要能把太湖治理好，哪怕GDP下降15%」。[97]李源潮的「政績」還包括犯罪率的下降。他曾表示江蘇每萬人僅出現1.02人的命案發生率，為全國最低水平，甚至「比日本還要低」。[98]但從經濟指標來看，江蘇的表現並非東部最佳的省份。2000年之後，東部各省的競爭非常激烈，江蘇也飽受經濟被他省超越的威脅。我們以江蘇與山東的「地區生產總值」來說明之。由於這兩省在該項指數的差距不大，因此適合用來比較。本書將1999至2007年間的數據，整理於表5-2。

---

95 「以人為本，摒棄『唯GDP』論」，**文匯報**，2004年2月17日，第A1版。
96 「中央提出明年八要務，穩定宏觀政策保持較快增長，中國經濟轉軌，棄『唯GDP論』」，**文匯報**，2005年12月2日，第A3版。
97 「治理太湖不惜降低GDP」，**明報**，2007年10月4日，第A21版。
98 「李源潮勤政務實力推轉型」，**大公報**，2007年10月24日，第A10版。

表5-2 江蘇與山東的「地區生產總值」

李源潮接任
江蘇省委書記

單位：億元（人民幣）

	1999	2000	2001	2002	2003	2004	2005	2006	2007
江蘇	7,698	8,583	9,512	10,632	12,443	15,004	18,306	21,645	25,741
山東	7,662	8,542	9,438	10,552	12,078	15,022	18,517	22,077	25,966

山東的總值
超越江蘇

資料來源：國家統計局（編），中國統計年鑑2003、2008。

表5-2顯見，山東在2003年之前的「地區生產總值」略低於江蘇。但在2004年之後，山東的數值已經高於江蘇。而江蘇被山東的超越，正發生在李源潮的任內。筆者認為，李源潮並非不重視GDP的發展，而是他希望能走向另一種執政典範，也就是對於「和諧社會」的追求。誠如他所言：「江蘇不是最富，但求最和諧」，該省的科教發展、社會安全都是省委重視的焦點。[99]在這個前提下，仇和的改革就吸引住李源潮的目光。李源潮藉由提升基層首長的素質，來維繫社會穩定的政績。

在豎立「和諧社會」樣版的前提下，胡錦濤也樂於放權讓李源潮進行試點。李源潮在胡錦濤的默許下，於江蘇境內推動了迥異於其他東部省份的改革。十七大時，李源潮獲得黨中央的拔擢，上調為中央組織部部長。中共內部人士向「文匯報」透露，李源潮在江蘇推動的幹部選拔任用制度改革，不但得到中央的肯定，而且還有可能在全國進一步推廣。[100]換言之，李源潮捨棄「唯GDP論」的政績，而建立社會穩定機制的改革，是完全正確的賭注，使得李

---

[99] 「晤港知名人士，推介投資環境，李源潮：江蘇不是最富但求最和諧」，文匯報，2006年4月16日，第A9版。
[100] 「新任中組部長李源潮鐵腕嚴治吏，救人入獄前」，文匯報，2007年10月27日，第A17版。

源潮推動政改的「報酬遞增」，產生了「自我加強的過程」（self-reinforcing sequences）。[101]

四、解釋江蘇的政治改革：以「政治菁英取向」取代「中產階級取向」

透過三層次的觀察，筆者認為江蘇的政改有非常強的試驗性質，其改革幅度完全依附在政治菁英的調控。菁英的因素對於中國政治改革的影響，不言可喻。季禮指出，中國的政治發展是透過「菁英領導的轉型」（elite-led transition），[102]江蘇的改革更加突顯出這種特性。江蘇的政改，受中央與地方領導人的支持，特別是胡錦濤、李源潮、仇和。仇和發動的改革，開啟了江蘇人事制度改革的先聲；李源潮則走了一著「險棋」，在仇和的基礎上，他大規模的改革「基層首長選制」，為的是追求「和諧社會」的政績。胡錦濤則認同李源潮的改革，以便在東部省份當中，豎立「和諧社會」的標竿，鞏固胡錦濤的執政路線。胡錦濤在江蘇試驗「基層首長選制改革」的目的，可能是觀察東部省份是否能夠採行該項改革。為此，胡錦濤調高了在江蘇，推動「和諧社會」的政績效用。

筆者在本章一開始就拋出一個問題：江蘇會是『民主化』的前夜嗎？當我們拿著「現代化理論」的視鏡，去找尋經濟發展與民主化的指數呈現「正相關」的省份，很容易將焦點放在江蘇省。但審思江蘇的個案，我們發現「經濟發展導致民主」的命題，並無法適用於該省。首先，從最早出現選制改革的宿遷來說，該地是蘇北最貧瘠的地區之一，這有悖於現代化理論的預期。如果現代化理論的預期正確，那蘇南地區應該最早出現改革，而非蘇北的宿遷。其次，「宿遷經驗」之所以在2004年之後推向蘇南，使得全江蘇成為選制改革最成功的東部省份，李源潮居功厥偉。換言之，蘇北的政改之所以能推向蘇南，關鍵機制並非中產階級，而是領導幹部。

---

[101] James Mahoney, "Path Dependence in Historical Sociology," *Theory and Society*, vol. 29, no. 4 (August 2000), pp. 508-509.

[102] Gilley, *China's Democratic Future*, p. 188.

　　筆者在第二章就提出政治菁英取代中產階級的解釋途徑。「現代化理論」最具代表性的觀點，可見於Moore的論斷：「沒有中產階級就沒有民主制度」（no bourgeois, no democracy）。[103]這個論點認為經濟發展所產生的中產階級，會是驅使政權邁向民主化的動力。但在中國的個案中，該論點是無法成立的。狄忠蒲（Bruce Dickson）透過對新興企業主的研究為例，發現這些資本家偏好的政改是自由化，而非民主化，因為他們需要中共政權提供穩定的環境來繼續發展經濟。[104]在江蘇的個案中，我們很難看到中產階級發揮的作用。筆者指出，江蘇在「基層首長選制」的改革過程中，完全操作在政治菁英手中，這使得江蘇彷彿是領導幹部推動政治改革的實驗室。該省的發展並無「中產階級／民主化」的意涵，自然也難以視為民主化的前夜。

　　政治菁英的取向，是解釋中國大陸省級政治變遷的合理途徑。江蘇的個案完全能適用這項解釋。江蘇能成為東部省份最具民主意涵的地區，最主要是胡錦濤有意透過李源潮的派系關係，在江蘇這個經濟大省試行「基層首長選制」的改革，而提高了江蘇推動「和諧社會」的政績效用。對李源潮而言，有仇和的政改先例，再加上他的「團派」背景，使得其擔負的創新風險較少。對於仇和而言，他的理念與施政方式，使得「宿遷經驗」成為江蘇政改的關鍵點。三位菁英的政治算計，導致大規模的「基層首長選制改革」，在2004年之後登上了江蘇的政治舞台。這就是江蘇發生的故事。

第五節　「公推直選」運用在高層政治的得失

　　最後一節，我們來看看江蘇、四川的「公推直選」運用在高層政治上，存在何種得失。「公推直選」運用在中央層級的政改，必須注意詞彙的不統一。基層的鄉鎮被稱為「公推」的制度，在中央（包括省級），均被統稱為「民主

---

[103] Moore, *Social Origins of Dictatorship and Democracy*, p. 418.
[104] Bruce Dickson, *Red Capitalists in China: The Party, Private Entrepreneurs, and Prospects for Political Change* (New York : Cambridge University Press, 2003), p. 96.

推薦」；而基層的「直選」，由於該詞彙更為敏感，因此在中央（包括省級）被泛稱為「差額選舉」。「公推」就是「群眾」（同級與下級的幹部）推薦「候選人」；而「直選」的定義，筆者設定在「群眾」對於「候選人」的「直接選舉」（差額票決）。但「群眾」的權力僅到此為止，之後的程序就是將得票率較高的「候選人」，交給上級黨組織來做最後的「選拔」，以確保「黨管幹部」的原則。在本節的討論中，筆者將從重要性更高的高層政治，去討論「公推直選」的得失。

誠如「行政三分制」成為「大部制」的前身，筆者認為江蘇、四川的「公推直選」，也提供了黨中央的借鏡。中央委員、政治局委員的民主推薦、差額選舉，有可能參照江蘇、四川的改革經驗。[105]其程序是先藉由「群眾」為上級「選舉」出優秀的「候選人」，再由上級黨組織做最後的「選拔」。何包鋼認為中國的鄉鎮首長選制，有意結合「選舉」和「選拔」的程序，前者的目的是賦予「群眾」的自由選舉，後者則是增強黨的權威。[106]實際上，中央層級的選制改革也反映出這樣的用意，只不過在具體實行的過程中，「群眾」的選舉權力要遠低於基層。

「公推直選」運用在高層幹部的人事甄補，存在著幾個優點。首先，該制度對於有意晉升的幹部，製造出一種「長期性」的戒慎氛圍。由於「公推」的時間長，參與推薦的「群眾」多，只要幹部稍不留意，都容易在「德、能、勤、積、廉」五大考核指標中，遭人詬病。習近平能任職上海市委書記，除了徵詢黨內元老的意見外，更主要的原因是中央曾派專人去浙江基層進行「民主推薦」，因習近平得分最高，讓高層拍版決定任用習近平主政上海。[107]這種「長期性」的考核方式，使得幹部的選拔並非透過激情而短暫的競爭性選舉來

---

[105] 筆者認為中央的這些選制改革只是參考地方的經驗，但不能斷定是仿照江蘇、四川的經驗，因為中央層級的選舉制度改革，起源甚早。「中央委員」的「差額直選」早在十三大就已經實行，而「民主推薦」可能起自十五大。但該制在十七大作了更大幅度的推廣，筆者認為非常可能參考了地方政改的經驗。「差額選舉有利人才選拔」，**大公報**，2006年11月13日，第A1版；「十三大制定的路線不能改變，誰改變誰垮台」，**南方都市報**，2008年12月2日，第19版。

[106] He, *Rural Democracy in China*, p. 212.

[107] 「習近平躍升，黨內精英催生」，**香港經濟日報**，2009年9月7日，第A19版。

出線，減少了幹部對於政治議題的操弄空間。

其次，是決定幹部任用標準的決定權，取決於於中央。舉例來說，中央在近年來提出，要「注意選拔熟悉經濟管理、外經外貿、財政金融、法律、城市建設管理和信息科技知識的幹部。」[108]這種選任方式，可以讓中共隨時調整推薦的指標，並透過「群眾」所提供的訊息，來選擇符合中共所期待的幹部出仕。換言之，中央可以將幹部選任機制，結合國家發展的需要，以確保「群眾」推薦的幹部，都是國家現時所需要的人才。

然則，「公推直選」也存在幾個可議之處。首先，該制度運作的重要環節，在於「群眾」推舉的結果，是否立即公開。「公推直選」運用在鄉鎮黨委書記的層級，其推薦與選舉的結果通常都是對外公布，這使得競爭性獲得實質的提升。[109]但中央層級對於「公推直選」的結果，卻不與對外公布，其根由是著眼於人事佈局的正當性。舉例而言，中央紀委書記的推薦票，一定要高於副書記，否則中紀委書記的正當性就會受到質疑。如果公布「民主推薦」的成績，對於高層安排黨內職務會有非常大的困擾。「民主推薦」的結果，只作為中央內部的參考依據。這種資訊未公開的選制，並無實質的競爭意涵，僅是提供黨中央的資訊來源，使之掌握下屬幹部的評價或工作表現。

其二，中央對於「公推直選」的控制過程，其力度要高於地方層級。以候選人的提名為例，基層的提名管道包括上級黨組織，以及幹部的聯名推薦。但中央層級的推薦權力，主要是掌握於層峰菁英。以十七大的政治局委員甄補為例，「民主推薦」的選票由習近平和李源潮負責規劃。[110]再者，地方層級的「公推」過程中，常搭配候選人的政見陳述，並讓負責提名的「群眾」現場發

---

[108] 「中國省部級幹部密集調整，年輕化知識化特點突出」（2007年10月23日），**新華網**，<http://big5.xinhuanet.com/gate/big5/news.xinhuanet.com/politics/2007-10/23/content_6928019.htm>。

[109] 史偉民、單瀚清，「江蘇省宿遷市宿豫區蔡集鎮『公推直選』黨委書記調查報告」，收錄於史衛民等（編），**鄉鎮改革：鄉鎮選舉、體制創新與鄉鎮治理研究**（北京：中國社會科學出版社，2008年），頁402。

[110] 「黨的新一屆中央領導機構是怎樣產生的」（2007年11月21日），**新華網**，<http://news.xinhuanet.com/banyt/2007-11/21/content_7120521.htm>。

問。[111]但中央層級的「民主推薦」絕不會安排這些措施。

　　最後，該制度還存在一個缺點，那就是在「群眾」的推薦過程中，可能產生同儕之間的挾怨報復。以十七大「政治局委員」的推薦過程為例，中央曾要求「群眾」對擬定的名單進行互評與推薦。[112]但其結果，卻意外的刷下一位「熱門人選」：馬凱。十七大前夕，61歲的發改委主任馬凱被視為是新一屆政治局委員的「熱門人選」，由於他的財經背景，而極有可能升任國務院副總理。但最後在中央規劃的政治局委員候選名單中，竟沒有他的名字。外傳結果馬凱在中委互評的得分偏低，其原因是馬凱在發改委任內中，對於大型項目規劃的審批過程中，得罪地方勢力，使得地方官員的集體反彈。[113]可見「公推」出線的人選，有可能是最「通曉人情」的幹部，其工作實績不一定最突出。

　　「公推直選」實施至今，是一個尚在發展的制度。該制度運用在中央層級，中共必需面對更高的風險性，使得在實施過程的控制力度更為嚴謹。誠如外媒指出：「民主推薦產生出來的名單，仍是由握有實權的政治局常委會控制過程和把關，可見中共在推進黨內民主時，也設法把風險降到最低。」[114]降低風險的主要方式有兩項。其一，對於推薦與投票的資訊不與公開，但這也使得該制對人事任命而言，並無過多實質的制約功能。其次，「群眾」有可能受到某種的暗示，在政治正確的考量下，將推薦票投向黨中央屬意的人選，[115]以避免高層協商之後所產生的人選，未受「群眾」的推薦。總體而言，「公推直選」仍可能是依附在「密室協商」的一環，為中央的人事決策進行合法化的儀式。

---

[111] 舉例而言，四川的「兩推一述」就是這種過程。關於「兩推一述」的運作，讀者可參閱本書第三章的內容。

[112] 「對新一屆領導人選中國展開民主評議」，**聯合早報**，2007年11月20日，第17版。

[113] 「得罪地方失票馬凱未晉政治局」，**明報**，2007年12月7日，第A21版。

[114] 「中國官方媒體：新一屆政治局委員選舉實現推進黨內民主創新」，**聯合早報**，2007年10月25日，第A27版。

[115] 在17大政治局委員的民主推薦結果，似乎可以看出這種端倪。一份官方文件指出，在2007年6月25日的這場民主推薦會上，「推薦票比較集中，推薦結果符合幹部隊伍實際。」筆者認為「比較集中」，恐怕是「集中」在中央原先屬意的人選；而「符合幹部隊伍實際」，則是指符合中央「實際」預定的人選。「新一屆中央領導機構產生紀實」（2007年10月24日），**中國新聞網**，<http://www.chinareviewnews.com/doc/1004/7/6/8/100476818_2.html?coluid=45&kindid=0&docid=100476818&mdate=1024140021>。

即便「公推直選」是一個有侷限的制度，但仍是值得觀察的議題。對於中共政治運作而言，它有可能成為一套新的人事甄補程序。筆者認為「公推直選」的最大意義，在於彌補「梯隊接班」的不足。1980年代後，中共的人事甄補逐漸形成「梯隊接班」的慣例，[116]這個原則是由派系領袖，依據幹部的年齡、資歷、能力，選出幾位接班人選。而「公推直選」重視「群眾」的作用，來評斷幹部的實績與操守。簡言之，「梯隊接班」強調派系領袖的主導，而「公推直選」則重視「群眾」的推舉。

從某種意義而言，「公推直選」並無法取代「梯隊接班」。因為「公推直選」只是利用「群眾」為派系領袖提供資訊，方便其在進行「梯隊接班」時，做出合理的安排，幹部任命的最後決定權，仍掌握在上級領導。換言之，它在短期內仍不太可能改變中共行之已久的任命體制。但筆者認為，中共在未來的人事甄補過程，極可能演變為先進行「公推直選」，後決定「梯隊接班」的模式。[117]這兩種制度的相互配套，或許能為中共的黨國體制，建立起一套權力繼承的新規範。

---

[116] 關於這個問題的廣泛探討，可參見：楊開煌，「中共『十六大』之接班與人事安排—內在邏輯之探討」，**遠景基金會季刊**，第3卷第3期（2002年7月），頁103-135；寇健文，**中共菁英政治的演變：制度化與權力轉移1979-2004**（台北：五南出版社，2004年），頁198-201。

[117] 舉例而言，17大政治局委員的推薦投票上，以習近平、李克強的成績最高，使得兩人晉升為政治局常委。習近平的出線，和胡錦濤並無過多的淵源，他就是藉由「群眾」推薦的管道而晉升。「中共怎選總書記，擴民主關鍵」，**香港經濟日報**，2009年9月19日，第A2版。

第(六)章 結 論

　　探討完前面五章的內容，筆者將在本章進行總結。首先，筆者將先簡述本書的觀點，強調個案比較的發現。其次，筆者將試圖與相關理論進行對話，從本書的研究發現，希望能補強相關理論的觀點。最後，筆者將從更為宏觀的角度，去反思「中國模式」的價值與意義，以做為本書的終章。

第一節　簡述本書的觀點

　　在第一章初始，筆者就提出一個要解答的困惑：為什麼中國大陸出現大規模政治改革的省份，其政改的模式與幅度不盡相同？整體而言，筆者是在回答兩個問題。第一，為何省級的政改模式不同？第二，為何省級的政改力度不同？對於第一個問題，筆者提出「政績」的解釋。各地「初始條件」的考量，使得省級領導相繼追求「和諧社會」或「小康社會」的「政績」。人事制度的改革有助於前者的完成，行政體制的改革和後者有關。賴海榕認為，中西部等經濟發展較差的地方，所推動的選制改革，就是要化解幹群矛盾。[1]而東部省份的改革主軸，則是推動行政改革來發展經濟。

　　第二個問題，也就是為何少數省份的改革力度特別強，筆者以「派系」解釋之。大規模推動「基層首長選制改革」與「行政三分制」的省份，其省委書

1　「『中國地方政府創新獎』考察重慶『法治政府四項制度』」，**21世紀經濟報道**，2005年11月21日，第7版。

記和最高領導人都存在「派系關係」。由於派系因素能降低改革的風險，因此更容易在全省推動激進的改革。部分西部省份也出現「基層首長選制改革」，例如第二章的表2-1所列之雲南、貴州，但由於省委書記並非胡錦濤的派系，[2]因此只能形成局部的政改，無法擴至全省。這證明了筆者的主張：只有省委書記是最高領導人的「派系」，才有能力承擔更多的改革風險，將敏感的制度推向全省。

但筆者也指出，有三項「微義」的要件是不容忽視的。它們分別是：基層幹部出現政改的創新（「基層首長選制改革」或「行政三分制」）、該項政改受到中央肯定、省委書記有理念或威望推動激進的政改。在這三項前提並存下，省委書記才願意在省境大規模的推動「基層首長選制改革」或「行政三分制」，以追求相關「政績」。這三項「微義」要件而言，省委書記的「政績」、「派系」，對於本書所要解釋的依變項而言，是相對重要的因素。

以2005年之後的四川、2009年之後的廣東、2004年之後的江蘇，都具備出現「大規模」政改的條件。以四川、廣東為例，除了三項「微義」的要件外，省委書記張學忠、汪洋，都是胡錦濤的嫡系，使得兩省的政改力度冠居全國。由於兩省的經濟環境迥異，使得張學忠、汪洋，分別推動「基層首長選制」和「行政三分制」。但筆者也指出，在分離主義盛行的西部省份，在「穩定壓倒一切」的思量下，該省並不會推動過多政改。即便省委書記是最高領導人的派系，亦是如此。筆者相信，將解釋層級聚焦在省級領導，並結合「政績」與「派系」因素，最能解釋省級為何會發動大規模的政改。

江蘇的個案，恐怕要讓「現代化理論」的追隨者感到失望。當我們用民主改革與經濟發展呈現正相關的檢視鏡，去找尋中國大陸省份的發展時，很容易被江蘇的個案所吸引。但就筆者的分析，江蘇的政改充斥著高度的試驗性質。

2　白恩培於2001年之後擔任雲南省委書記，石宗源則於2005年之後接任貴州省委書記。筆者無法搜尋任何資料，可以佐證白恩培為胡錦濤的派系；而石宗源的派系色彩亦不特殊，筆者只搜尋到一份資料，指出石宗源曾是胡錦濤在甘肅任職時的同事。但整體來說，這兩人與胡錦濤，甚至任何一位中央領人的淵源均不深。「胡總人事布局全面展開」，**香港經濟日報**，2006年3月20日，A40版。

　　中央、省級、基層領導人是主導江蘇進行改革的關鍵。簡單來說，是仇和的「宿遷經驗」受到李源潮的賞識，李源潮有意擴大推行。此外，胡錦濤有意在東部省份，豎立一個「和諧社會」的樣版，而提高江蘇省委推動「和諧社會」政績的效用。2004年之後的江蘇，三項「微義」的要件亦同時具備，但由於胡錦濤、李源潮、仇和的因素，使得江蘇出現大規模的「基層首長選制」改革。江蘇的案例完全不能說明經濟發展與民主化的聯繫，它反而再現了黨國體制的國家能力，也就是中央對省級的絕對控制。李源潮的政改仍然在追求「政績」，只不過是被胡錦濤調整後的政績：「和諧社會」在江蘇的實踐。

　　在簡述本書的觀點後，筆者希望和其他的理論進行對話。本章將從菁英流動、派系政治、政治發展、創新風險等面向，逐一分析「政績─派系」模式對於現存理論的補充。最後，本書還將在本章略述研究議題的延伸，也就是筆者對於「中國模式」的再審思。

第二節　整體理論的探討

　　「政績－派系」模式是本書所提煉的主要理論。筆者不但希望能解釋省級的政治改革，更希望能和更多的理論進行對話。從本書所運用的兩個主要概念：政績、派系，都存在著更多的理論意涵，值得吾人深究。最後，筆者將討論的層次拉高到對「中國模式」本質的探討，從降低「制度創新」風險的面向，來具體闡述「中國模式」的價值。

一、幹部晉升的途徑：菁英甄補的「雙元政績」回報體系

　　首先，筆者聚焦於「政績」與菁英升遷的議題，和相關文獻進行對話。在文獻論著中，不乏有學者討論中共幹部在達到政績表現後，如何晉升更高職級。薄智躍對於省級幹部的「政績」和未來的升遷做了分析。他所認定的「政績」是指經濟表現，主要從四個方面來探討：人口數量、國民所得、經濟成長、省份盈收。薄智躍的主要觀點認為在人口數量較大的大省，省級幹部的升

遷機會要高於人口較少的省分。在經濟成長方面，薄智躍發現在豐年時期即使經濟成長有表現，其升遷機率都要少於荒饉的歲月。在國民所得和省份盈收的討論上，薄智躍指出幹部在兩者表現較高的省份，其升遷機會確實高於表現較低的省份。[3]類似的觀點可見於周黎安等人的研究。他們指出在1979至2002年間，省級官員的經濟表現績效確實和其官職升遷有著顯著的正相關，反映出中央希望運用人事權來刺激地方官員發展經濟，這是一種以「經濟增長績效」作為基礎的激勵方式。[4]

　　本書無意反駁上述文獻的觀點，也就是經濟成長的「政績」確實有助於幹部升遷。但筆者存在一個疑義，也就是文獻似乎將「政績」限定於經濟表現，但是省級幹部否有存在不同類型的「政績」表現？在經濟不發達的地區，幹部在無法提升過多經濟增長的情形下，是否就阻斷升遷的可能性？如果幹部能在經濟落後之地達到社會維穩，是否也是一項受中央肯定的「政績」？文獻將「政績」限定於經濟表現的一個主因，在於經濟表現容易量化，這對於經驗研究而言有莫大的說服力。但這種研究忽視了省級幹部是否能因為達到社會穩定來升遷高官。如果說幹部有經濟表現的「政績」可助於升遷，其觀點是成立的，但如果要進一步定調僅有經濟表現才有助於升遷，則是過渡推論。

　　本書提出的「政績導向的機會主義」，是一種「雙元政績」的回報觀點。當我們在看待「政績」時，必須扣緊「經濟發展」（小康社會）和「社會維穩」（和諧社會）兩大範疇，省級領導不論達成哪種政績，都有可能會獲得職務晉升的回報。若按照文獻的觀點，只有「經濟發展」才能獲得升遷，那經濟長期困頓的西部省份，其領導菁英是否就喪失了晉升的管道？我們從何理解以下的反例：1988年擔任西藏省委書記的胡錦濤，在1992年升到中央書記處書記；1999年擔任四川省委書記的周永康，在2002年上調為公安部部長；2006年

---

[3]　Bo, *Chinese Provincial Leaders*, pp. 136-141.
[4]　周黎安、李宏彬、陳燁，「相對績效考核：中國地方官員晉升機制的一項經驗研究」，收錄於張軍、周黎安編，為增長而競爭：中國增長的政治經濟學（上海：格致出版社，2008年），頁158。

同樣擔任四川省委書記的杜青林，在2007年調為統戰部部長。[5]這些省級領導所處的地方，其經濟條件不佳，因此較之東部各省難以有過多的經濟表現。但這些幹部的主要工作表現在於維護社會穩定，在做出相關政績後也獲得晉升。

筆者推測中共的菁英晉升管道，存在著「雙元政績」的回報體系。文獻曾指出，幹部的出身背景有可能影響著未來升遷的部門。從職務的聯繫來看，國內學者寇健文認為共青團出身的幹部，較有機會甄補進入組織、統戰、宣傳、紀檢系統。[6]從黨務與政務的分野觀之，臧小偉提出「菁英二元論」（elite dualism），他認為黨務系統和政務系是中共甄補官員的兩個管道，前者重視幹部的政治忠誠，後者較重視專業性。[7]本書認為中共的菁英甄補管道，似乎存在著一個更為宏觀的邏輯，它是從「功能」的角度，反映出「經濟發展」或「社會維穩」兩大政績區塊，幹部只要達臻兩大「政績」的其中一項，中央就會安排一個功能相似的職務使之繼續升遷。

筆者認為這是一個可以開發的研究議題。從菁英流動的層次來看，「職務系統」與「黨政系統」的菁英流動之上，可能還存在著「功能（政績）系統」的菁英流動。對於菁英流動的研究而言，它可能是一個更為適宜的架構，能夠吸納「職務」與「黨政」的範疇。但這方面的研究，必須再依據更多資料來佐證。依此觀點來推論省級菁英的流動，筆者認為省級領導在衡量省級的「初始條件」與中央的期許，會各自以「經濟發展」（小康社會）或「社會維穩」（和諧社會）做為主要的政績。而省級領導只要達臻一項政績，中央就會安排一個適當的職務來給予升遷。如果兩大政績體系存在著菁英流動的循環，則我們可以肯定中共菁英甄補的路徑，確實存在著「雙元政績」的回報體系。

---

[5] 以上資料，參見於寇健文博士主持的「中共政治菁英資料庫」，政治大學中國大陸研究中心，<http://ics.nccu.edu.tw/chinaleaders/index.htm>。

[6] 寇健文，「胡錦濤時代團系幹部的崛起」，頁83。

[7] Xiaowei Zang, *Elite dualism and leadership selection in China* (New York : RoutledgeCurzon, 2004), pp. 2-3.

二、聚焦在「個人層次」的分析：派系政治──解釋共黨體制的制度變遷

本書主張最高領導人和省委書記之間若存在「派系關係」，則該省比較容易出現大規模的政治改革。對於最高領導人而言，放權給親信的省委書記去推動政改，能夠確保改革的幅度獲得掌控；對於省委書記來說，他們確信改革的結果即便不佳，也不易受到懲處，因此願意推動更激進的改革。在最高領導人、省委書記的認知下，我們可以說明為何少數省份的制度變遷，其幅度與力度都較強。

從方法論的角度而言，「派系」解釋是一種非常強調「微觀基礎」（micro-foundation）的途徑。相較於經濟、社會、文化等較為宏觀的因素來說，筆者更強調影響制度變遷的核心，在於「個人」因素：領導幹部。部分文獻在看待制度變遷的議題時，也採用這樣的解釋。[8]但制度變遷的分析層次甚廣，[9]這就呈現出一個需要釐清的焦點：吾人在探究中共政治的制度變遷時，選擇哪一種層次的分析，會是最適宜的架構？[10]

筆者所採取的「派系政治」，是一種聚焦在「個人層次」的解釋。但筆者並不認為經濟、社會的解釋，是可以忽視的要件。[11]舉例而言，中共在十五大和十六大的政治報告，出現一些政治改革的「模糊指示」，其原因為何？一個合理的說法就是中國的經社環境已經發生變化，「最高領導人」理解到政治制

---

[8] 羅德明與吳玉山就認為，鄧小平時期的經濟發展政策，呈現出開放與保守的週期循環，背後反映出鄧小平與陳雲兩大派系的權力消長。Lowell Dittmer and Yu-Shan Wu, "The Modernization of Factionalism in Chinese Politics," *World Politics*, vol. 47, no. 4 (July 1995), pp. 483-492.

[9] Scott曾經指出，影響制度變遷的因素，除了微觀的行為者，還有中觀的制度運作以及宏觀的制度環境。W. Richard Scott, *Institutions and Organizations* (Thousand Oaks, Calif.: Sage Publications, 2001), pp. 184-195.

[10] 就筆者來看，毛澤東所說的「政治路線確定之後，幹部就是決定的因素」，已經為這個問題下了最好的註解。任何政策的運作與改變，都是透過幹部去進行。幹部這項「個人」的分析層次，是影響制度變遷最為核心的關鍵。毛澤東，「中國共產黨在民族戰爭中的地位」，毛澤東選集（第二卷）（北京：人民出版社，1969年），頁492。

[11] 羅德明曾將中國政治的研究途徑歸結為三項：政治經濟、政治社會、政治結構。Lowell Dittmer, "Approaches to the Study of Chinese Politics," *Issues & Studies*, vol. 32, no. 9 (September 1996), pp. 1-18.

度必需做出調適，但在不知如何變革的情況下，只能以「模糊指示」釋放出鼓勵政改的意向。最高領導人的認知，確實受到外在經社環境的影響。但筆者認為經社因素的最大作用，在於影響「個人」（領導幹部）的認知。

筆者反覆強調，在解釋中共政治的相關議題時，若未牽涉到「個人層次」，會是一個解釋力較為不足的分析。只有「個人」才會產出決策，經社或文化因素不會直接主導決策。換言之，即便經社環境發生改變，若政治菁英無意改變政策，仍不會發生制度的變遷，張德江主政的廣東就是顯例。本書將分析層次聚焦於「個人」（胡錦濤、張學忠、汪洋、李源潮），實際上是緊扣「派系政治」想探討的兩項核心議題：領導階層的關係、領導階層的決策。[12]胡錦濤認知到政治制度必須改變，因此藉由親信的省委書記去試行政改，以作為中央的參考。在上述領導幹部的認知下，重大的制度變遷發生在四川、廣東、江蘇等地。

「派系政治」做為個人層次的重要變項，可以清楚說明複雜的政治現象。黃靖提出一個有趣的架構，他將「派系」作為自變項，認為領導人的權力是奠立在「派系」所形塑的人脈網絡。[13]但鄒讜則認為將「派系」視為中介變項，是一個較合理的架構。[14]無論是自變項或中介變項，兩位學者都指出「派系」是一個可用來解釋政治現象的因素。就本書的立場來看，與其運用經濟發展、社會條件，甚至文化因素去解釋政治改革，不如將視野直接聚焦於政治菁英的「派系」因素。它強而有力的闡述了一件事情：在十六大之後，為何在初始條件相似的地區，只有胡錦濤的「派系」擔任省委書記的省份，才出現大規模的政治改革。

「派系」分析的另一個優點，在於符合中共政治體制的特性。中共政治

---

[12] Jing Huang, *Factionalism in Chinese Communist Politics* (New York: Cambridge University Press, 2000), p. 2.

[13] Huang, *Factionalism in Chinese Communist Politics*, p. 5.

[14] 鄒讜認為在運用「派系」的概念之前，還必須先討論該派系是受到意識型態或政策分歧的影響所形成。因此，派系的成因是自變項，派系只是中介變項。鄒讜，「略論中國政治中的宗派主義」，收錄於甘陽（編），**中國革命再闡釋**（香港：牛津大學出版社，2002年），頁242-243。

體系的制度化的程度不高，黃靖認為欠缺制度化的環境，為派系主義的發展提供了必要條件。[15]「派系」在共黨體系的制度變遷過程中，扮演非常重要的因素，它反映出「個人」始終是決定制度運作的關鍵。就政治科學來說，學者傾向以「正式制度」的角度去建立因果關係，而淡化「個人」的因素，但這無法完全適用於中共政治的場域。「派系政治」雖不是正式制度，但它是「非正式制度」，符合North對於「制度」的理解：一項「約束人類互動行為」的規範。[16]派系領袖和扈從者之間，可能存在某種默契而影響政策的產出。

但筆者必須指出，在運用「派系」的概念時，確立「扈從關係」是一個非常棘手的難題。聚焦在「派系政治」的視野，無可避免的必須對於派系菁英的背景要有深入的瞭解，以檢視「扈從關係」是否存在於兩位菁英之間。筆者運用許多資料，來佐證張學忠、汪洋、李源潮和胡錦濤的特殊情誼，以論證彼此的派系關係。廣東省長黃華華也有過「共青團」省委書記的經歷，許多學者將之歸為「團派」。然則，我們仔細探究其背景，卻看不出他和胡錦濤有密切的關係，其絕非胡的「派系」。學界在運用派系政治的概念時，必須盡量用翔實而豐富的資料，去論證派系成員之間確實有深厚的「扈從關係」。只有對派系成員進行精確而嚴謹的定義，才能充分說明「扈從關係」確實存在於派系內部，也較能周全的說明派系領袖是如何透過扈從者，去推動制度的變遷。

對於中共政治的研究來說，「個人層次」分析具有悠久的傳統。它是學界在冷戰時期，研究中共政治的主軸。[17]而「派系政治」更是在政治菁英的研究上，最為重要的途徑。[18]就筆者來看，這些冷戰時期的學者，企圖回歸「人」

---

[15] Huang, *Factionalism in Chinese Communist Politics*, p. 64.

[16] North, *Institutions, Institutional Change, and Economic Performance*, p. 3.

[17] 相關文獻可參見Roderick MacFarquhar, "Communist China's Intra-Party Dispute," *Pacific Affairs*, vol.31, no.4 (1958), pp. 323-35; Richard D. Baum, "Red and Expert: The Politico-Ideological Foundations of China's Great Leap Forward," *Asian Survey*, vol.4, no.9 (September 1964), pp. 1048–1057; Lowell Dittmer, "Bases of Power in Chinese Politics: A Theory and Analysis of the Fall of the 'Gang of Four,'" World Politics, vol. 31, no. 1 (October 1978), pp. 26-60; Frederick C. Teiwes, *Leadership, Legitimacy, and Conflict in China* (Armonk: M.E. Sharpe, 1984).

[18] 政治菁英的途徑甚多，寇健文認為文獻涵蓋了「極權主義」、「派系政治」、「世代政治」、「技術專家治國」等議題。這四類途徑當中，又以「派系政治」的重要性最高。寇健文，*中共菁英政治的演變*，頁13-40。

的視野，重視人際網絡與權力關係的聯繫，從政治菁英的角度，去追問高層政治為何變遷、如何變遷等重要的議題。他們的研究不流於枝微末節的討論，而是聚焦於領導幹部的面向，深入到菁英的生涯史，去探究個人經歷與政治決策之間的關係。本書所表達的觀點，除了強調「個人層次」的解釋效力外，也希望突顯筆者撰寫此書的初衷：中共政治歸結到底，就是「人的政治」，任何解釋途徑都不應該忽略對於政治菁英的分析。

三、政治發展的另一種劇本：政治菁英的「供給」取代中產階級的「需求」

筆者要對話的第三類文獻，是關於中國大陸政治發展的探討。學者對於中國政治是否能夠走向民主化，做出相關討論。[19]許多文獻緊扣現代化理論的核心要義，認為中國在經濟發展之後所產生的中產階級，會自主的尋求政治民主。胡少華指出，中產階級會成為在中國成為追求民主化的骨幹。[20]季禮認為中國在本世紀之交，會出現10%至15%的中產階級，這和美國在1950年的17%與日本在1975年的14%相當，使得中國可能開始產生民主化。[21]更為樂觀的看法來自於Diamond，他認為在2025年之前，中國會因為中產階級數量的大幅增加，而使得政治發展朝向民主化前進。[22]

但亦有學者認為中國不會因為中產階級的因素，而造就政治的民主化。這可以由兩個面向來說明。其一，是分析中產階級的性質。這些新興的中產階級，和黨政菁英之間存在著共生共榮的關係，而非一種敵對的關係。狄忠蒲提出「裙帶共產主義」（crony communism）的概念，認為中共在發展的過程中，試圖去吸納新興中產階級，使得兩者之間產生一種裙帶關係，中產階級支

[19] Nathan, *Chinese Democracy*; Thomas Lum, *Problems of Democratization in China* (New York: Garland Publishing, 2000); Yanlai Wang, *China's Economic Development and Democratization* (Aldershot: Ashgate, 2003).

[20] Shaohua Hu, *Explaining Chinese Democratization* (Westport, Conn.: Praeger, 2000), p. 150.

[21] Gilley, *China's Democratic Future*, pp. 64-65.

[22] Larry Diamond, *The Spirit of Democracy: the Struggle to Build Free Societies throughout the World* (New York: Times Books/Henry Holt and Company, 2008), pp. 231-237.

持中共政權的穩定。[23]另一種文獻則探討中產階級在追求利益的過程。中國的私營企業主在競逐商業利益時，不是透過政治參與的管道來為之。蔡欣怡提出「調適的非正式制度」（adaptive informal institutions）的概念，認為企業主利用非正式的管道去追求自身利益，這對於中共的體制層面而言，不會造成民主化的迫切壓力。[24]

對於中國是否民主化的這兩類文獻，觀點互異。主要關鍵在於吾人從何看待中產階級的角色與作用。在相當程度上，筆者同意狄忠蒲等人的觀點，認為中產階級對於民主化的影響力有限。即便我們同意Diamond所言，中產階級會自主的要求政治變革，但筆者仍要質疑，發自於中產階級的政治訴求，其影響的層次是否能擴及全國？抑或僅侷限於基層的地區？筆者認為地方性的試點和民眾的「需求」或有關連，但省級大規模改革的興廢，則取決於政治菁英的因素。

省級的政改和中產階級之間，並無過多的連結。四川、廣東、江蘇的政改，都是省級領導人為了追求中央所釋放的兩項政績——和諧社會、小康社會。這是一種從中央的「供給」（supply）面向，而非民眾的「需求」（demand）面向去討論「民主化」的問題。[25]誠如筆者在第二章提到，「中產階級」取向並無法解釋省級政改互異的現象，「政治菁英」取向是一個較適宜的分析架構。

過去的文獻在探討中國大陸政治發展的問題時，是否過於重視中產階級的「需求」面向？這些追隨「現代化理論」的文獻，似乎存在一個偏見：任何研究若不扣緊中產階級的要因，並預設中共未來一定會朝向民主化來發展，則這

---

[23] Bruce Dickson, *Wealth into Power: the Communist Party's Embrace of China's Private Sector* (New York: Cambridge University Press, 2008), pp. 22-23.

[24] Kellee S. Tsai, *Capitalism without Democracy: The Private Sector in Contemporary China* (Ithaca, N.Y.: Cornell University Press, 2007) pp. 203-221.

[25] 這方面的論述，是筆者在2010年3月11日於中研院政治所的論文發表會上，由吳玉山老師、冷則剛老師、徐斯儉老師提出的觀點。筆者感謝並同意三位老師的見解。另外，關於民主化的需求與供給取向之提法，可參閱：林佳龍，「解釋台灣的民主化」，收錄於林佳龍、邱澤奇（編），**兩岸黨國體制與民主發展**（台北：月旦出版社，1999年），頁88-89。

種研究動機就不夠高貴。但筆者認為,理論的良窳,不在於它是否服膺某種理念或價值,而在於能否用最清晰而簡約的方式,將複雜的研究現象解釋清楚,並符合實際狀況。本書認為從政治菁英「供給」的角度來切入,是詮釋中國大陸政治變遷的另一種劇本。「政治菁英取向」的研究途徑,是從「供給」的角度,指出省級政改的鋪陳與廢止,主要掌控在中央、省級領導幹部的手中。這樣的解釋確實能讓讀者易於理解,為何省級會出現不同模式的政改。

政治菁英的「需求」面向,符合本書的實證研究。四川省委之所以決定將「基層首長選制」改革推向全省,目的在於追求「和諧社會」的政績。省委書記張學忠制訂了正式法規去保障政改的推展,其背後的目的,在於達到社會維穩。廣東則反映出東部省份在積極追求經濟成長的同時,有意以增強行政效率來增加統治能力。廣東省委領導人的施政核心只有一個:保持經濟發展的屹立不搖。對於許多中共領導而言,經濟發展確實是其合法性的來源。[26]江蘇的政改是東部省份的異例。但就本書的解釋,李源潮將「基層首長選制改革」推向全省的動力,與中產階級的「需求」並無過多聯繫,他主要是追求胡錦濤所指定的政績。就政治發展的路徑來看,江蘇可能是東部省份最具「民主」色彩的地區,但卻是政治菁英有意塑造的結果。如果該省的試點遭到廢止,筆者亦不會感到意外。畢竟將政改的成果,寄託在領導幹部的仁慈,本身就是一種不穩定的方式。

「供給」面向的討論,可以補充「需求」面向的觀點。目前文獻對於中共政治改革的討論,多從「需求」的角度去檢視之。[27]但誠如筆者一再強調,當我們的討論主題僅為基層的政改時,中產階級、市民社會等因素是非常重要的。但該項制度是否要進一步推行到省級以上,則主要端賴於領導幹部的認知,這促使吾人由中央的「供給」面向,去慎思省級領導人推動政改的動機。

---

[26] Weixing Chen and Guoli Liu, "Building A New Political Order in China: Interpreting the New Directions in Chinese Politics," in Weixing Chen and Yang Zhong eds., *Leadership in a Changing China* (New York: Palgrave Macmillan, 2005), p. 67.

[27] 這方面的重要理論,可參見國內學者吳玉山提到兩個分析概念:工具民主需求、內在民主需求。吳玉山,「現代化理論 vs. 政權穩定論:中國大陸民主發展的前景」,政治科學論叢,第9期,1998年6月,頁453~456。

「和諧社會」和「小康社會」是中央所拋出的兩項「政績」，省委書記在理性的考量下，追求不同的政績，繼而推動不同的政改。換言之，以「政治菁英取向」來取代「中產階級取向」的研究，能夠適切的解釋大規模的政改為何發生。

　　另一個可以開發的議題，是將「供給」與「需求」的理論進一步連結。雖然本書主要是以「供給」面向來研究省級改革，但筆者無意完全忽視「現代化理論」的貢獻。省級領導人的認知，是否完全不受市民社會、中產階級的「民主需求」所影響，這是一個需要謹慎看待的議題。即便本書的實證研究認為大規模的省級改革，確實是受制於政治菁英的「供給」，但如果未來有更多的案例，一個較適切的作法是結合「需求」與「供給」面向的途徑，為中國大陸政治發展的解釋，建立更全面的分析架構。[28]

四、政治改革的新視角：省級——中央降低「制度創新」風險的策略

　　最後，我們提出一個檢視中國政治改革的新視角：省級。筆者認為這是一個重要，但被多數學者所忽略的面向。多數文獻在處理中國大陸政治改革的議題時，多從中央層級出發，而將中國視為鐵板一塊的情境。筆者認為這些文獻僅是較為原則性的討論，但不易再提煉出更為深迴的觀點。[29]中國境內省份「初始條件」存在極大的差異，如果將討論層級放在中央，實際上是忽略最富意義的層級：省級。本書所列舉的三個省級個案，對於政治改革的議題，都蘊含著更值得討論的面向。

　　中國未來政治改革的路徑為何？是否會朝向「民主化」發展？這是一個重

---

[28] 這個觀點，同樣是筆者於2010年3月11日在中研院政治所的論文發表會上，由吳玉山老師所提出。筆者認為這會是一個有意義且有創見的學術工作。

[29] 整體來說，目前文獻在探討中國大陸的政治改革，可以歸結為三個論調。第一、中國大陸不會走向西方式的自由民主體制。第二、中共在政權維繫與體制活化之間，會取得一個平衡。但任何政治改革的目的，主要是維繫政權的存續，因此任何改革的前提是不能衝擊一黨專政的體制。最後，中共強大的黨國能力，在短期之內仍有有能力調控政改的進程。但由於共黨體制的侷限無法根除，因此中共的政治發展前景，會是一條崎嶇的道路。相關文獻，參閱Pei, *China's Trapped Transition*; Shambaugh, *China's Communist Party*; Andrew J. Nathan, "Authoritarian Resilience," *Journal of Democracy*, vol.14, no. 1 (January 2003), pp. 6-17.

要但不易回答的問題。筆者認為當中的關鍵，是我們如何去選擇有意義的分析層次去看待這個問題。相較於中央層級資料的侷限，研究者在短期之內確實難以建立新理論。但如果我們將視野聚焦省級的大規模政改，不但容易找到豐富的研究素材，並能夠建立新的理論來和更多民主化文獻來進行對話。在省級改革的視野下，本書嘗試從「政績－派系」模式，來解釋這些省份在中央對政改的調控下，為何會選擇不同的發展路徑？進一步的延伸，我們可以追問：中央為何願意放權讓省級探索不同的政改？

筆者認為當中的關鍵，在於「制度創新」（institutional innovation）風險性的問題。不少學者已經提到，中共在推行改革的過程中，反映出「漸進主義」（gradualism）的型態，中央領導人可以掌控改革進程。[30]用中共的術語來說，就是藉由「摸著石頭過河」來累積經驗。但文獻的討論多停留在此，並沒有進一步討論中央在「摸」的過程中，如何降低改革的風險性？筆者認為「最高領導人」藉由「扈從關係」，在地方安插親信幹部，並賦予這些幹部最實質的改革先行權。由於政治改革是一個不存在先驗模式，又涉及政治敏感的議題，改革的幅度和進程都不能脫離中央的掌握，只能將政治改革的權力交給親信幹部。若制度能夠推行，中央領導人再進一步推廣至全國，若制度改革的風險過大、或是反對力量過強，則馬上終止試點。筆者認為中共採用的這種方式，可稱為「政治改革的宏觀調控」。

這是一個有意義的嘗試。周雪光曾經提到，如果中國模式是「摸著石頭過河」，那重點是「誰來摸？」如果答案是「中央」，那萬一「摸錯了」，怎麼辦？[31]全國整體性的改革方式，是否會造成「一步錯，全局錯」的危險，而造成類似「文革」的災難，進而導致中共政權的崩潰？[32]中國當前的政改模式，

---

[30] Pei, *China's Trapped Transition*, p. 25-26.

[31] 周雪光，「中央集權的代價」，收錄於吳國光（編），**國家、市場與社會**（香港：牛津大學出版社，1994年），頁84。

[32] 相似的觀點，可參見黃亞生對於中國和蘇聯改革成敗的比較。他認為中國在改革過程中，需要省級提供資訊，並降低中央對於經濟政策的整體性規劃。在這個前提下，中國反而較蘇聯的體制來得靈活，能夠適時的調整政策來承受經濟改革的影響。筆者認為，蘇聯走的改革路徑較類似全國一致性的模式，在一個改革環節出錯的情況下，很容易導致整體改革的崩

是避免全國整體性的改革，讓一部分地方先試行政改，而這些地方幹部通常是最高領導人的「扈從者」，中央有絕對的權力調控政改的幅度與進程，這可以有效降低「制度創新」的風險性。所謂的「中國模式」，除了「摸著石頭過河」的漸進改革外，還有一個重要的意義，那就是「最高領導人」藉由在地方安插親信，以調控整個改革的進程，避免改革的「風險性」。

從這個議題再延伸，我們就不會對於為何各地的政改出現不同的模式，而感到困惑。各地政改模式的迥異，可能是中央有意塑造的結果。中央必須慎思要透過什麼方式，來鼓勵地方制訂出因地制宜的制度，並設法降低「制度創新」的風險。文獻已經討論地方的改革，有可能會率先試行。夏明提出的「雙元發展型國家」，指出地方會在中央的默許下，以特殊的方式來尋求地方的發展。[33]按照鄭永年的講法，中國大陸各省呈現出「實存的聯邦主義」（*de facto* federalism）。他認為江蘇、廣東的經濟發展，說明了地方諸侯能夠透過談判、利益交換等方式，來追逐自身的發展。[34]而這些地方省份，有可能成為包瑞嘉（Richard Baum）等人謂之的「國中之國」（state of the state）。[35]

但上述學者的貢獻，只是對於中央／地方關係的現象做出描述。這些文獻指出「去中央化」（decentralization）已經見諸於當前的中國大陸，但並未具體說明，為什麼少數地區能獲得中央的垂青，而得到改革的先行權？此外，這些學者仍將改革定位為經濟改革，誠如筆者一再強調，這是一個較為狹隘的見解。從「政績－派系」模式，可以補充夏明等人的觀點。筆者認為有條件成為改革先行的省份，其省級領導人多為最高領導人的「派系」，這使得該省能獲得改革試點的「尚方寶劍」。此外，在幹部考核制的制約下，省級領導人會依據該省的「初始條件」，來追求「經濟發展」或「社會維穩」的政績。前者

潰。Yasheng Huang, "Information, Bureaucracy, and Economic Reforms in China and the Soviet Union," *World Politics*, vol. 47, no. 1 (October 1994), p. 119.

[33] Xia, *The Dual Developmental State*.

[34] Yongnian Zheng, *De Facto Federalism in China: Reform and Dynamics of Central-Local Relations* (Hackensack, N.J. : World Scientific, 2007).

[35] Richard Baum and Alexel Shevahenko, "The 'State of the State'," in Merle Goldman and Roderick MacFarquhar eds., *The Paradox of China's Post-Mao Reforms* (Cambridge, Mass.: Harvard University Press, 1999), pp. 333-360.

傾向改革「行政管理體制」，而後者則會重視「幹部人事制度」，筆者分別以「行政三分制」和「基層首長選制」做為指標。在這個面向下，我們可以解釋為何這些省份的「尚方寶劍」，所行使的方式並不一致。

　　中央默許地方依據「初始條件」來進行制度創新，並將改革先行權賦予省級的親信幹部。這種「政績—派系」模式，確實可以有效降低「制度創新」的風險性，以避免「大爆炸」（big bang）式的改革路徑。學者在討論「中國模式」時，已經觸及上述的議題，但卻多從中央的面向去討論之。由中央層級來看待「中國模式」，實際上掩蓋了「省級」這個最富意義的改革區塊。從省級的政改脈絡，我們當可對「中國模式」有更清楚的理解。

第三節　「中國模式」再省思

　　做為本書的終章，筆者希望能從更為宏觀的面向，去檢視本研究的貢獻。筆者將環扣於一個存在已久的辯論：何謂「中國模式」？去剖析本書對於該議題的啟發。中國在改革開放之後的成就，舉世矚目，在世人稱羨的背後，卻反映出西方世界的焦慮。一個民主的中國，有助於消弭西方國家對於中國崛起的戒慮，但「中國模式」卻和西方的期待背道而馳。這也導致了學界對於中國的發展，究竟是一個「問題」？抑或一個「典範」？出現了聚頌盈庭的辯論。[36]但筆者認為文獻對於「中國模式」的本質，並未做出令人滿意的釐清。我們只知道中國的發展是在威權政體的統治下，走出一條漸進改革的道路，且經濟改革的步伐要先於政治改革。它絕對不是「西方」世界所認知的發展模式，但它的本質到底是什麼？筆者認為文獻所描繪的輪廓並不夠清晰。

　　文獻的盲點，在於從整體的層面，將中國的發展定位為一種概括性的模式。戴慕珍認為，「中國模式」相對於蘇東的發展，其特殊之處在於轉型過程

---

[36] Randall Peerenboom, *China Modernizes: Threat to the West or Model for the Rest?* (Oxford: Oxford University Press, 2007), pp. 2-10.

中，不可忽視國家力量的主導。[37]從政治改革的面向，吾人要如何具體去理解戴慕珍的觀點，進而去描繪政改的輪廓？筆者在第二章就提到，中國實在太大了，且各地的發展差距要遠迢於世界其他廣土眾民的大國。中國一個省的面積就相當於一個國家，扣除直轄市和特區不算，中國有23個省。從另一個面向來看，中共實際上是在統治23個「國家」。筆者一再強調，中國內部這23個省份，是最實質的改革實體。而所謂「中國模式」則是較為不具體的概念。

　　誠如戴慕珍的警語，在探究中國改革的過程中，不可忽視國家力量主導的因素。中央允許各省份進行因地制宜的改革。但筆者進一步指出，這些進行改革試點的省委領導人，通常是最高領導人的「派系」，中央藉以調控整個政改的進程與幅度。也就是說，中央在「摸著石頭過河」的過程中，設法降低風險性。這種降低風險的方式，是鼓勵有條件執行政改的省份，吸收他國的政改經驗，作為因地制宜的方案。即便改革失敗，也不會殃及全國。避免全國一致性的改革，有助於中國探索一條未知的發展道路。從這個角度來看，中國各地政改模式的迥異，似乎是中央所樂見的結果。

　　如果中央鼓勵各省，去追求他國的政改經驗，則筆者願意再從比較政治的面向，去詢問一個世人所忽略的問題：這些改革先行的省份，是否和部分國家的發展存在著相似性？四川在2005年之後的「基層首長選制改革」，是為了解決「後發展」地區的困境。我們驚訝的發現，同是「後發展國家」的拉丁美洲，在1970年代受到經濟危機的重創，也紛紛推動民主改革。[38]以墨西哥為例，受到能源危機的衝擊後，該國在1978年推動一系列政改，包括登記3個合法政黨，使得該國的政黨數達到7個；以及修改聯邦選舉法，增加了100位眾議員的席次，並按照5大選區的得票比例來分配這些新的席次。其目的是為了讓選舉體系，能反映出新興的公眾利益。[39]後發展地區的共同特色，是處理經濟

---

[37] Jean C Oi, "The Role of the Local State in China's Transitional Economy," *The China Quarterly*, no. 144 (December 1995), pp. 1146-1147.

[38] James M. Malloy, "The Politics of Transition in Latin America," in James M. Malloy and Mitchell A. Seligson eds., *Authoritarians and Democrats: Regime Transition in Latin America* (Pittsburgh: University of Pittsburgh Press, 1987), pp. 248-249.

[39] Jorge Alcocer V. "Revent Electoral Reforms in Mexico: Prospects for a Real Multiparty

發展過程的社會不穩定，這使得領導人必須推動選舉改革。但這種選舉改革是否具備「民主」的實質意涵，則非所問。

廣東的行政改革在中國獨占鰲頭。傅高義從比較的觀點，將廣東的改革類比為日本、台灣、南韓。[40]「發展型國家」的思維，是藉由國家力量來推動經濟成長。廣東的經濟發展在東部省份具有相當的地位，這是促使該省推動「行政三分制」的主因。但廣東的行政改革，早已跳脫地方「制度創新」的層次。鄭永年指出，廣東的行政改革對整個中共黨國體制帶來「重大的政治意義」，[41]因為廣東為了永續其經濟發展，必須推動的配套改革，已超過省委能夠處理的範圍。行政改革如果要推展，勢必涉及政治改革，包括建立獨立司法機制、全民普選，但這些議題並非廣東一省可以駕馭。廣東的發展確實和東亞發展型國家有些類似，但這種欠缺「政治」層級的改革，恐怕會讓外界產生「畫虎不成反類犬」的質疑。

從比較的觀點來看，就呈現出一個有趣的景象。中國是一個「國家」，但這個「國家」的內部卻存在截然兩種不同的發展模式：「後發展國家」與「發展型國家」，[42]這是「中國模式」令人感到著迷與好奇之處。近似的看法，可見於學者吳玉山的觀點。他認為中國大陸的發展模式，揉合了「後極權主義」與「資本主義發展型國家」的要素。[43]如果從全國一體的角度來看，吾人固然贊同吳玉山的見解，但若將視野放在省際，則更可以清楚的察覺，中國各地確

Democracy," in Riordan Roett ed., *The Challenge of Institutional Reform in Mexico* (Boulder: Rienner Publishers, 1995), pp. 58-59.

[40] Vogel, *One Step Ahead in China*, pp. 426-427.

[41]「廣東改革的中國意義」，**聯合早報**，2009年10月6日，第10版。

[42] 相較於「發展型國家」強調經濟發展必須由國家來主導，「後發展國家」則更強調在經濟相對落後的狀態下，國家一方面要處理經濟發展的問題，但卻要解決社會不穩的難題。「發展型國家」的理論並未探討國家如何面對社會不穩的局面，但「後發展國家」的相關理論，則認為國家在追求現代化的過程中，必須處理相伴隨的社會危機。白魯恂曾歸納為六大危機──認同、合法性、貫徹、參與、整合、分配等危機。筆者認為，後發展地區在應付上述危機的一種作法，是以選舉制度的改革來化解社會不滿。但這些選制的改革，有很強的工具性，它們只是為了維繫政權的穩定，所做出的妥協。關於白魯恂所提的六大危機，參見 Lucian W. Pye, *Aspects of Political Development* (Boston: Little, Brown, 1966), pp. 62-67.

[43] 吳玉山，「宏觀中國：後極權資本主義發展國家──蘇東和東亞模式的揉合」，徐斯儉、吳玉山編，**黨國蛻變：中共政權的菁英與政策**（台北：五南出版社，2007年），頁310。

實存在著不同的發展模式。

　　筆者邀請各位讀者，試圖盱衡中國大陸的地圖。當我們將目光停留在中西部省份，該地區所面對的問題，不就是拉美等「後發展國家」的困境？若將視野移到東部的富裕省份，似乎看到它們正在複製台灣、南韓在1970年代的路徑，或許就不難理解為何學者將該地類比為「發展型國家」。尤令人饒富興味的，是「最高領導人」藉由在地方安插親信幹部，降低政改的風險性。在必要時，甚且可以在江蘇這個「（地方）發展型國家」，試行四川的政改模式，以推測兩種類型的政改是否能夠物換星移。如果我們把中國境內的每個省份都當成一個「國家」，將驚喜的發現，中國的政改地圖可能是世界地圖的縮影。[44]「中國模式」沒有一個固定的藍圖，但中國境內卻汲取世界各國政改的智慧與成果。這就是中國！

　　「中國模式」也許是由「華盛頓共識」的追隨著，在不安與焦慮的狀態下，所建構出來的集體想像。若能成為「華盛頓共識」的主要競爭著，「中國模式」或感與有榮焉。然而，筆者認為這兩種模式競爭的前提並不存在。西方評論家曾以「北京共識」（Beijing consensus）來為中國改革路徑來定調，[45]但中共官方人士指出：「過去兩年裡，媒體經常提起『北京共識』，事實上，這種東西根本不存在。」[46]換言之，中國確實沒有一個先驗的藍圖。即便要使用「中國模式」的詞彙，筆者認為它所代表的意義並非一套固定的施政藍圖。而只是在中央的調控下，鼓勵各省汲取世界各國的發展經驗，但前提是必須由中央做出整體的安排，以期「為我所用」。

　　中國的發展路徑真的是一種「模式」嗎？筆者始終抱持懷疑論。筆者認為它所反映的價值，只是一個「方法」。也就是在共產主義國家的政經轉型，尚無成功前例可循的窘境下，中國被迫擷取世界各國已知的改革經驗，並設法

---

[44] 在很長的一段時間，自由民主體制的西方國家恐怕不會是中國境內省份取法的對象。中國的政改地圖，比較可能充斥著「非自由民主」的其他政治體制。

[45] Joshua C. Remo, *The Beijing Consensus* (London: Foreign Policy Centre, 2004).

[46] 「中國智囊秘密會議『走光』」（2006年04月9日），多維網，<http://blog.dwnews.com/?p=9416>。

降低改革風險的一種「方法」。誠如中共一再強調：「需要借鑒人類政治文明有益成果，但我們絕不照搬西方政治制度模式，絕不放棄我國政治制度的根本。」[47]同是後發展地區，四川與拉美雖都從事「民主」改革，但拉美對於完善「普選」機制的努力，就不會是四川的選項。

在討論完上述議題後，本書的研究也到了尾聲。當筆者的思緒重新回到四川、廣東、江蘇的個案，腦海又再次浮現出一幕幕的景象。撫今憶昔，筆者似乎看到張錦明、李仲彬、周永康、張學忠、于幼軍、劉玉蒲、汪洋、仇和、李源潮、胡錦濤、曾慶紅……，一批批領導幹部，在黨國體制的侷限下尋求政治改革的突破。他們反映中共在世紀交會的這十年，對於「政治體制」該如何改革的探索。本書所呈現出來的內容，是筆者對於近十年政改軌跡的紀錄和解釋，是對於政改得失的討論，也是對於政治菁英的合理評價。當然，深藏在筆者內心的企盼，是能夠藉由本書的理路，和讀者共同解答一個世人的疑惑：中國政治該往何處去？以做為思想的邀約。

---

[47] 「堅持中國特色社會主義政治發展道路」，人民日報，2008年3月2日，第1版。

筆者在附錄的部分，將從較為抽象的層次，去檢證「政績—派系」對於因果關係的建立來說，是否為最適宜的解釋項。筆者將借用「質性比較」的分析途徑，將變項調整成「發生」（present）或「不發生」（absent）的類型，並透過多個個案的比較，去分析什麼因素是導致結果發生與否的關鍵。[1] 筆者將援引兩種型態的方法論。其一，是「布林代數分析」（Boolean algebra analysis），它將個案之間的「變項」，分別視為一組靜態的組合，透過個案的比對去提煉出最重要的變項，以建立「複數因果關係」。其二，是「事件結構分析」（event structure analysis），其將「時序」的概念帶入個案之中，使得變項依據「時序」來組合，再去檢視哪個變項是較具意義的解釋項。

在變項的選定上，筆者將從前幾章所反覆強調的幾個自變項與依變項，去進行編碼與檢證。在自變項的選定上，除了省級經濟發展的良窳外，還有三個「微義」的要件，包括：基層幹部是否有制度創新、該制度創新是否受到中央認可或默許、省委書記是否有理念或威望推動政改。以及本書最重視的兩個要件：省委書記的政績、派系因素。在依變項的設定上，則是探討省級是否出現「大規模」政改，以及該政改為「基層首長選制」或「行政三分制」的改革。這些變項，貫穿於前幾章的篇幅。但筆者認為「歷史比較」常存在著文字與理論之間的模糊性，使得研究設計很難做到嚴謹。如果我們能將文字轉化為符號，利用符號來進行整體個案的再檢證，對於歷史事件與理論之間的連結，當

---

[1] Larry Griffin and Charles C. Ragin, "Some Observations on Formal Methods of Qualitative Analysis," *Sociological Methods & Research*, vol. 23, no. 1 (August 1994), p. 4.

更具有說服力。

筆者所採用的兩種比較方法，其著重面向不同。「布林代數分析」適合去建立多個案之間的複數因果關係，但所求出的因果關係可能只是符合這些個案情境的解釋，自變項是否存在有意義的解釋效力，則無從置喙。「事件結構分析」可以補充「布林代數分析」的侷限，其依據個案的「時序」來組併變項，讓研究者判斷哪個自變項在因果鍊的距離，最接近依變項；以及自變項在因果鍊出現的次數是否過於頻繁，而喪失解釋的價值。「布林代數分析」屬於個案比較的「共時性」（synchrony）途徑，「事件結構分析」則趨近為「歷時」（diachrony）分析。[2]筆者希望透過這兩種方法，證明「政績—派系」對於筆者所要回答的問題而言，確實是最適宜的解釋項。

第一節　建立「真值表」

在進入比較的場域之前，筆者將先試圖增加個案數目。四川、廣東、江蘇，在2005年、2009年、2004年之後，都發生了大規模的政治改革。但這種結果，使得依變項都屬於「發生」的性質。此種型態，會發生依變項的「無變異問題」（no-variation problem），[3]其缺乏對照的個案，是一個比較不佳的設計。可以改進的方式，是納進「對照組」以增加個案數目。[4]筆者所採用的方式，是將四川、廣東、江蘇，各自從前後任省委書記的任職，切割為兩個時段的個案。換言之，張學忠主政的四川、汪洋主政的廣東、李源潮主政的江蘇，都發生大規模的政治改革；相反的，周永康時期的四川、張德江時期的廣東、回良玉時期的江蘇，則未發生大規模政改。這種將個案一切為二的方式，有學

---

[2]　將比較方法區分為這兩種途徑的文獻，可參見Gerring, *Social Science Methodology*, pp. 222-227.

[3]　David Collier and James Mahoney, "Insights and Pitfalls: Selection Bias in Qualitative Research," *World Politics*, vol. 49, no. 1 (October 1996), p. 72.

[4]　Collier and Mahoney, "Insights and Pitfalls," p. 66.

者稱為「前－後」（before-after）的研究設計。[5]藉由此方式，筆者將三個個案增為六個。且依變項涵蓋結果的「發生」與「不發生」，這有助於吾人增加對照組與個案數目。

其次，不論是「布林代數分析」或「事件結構分析」，都必須將歷史事件予以符號化。筆者必須建立「真值表」（truth table），來達到符號化的要求。不論是自變項或依變項，最好能處理成「二分變項」（dichotomous variable），[6]否則將影響結果的明確性。在本書的變項當中，有些確實可以轉換為「單一的『二分變項』」。這包括：省級的經濟條件是否富裕、中央是否認同基層的制度創新，省委書記是否有推動政改的理念與威望、省委書記是否是「最高領導人」的派系。這四個要件，筆者都能夠處理為單一的「二分變項」。

其一，筆者用A代表地方的「初始條件」，其代表「是否為經濟不富裕的省份」。[7]在「真值表」的設定中，經濟不富裕的省份，以1表示，經濟富裕的省份，則以0來代表。四川當然必須編碼為1，而廣東則編為0。江蘇的狀況，雖有蘇北、蘇南的經濟差距，但由於編碼表是以全省的經濟狀況來論斷。該省的經濟產值在全國仍名列前茅，因此筆者仍以0的編碼來處理之。[8]

另一個可處理的單一變項，為D所表示的「中央認同或反對基層的創新」。所謂中央認同創新，包括中央採行地方的創新（例如中央在十七大試行「大部制」），或是中央默許或贊同基層的改革（例如四川、江蘇的「公推直

---

[5] Alexander L. George and Andrew Bennett, *Case Studies and Theory Development in the Social Science* (Cambridge, Mass.: MIT Press, 2004), p. 166.

[6] Dirk Berg-Schlosser and Gisele De Meur, "Comparative Research Design: Case and Variable Selection," in Benoit Rihoux and Charles C. Ragin eds., *Configurational Comparative Methods* (Thousand Oaks: Sage, 2009), p. 27.

[7] 在地方「初始條件」的界定中，排除「分離主義盛行的省份」。因為在本書的預設中，認定這些省份不會發動政改，因此並未探討西藏、新疆等省級個案。

[8] 如果江蘇要編碼為（1，0），以符合蘇北、蘇南的發展現況，則四川和廣東也必需將省境的經濟狀況切割為南、北的區域，編碼為複數的「二分變項」。這對於「布林代數」的演算而言，過於繁瑣。因此在「省級經濟發展」一項，筆者仍選擇以全省的經濟發展狀況為編碼的依據。

選」）。D「發生」時，筆者以1表示，反之則設為0。

E表示「省委書記是否有推動政改的理念、威望」。當E為1時，表示省委書記有理念或威望進行政改，但若E為0，表示省委書記缺乏信念（張德江）或威望（例如張寶順，但「真值表」不討論山西的個案）。誠如筆者強調，即便基層出現了中央認可的制度創新，倘若省委書記欠缺理念或威望來推廣，則該項制度創新也難以「大規模」出現在省境。

最後，是「省委書記是否是最高領導人的派系」，「真值表」以H來表示。在本書的內容中，只有江蘇省委書記回良玉難以被歸納為「最高領導人」的派系，因此回良玉以0來顯示，其餘的省委書記都設定為1。

但有許多變項的性質更具複雜性。如果筆者一定要調整為單一的「二分變項」，可能喪失了部分性質。舉例而言，「基層幹部的制度創新」具有較為複雜的性質，它包括「基層幹部是否有制度創新」，以及這個制度創新是「基層首長選制」或「行政三分制」。筆者所採用的方式，是建立複合的「二分變項」，亦即結合兩個變項，來陳述本書要表達的意義。在「基層幹部的制度創新」，由兩個變項所構成，分別是B所表示的「基層幹部是否有制度創新」，及C表示「制度創新是否為『基層首長選制改革』」。換言之，「基層幹部的制度創新」之編碼為BC。B為1的狀況，表示基層確實有制度創新。若B為0，則表示基層根本沒有制度創新（回良玉主政的江蘇）。而C代表政改創新的類型。C在出現1時，制度創新為「基層首長選制改革」，C為0則代表制度創新為「行政三分制」。值得一提的，是回良玉主政的江蘇，地方並無出現重要的制度創新，不需討論C，因此BC的編碼為（0，－）。

另一個複合的「二分變項」是「省委追求的政改的政績」，這個變項由FG所構成。F表示的「省委書記是否推動政改」，G則代表「政改是否為了追求『和諧社會』的政績」。在F為1的狀況下，省委書記願意推動政改，但這有三個前提。其一，是基層出現政改創新（B為1）；其二，是基層創新的制度創新被中央認可或默許（D為1）；其三，是省委書記有理念或威望進行政改（E為1）。換言之，B、D、E均為1的狀況下，F才有可能設定為1，否則均

為0。G代表政改的分類，分別是1所代表的「和諧社會」政績，以及0表示的「小康社會」。在F為1時，才有討論G的必要。因此，周永康、張德江與回良玉的編碼為（0,－）；而張學忠、李源潮為（1,1），汪洋為（1,0）。

在依變項的組成上，以YZ表示。Y為「省級是否出現大規模的政改」，一旦Y為1，則再進一步討論政改是否為「基層首長選制」的改革。Z表示「政改是否為『基層首長選制改革』」，如果Z為1，則持肯定論；若Z為0，該省的政改為「行政三分制」。換言之，Y為Z的前提要件，只有Y為1的情形下，才有討論Z的必要性。筆者將上述內容，整理為「真值表」，見於於附表1。

本章之後的篇幅，筆者試圖分析附表1的內容。筆者首先想要問：「是什麼原因，導致四川、廣東、江蘇都進行大規模政改？」在方法的選擇上，「布林代數分析」提供吾人一個有用的工具，可以建立「複數因果關係」來回答上述問題。

附表1　六個政改場合的「真值表」

		基層幹部 制度創新				省委書記 追求的政績		省級的 政改類型
		A	BC	D	E	FG	H	YZ
場合1	四川（2002-2005）	1	1 1	1	1	1 1	1	1 1
場合2	廣東（2007-2009）	0	1 0	1	1	1 0	1	1 0
場合3	江蘇（2003-2004）	0	1 1	1	1	1 1	1	1 1
場合4	四川（1998-2002）	1	1 1	0	1	0 -	1	0
場合5	廣東（2001-2007）	0	1 0	1	0	0 -	1	0
場合6	江蘇（1998-2003）	0	0 -	0	1	0 -	0	0

說明：A表示「是否為經濟不富裕的省份」、B表示「基層幹部是否有政改創新」、C表示「該項創新是否為『基層首長選制改革』」、D表示「中央認同或反對基層的政改創新」、E表示「省委書記是否有推動政治改革的理念、威望」、F表示「省委書記是否追求政改的政績」、G表示「該政績是否為『和諧社會』」、H表示「省委書記是否是最高領導人的派系」、Y表示「省境是否出現大規模的政改」、Z表示「政改是否為『基層首長選制改革』」。

資料來源：筆者自行整理。

第二節　布林代數分析：建立「複數因果關係」

許多研究在回答研究問題時，傾向以單一變項來解釋。然則，社會科學的複雜性，往往是以「複數因果關係」呈現。例如Skocpol去探究農民起義的原因時，認為「國家受到外來的強壓力」再結合「農民造對地主的農村社會結構」，導致法、俄、中，產生了社會革命。[9]Ragin認為，研究者可以透過「布林代數」等技術來建立多因解釋。[10]嚴格來說，「布林代數」並非數學意義的「代數」，它主要是一種邏輯。運用在社會科學的研究上，它運用一些邏輯符號的運算，去建立最簡化的「複數因果關係」。

一、「布林代數分析」的基本概念

Ragin將「布林代數」移植到社會科學的研究，居功厥偉。他在1987年的著作，提出「布林代數」運用在比較方法的的運算程序。[11]不少質性比較的著作，也利用這種途徑來求取「複數因果關係」。[12]筆者相信透過該項技術，去分析附表1的內容，對於因果關係的嚴謹性來說，有絕對的助益。它可以對本書建立的因果關係，作一次整體的檢視。

「布林代數」的組成因子亦是從「二分變項」的角度，將之調整為「發生」和「不發生」。「發生」以大寫的字母顯示，「未發生」則為小寫字母。我們以表6的「場合2」之自變項為例，B、D、E、F、H都是「發生」，則維持大寫的符號；但A、C、G為「不發生」，則調整為小寫字母a、c、g。此外，「布林代數」最主要的邏輯是AND和OR的概念。所謂AND就是「交集」

9　Theda Skocpol, *States and Social Revolution: A Comparative Analysis of France, Russia, and China* (Cambridge; New York : Cambridge University Press, 1979), p. 154.

10　Ragin, "Turning the Tables," p. 134.

11　Charles C. Ragin, *The Comparative Method: Moving Beyond Qualitative and Quantitative Strategies* (Berkeley: University of California Press, 1987), pp. 85-102.

12　例如 Timothy P. Wickham-Crowley, *Guerrillas and Revolution in Latin America: A Comparative Study of Insurgents and Regimes since 1956* (Princeton, N.J.: Princeton University Press, 1992), pp. 319-322.

（intersection）的概念，[13]它指變項之間同時出現的狀況。在「布林代數」的符號中，AND通常用＊來表示。

我們先討論省份發生「大規模」的政改，其「複數因果關係」為何？這觸及到「場合1」、「場合2」、「場合3」的個案，也就是Y為1的狀況。此時，我們暫時不討論政改的類型，也就是不觸及Z的部分。以附表1的為例，可將之寫成：

場合1：Y = A * BC * D * E * FG * H
場合2：Y = a * Bc * D * E * Fg * H
場合3：Y = a * BC * D * E * FG * H

「布林代數」還有一個重要符號，也就是OR則指的「聯集」（union）概念。用口語表達，就是「或者」的意思，亦即導致結果出現的條件，不需要同時出現。如果我們以附表1為例，去列舉「政治改革」發生的狀況，其就是「場合1」、「場合2」、「場合3」的「聯集」，就是「場合1」OR「場合2」OR「場合3」。在「布林代數」的符號中，OR通常以 + 表示。附表1的「政治改革」發生狀況，可以寫成「式1」：

$$Y = \underbrace{A * BC * D * E * FG * H}_{（場合1）} + \underbrace{a * Bc * D * E * Fg * H+}_{（場合2）}$$

$$\underbrace{a * BC * D * E * FG * H}_{（場合3）} \quad （式1）$$

「式1」是Y出現的「複數因果關係」。但這種過於複雜的解釋，對於社會科學通則的建立，助益不大。筆者試圖簡化「式1」的內涵，去建立更簡潔

---

[13] 這方面的討論，主要參考Gary Goertz, *Social Science Concepts: A User's Guide* (Princeton, N.J.: Princeton University Press, 2006), p. 44.

的解釋。

二、「布林代數分析」的簡化：運用Mill的歸納邏輯

「布林代數」的簡化，實際上是運用John S. Mill的歸納邏輯：「求同法」（method of agreement）與「求異法」（the method of difference）。這兩種邏輯，成為了比較政治學上，「最大相異設計」（most different system designs）和「最大相似設計」（most similar system designs）的基礎。[14]「求同法」主要是在「依變項」相似的個案間，求取「關鍵相似」（crucial similarity）的變項；「求異法」則在「依變項」相異的個案，找尋「關鍵相異」（crucial difference）的變項。[15]

（一）出現「大規模」政改的因素：「求同法」的再現

布林代數在運算過程中，主要追求相似的變項，讓組成因素「極小化」（minimization）。在出現政改的場合，為「場合1」、「場合2」、「場合3」，也就是「式1」所代表的內容。但「式1」組成因子頗多重複，並非「極小化」。我們透過兩式之間的比對，求取其共同的組成要件，來進行「極小化」的工作。筆者認為，其背後的方法論是Mill的「求同法」。我們可以簡化「場合1」、「場合2」、「場合3」的組成因子。

---

[14] Adam Przeworski and Henry Tenue, *The Logic of Comparative Social Inquiry* (New York: Wiley & Sons, 1970), pp. 32-39.

[15] Elizabeth Nichols, "Skocpol on Revolution: Comparative Analysis vs. Historical Conjuncture," in Richard F. Tomasson ed., *Comparative Social Research: An Annual Publication*, vol. 9 (1986), pp. 170-171.

```
場合1： Y ＝  A  *  BC  *  D  *  E  *  FG  *  H
場合2： Y ＝  a  *  Bc  *  D  *  E  *  Fg  *  H
場合3： Y ＝  a  *  BC  *  D  *  E  *  FG  *  H
        Y ＝        B  *  D  *  E  *  F  *  H      式2
```

　　具體的簡化方式，是求取「場合1」、「場合2」和「場合3」的相同組成因子，筆者在上表以加深字體顯示。因此筆者認為這是一種「求同法」。我們發現，只有B、D、E、F、H是同時存在於三個「場合」當中。因此，「式1」可以再簡化為「式2」，也就是Y＝B * D * E * F * H，筆者將之稱為「式2」。

　　透過「布林代數」的簡化，我們可以說，導致四川、廣東江蘇，發生大規模政改的因素，就是B * D * E * F * H。上述的簡化程序，實際上是反映了Mill的「求同法」，而B、D、E、F、H，就是導致「關鍵相似」（只要該條件存在，都發生的Y的結果）的變項。

（二）政改類型互異的因素：援引「求異法」

　　「式2」的結論，只可以解釋為何三省都發生政改。但在前文中，筆者主要是將「依變項」設定為Y，但在Y都呈現「發生」的狀態下，我們可以進一步去著重的是Z這個因素，也就是去討論「為何三省的政改模式不盡相同」。此時，可以再加「求異法」的邏輯，進行這方面的討論。

　　筆者試圖比較導致三省政改模式迥異的「關鍵相異」變項。政改模式主要有「基層首長選制」和「行政三分制」兩類。而四川、江蘇的政改模式，主要都為「基層首長選制」，其依變項的結果相同。我們可以先比對「場合1」、「場合3」，從「求同法」的邏輯，整理於下。

```
場合1： Y ＝  A  *  BC  *  D  *  E  *  FG  *  H
場合3： Y ＝  a  *  BC  *  D  *  E  *  FG  *  H
        Y ＝        BC  *  D  *  E  *  FG  *  H   式3
```

「式3」所代表的意義，是四川、江蘇都推動「基層首長選制」的組成要件。筆者以BC＊D＊E＊FG＊H來表示。而本書所設定的另一種政改類型為廣東的「行政三分制」，導致這個結果的變項，為「場合2」的a＊Bc＊D＊E＊Fg＊H。透過「式3」和「場合2」的比對，我們去尋找在結果相異的前提下，導致結果相異的「關鍵相異」變項（求異法）。筆者將之整理於附表2。

從附表2的內容，吾人可以判斷同是政改發生之省份，為何改革類型不同。從劃圈部分的變項，可以判斷「基層幹部的創新是否為『基層首長選制改革』」（C）、「省委書記的政改是否追求『和諧社會』的政績」（G），這三個因素導致了「政改的類型」（Z），何以出現差異。而A的因素則由於「式3」未出現該符號，因此失去比較的基礎，被筆者排除之。

透過「求異法」的邏輯，可以對「場合2」和「式3」進行探討。筆者認為，導致政改為「行政三分制」（z）的「關鍵相異」變項，為c、g兩項。從「求異法」的邏輯來看，C、G導致Z出現，c、g則造成z發生。C、G是影響Z的「關鍵相異」變項。這兩個因素可解釋為何出現「大規模」政改的省份，其改革的類型迥異。但筆者行文至此，只從「正面」的個案結果進行討論（Y出現）。吾人必須從「反面」的個案結果，進行相關的推論，也就是涉及「場合4、5、6」的領域。以下，筆者繼續討論之。

附表2　對於政改類型互異的比較

	自變項								依變項	
式3	-	B	(C)	D	E	F	(G)	H	Y	(Z)
場合2	a	B	(c)	D	E	F	(g)	H	Y	(z)

說明：劃圈部分，為「式3」和「場合2」的變項，存在互異之處。
資料來源：筆者自行整理。

三、為何未發生「大規模」政改？「正面」與「反面」個案的再比對

前面兩節的分析，我們得到了什麼結論？筆者首先指出，當大規模的政改（Y）出現時，其複數因果關係為B＊D＊E＊F＊H。而在政改出現的前提下，影響政改類型（Z）的複數因果關係，則為C、G的變項。換言之，在Y都出現的省份上，由於C、G的不同，會影響Z的發生與否。

接下來，筆者要討論的議題是——為何省級未發生「大規模」政改？在這個場合上，可以附表1的「場合4」、「場合5」、「場合6」為案例，因為其依變項的編碼都是（0,－）。我們可以將這三個「場合」的狀態，以「布林代數」來表示於「式4」。由於Y並未發生，因此「式4」以小寫的Y來示意。

$$y = \underbrace{A * BC * d * E * f * H}_{（場合4）} + \underbrace{a * Bc * D * e * f * H}_{（場合5）}$$

$$+ \underbrace{a * b * d * E * f * h}_{（場合6）} \quad （式4）$$

透過「布林代數」的簡化（求同法），吾人可以將「式4」簡寫為「式5」。

$$y = f \quad （式5）$$

「式5」清楚的告訴吾人，在「省委書記不會推動政改」（f）時，Y不會發生。因此，導致Y「不發生」的變項為f。此時，筆者可以再追問，導致Y「發生」與「不發生」的關鍵因素為何？筆者利用「求異法」的邏輯，將「式2」的Y＝B＊D＊E＊F＊H，和「式5」做出比較。結果呈於附表3。

附表3　對於政改「發生」與否的比較

說明：劃圈部分，為「式2和「式7」的變項，存在互異之處。
資料來源：筆者自行整理。

　　附表3的檢證，得出導致Y發生與否的「關鍵相異」，為F代表的「省委書記是否追求政治改革的政績」。而「基層幹部是否出現政改的制度創新」（B）、「中央認同或反對基層的創新」（D）、「省委書記是否有推動政改的理念、威望」（E），「省委書記是否是最高領導人的派系」（H），則因為在「式5」並不存在，因此失去比較的基礎。換言之，只有F為影響Y是否出現的「關鍵相異」變項。

四、小結

　　在透過「布林代數」的分析後，筆者提出以下幾個結論：

(1)導致省份政改「發生」的條件，為B＊D＊E＊F＊H的聯集。B、D、E、F、H的因素，是導致省份「發生」政改（Y）的「關鍵相似」變項。

(2)在「發生」政改的省份當中，導致出現不同類型政改（Z或z）的「關鍵相異」變項，為（C或c）、（G或g）的因素。

(3)導致省份「發生」政改與否（Y或y）的條件，為（F或f）的因素。F是導致政治改革「發生」（Y）或「不發生」（y）的「關鍵相異」變項。

　　這些結論和本書提出解釋項：「政績－派系」，是否相互吻合？首先，我們先從「結論2」來看。C、G的互相影響，可以解釋為何省級的政改類型（Z）有異。換言之，「基層幹部的政改創新」、「省委書記對政績類別的追

求」，是一個聯動的關係。省委書記所推動的政改類型（Z），一方面是仿照基層幹部的制度創新類別（C），另一方面則與省委書記所追求的政績型態（G）有關。但省級的經濟狀況（A），對於政改類型反而不存在關鍵的影響。這主要的理由是納入江蘇的個案，得出經濟富裕之地也有可能推動「基層首長選制改革」的結論，而使得A的因素變得比較不重要。但如果排除江蘇的個案，A在四川與廣東的政改過程中，仍是一個影響改革類型的「關鍵相異」變項。

此外，筆者再檢視其他兩項結論。從「結論1」來看，B、D、E、F、H的「發生」，也影響該省份「發生」大規模的政改。在第一章的討論中，筆者將B、D、E視為影響政改的「微義」要件，而F、H是較重要的因素。這方面的探討，筆者將在第四節再深究。但可以肯定的是，這五項因素同時出現的情況下，才有可能導致Y的發生。從「結論3」來看，「省委書記未追求『政治改革的政績』（f），使得省級的政改也未出現（y）。換言之，F「發生」導致Y也「發生」，F「不發生」則Y也「不發生」。F的因素，對Y的因果關係來說，應該是最為重要的。

檢證至此，筆者肯定B、D、E、F、H對於Y的出現，有重要的影響。「布林代數分析」運用Mill的歸納邏輯，對於「複數因果關係」的建立提供了有用的工具。但它的方法論本身，卻存在著歸納邏輯的自身侷限，無法真正無法精確的告訴研究者，其歸納出來的「關鍵相似」或「關鍵相異」變項，對於因果關係的建立是否真的有意義。對此，我們從另一種「質性比較」的方法論來改進。

第三節　事件結構分析：政治改革的「過程追蹤」

「布林代數分析」是一個靜態的比較過程。它的缺點，是透過「消減」得出的解釋項，對於因果關係的建立不一定具有實質意義，而有可能是虛假的關係。對此侷限，我們可以納入「事件結構分析」來解決之。筆者將藉此途徑告

訴讀者，為何B、D、E是較不重要的變項。

一、「布林代數分析」的侷限

　　筆者使用的「布林代數分析」，屬於歸納邏輯的範疇。「求同法」或「求異法」所建立的「複數因果關係」，是一種「消減的方法」（method of elimination），用之排除「相同」或「相異」的自變項。但最後留下來的自變項，有可能只是符合某種情境的檢證，實際上卻是「虛假的」（false）變項，[16]它並未說明自變項對於依變項的發生，為何具有解釋的意義。具體而言，這個最後未被消除的自變項，有可能只是在某組個案的情境下，所獲得的答案。實際上，它對於因果關係的建立來說，有可能是沒有意義的。[17]

　　「布林代數分析」的最大侷限，是只能從既定的個案去提煉符合個案情境的解釋項。但這些解釋項對於建立因果關係而言，是否真的具有效力，則令人質疑。如果吾人加入或刪去一項個案，則將影響「複數因果關係」的組成。質言之，透過「布林代數分析」所得出的複數因果，只是迎合某種個案情境的檢證，但無法回答這些變項對於真實世界的現象而言，為何存在充分的因果關係。實際上，筆者認為這也是歸納邏輯的最大侷限。

　　從比較方法而言，「布林代數分析」只是「資料集的觀察」（data-set observations），而非「因果過程的觀察」（causal-process observations）。[18]「前者」只將變項視為「靜態」的集合因子，任由個案的加減去求取「複數因果」，而未考量到「時序」、「過程」的問題。「後者」則納入時序的概念，去判斷哪個變項是最有意義的解釋項。筆者指出，B、D、E、F、H是影響Y發

---

[16] George and Bennett, *Case Studies and Theory Development in the Social Science*, pp. 155-156.

[17] 這也呼應了King等人指出，社會科學的因果關係存在「不確定性」（uncertainty）的本質。King, et al., *Designing Social Inquiry*, pp 31-32. 筆者認為研究者在尋找因果關係時，應該盡量重視資料的翔實與研究方法的精確，以盡量「逼近」真實的因果解釋。

[18] 這兩種「觀察」的提法，請參見David Collier, Henry E. Brady, and Jason Seawright, "Sources of Leverage in Causal Inference: Toward an Alternative View of Methodology," in Henry E. Brady and David Collier eds., *Rethinking Social Inquiry: Diverse Tools, Shared Standards* (Lanham, Md.: Rowman & Littlefield, 2004), pp. 252-255.

生的要件，特別是F的重要性更高，但這些變項都是透過靜態的比較架構，去「消滅」出來的最後結果。它並未提出一個充分的理由，去是說明「為何」這些變項是非常重要的。

我們應該納入「時序」的概念，去探究「變項」在個案的歷程上，到底扮演什麼角色。從「時序」、「過程」的角度，吾人將獲得不同的視野。這也是學者認為，「質性比較」必須納入「過程追蹤」的原因。[19]筆者將在後續的部分，運用「事件結構分析」來建立「過程追蹤」的模式。一旦筆者將「時序」的概念放進分析架構中，是否B、D、E的因素還這麼重要？它會不會是一種比較不重要的因素？以下，筆者將藉由「事件結構分析」，來回答這個有趣的問題。

二、「因果鍊」的事件結構

筆者運用的第二種方法，是建立起事件發生的「因果鍊」，它屬於一種「過程追蹤」的方式。所謂的「因果鍊」，是將導致重要結果的「事件鍊」（chain of events）予以串連。[20]也就是說，研究者不再僅探討X(1)→Y的影響。研究者重視的是個案內部，所呈現出X(1)→X(2)→ X(3)→X(4)→Y的「因果鏈」。[21]這種分析只適用於「小樣本」，而不適用於「大樣本」的研究。對於「大樣本」而言，重視個案過程的「因果鍊」並非其所長，研究者可以透過「大樣本」的檢證，以求取X(1)→Y的因果關係。然則，這種因果關係只存在「外部效度」（external validity）。「小樣本」的分析，則可以深入個案的內部脈絡，去把梳因果事件的聯繫，以求取較為明確的「內在效度」（internal validity）。[22]個案的數目影響了效度的性質，因此學者認為在因果推論的本質上，「過程追蹤」不同於統計方法。[23]

---

[19] George and Bennett, *Case Studies and Theory Development in the Social Science*, p. 156.

[20] Goertz and Levy, "Causal Explanation, necessary Conditions, and Case Studies," p. 23.

[21] Gerring, *Case Study Research*, p. 173.

[22] Gerring, *Case Study Research*, p. 43.

[23] Andrew Bennett, "Case Study Methods: Design, Use, and Comparative Advantages," in Detlef F. Sprinz and Yael Wolinsky-Nahmias eds., *Models, Numbers, and Cases: Methods for Studying*

　　但很大的程度上，「過程追蹤」常常僅流於「敘事」。這種方式對於因果關係的建立來說，難以做到精緻化與可操作化。有學者嘗試建立「事件結構分析」，[24]來精緻「過程追蹤」。該途徑將個案分解為數個「事件」（event），在進行個案比較時，實際上是在比較不同的事件在「因果鍊」的位置。「事件結構分析」主張，在事件與事件之間，最好有一定的因果關係，也就是當前導事件發生後，造成後續事件也跟著發生。此外，當我們在運用「事件結構分析」時，應從較為重大的事件去做取捨，並避免建立過於瑣碎和過長的「因果鍊」。以下，筆者將四川、廣東、江蘇的政改歷程，利用不同的「事件」來組併，並將「事件結構分析」繪於附圖1。該圖的「事件」當中，筆者仍標示相關的符號，其符號亦取自附表1的「真值表」。

　　本書試圖將附圖1的內容，僅保留符號部分，而再簡化為附圖2。由於筆者將認為最適合的解釋項為F和H，因此筆者在附圖2以加深的劃匡字體顯示。至於為何是F和H「最適合」的變項？簡單來說，就是F、H在「因果鍊」出現的次數較少，且與Y的距離較近。[25]這方面的探討，筆者將在下節再論析。

International Relations (Ann Arbor, Mich.: University of Michigan Press, 2004), p. 24.

[24] Larry J. Griffin, "Narrative, Event-Structure Analysis, and Causal Interpretation in Historical Sociology, " *American Journal of Sociology*, vol. 98, no. 5 (March 1993), pp. 1094-1133; David R. Heise, "Modeling Event Structures," *Journal of Mathematical Sociology*, 1989, vol. 14, no. 2-3, pp. 139-169; Griffin and Ragin, "Some Observations on Formal Methods of Qualitative Analysis, " pp. 13-19.

[25] 但有學者認為，距離「依變項」最近的變項，有可能是過於特殊的事件，其對於建立因果關係而言，恐非最為適合。參見Gerring, *Social Science Methodology,* p. 141. 筆者對此的看法，是認同在求取「自變項」時，確實應排除過於具體而細微的歷史事件。但在附圖2的架構中，無論F、H都不是微不足道的特殊事件，它們具有相當的抽象性與重要性。因此即便F、H和Y的距離較近，但對於解釋Y的發生仍深具價值。

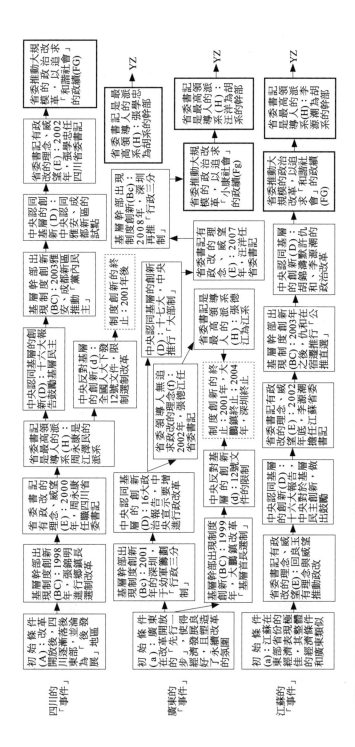

說明：劃粗體字之框格，為本書主要的解釋項，亦即「派系」、「政績」。劃虛線的字匡，為「制度創新終止」的示意。

資料來源：筆者自行整理。

附圖1 三省份在政改歷程的「事件結構分析」

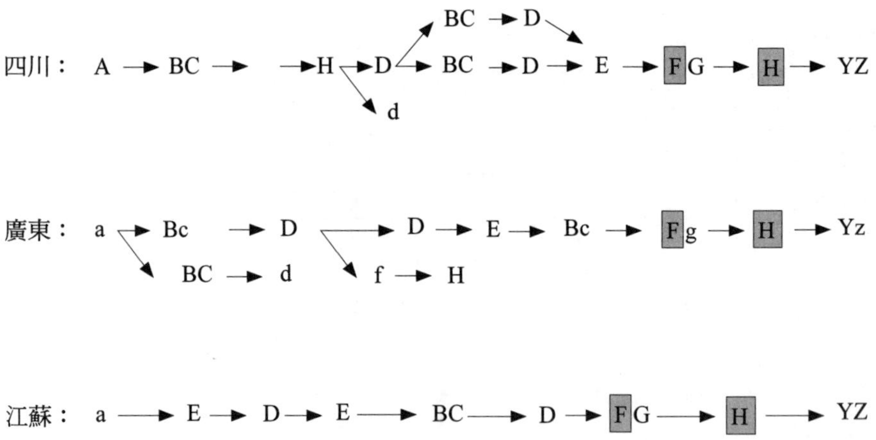

四川：　A → BC → → →H →D →BC → D → E → F G → H → YZ
（分支上方：BC → D；下方：d）

廣東：　a → Bc → D → D → E → Bc → F g → H → Yz
（分支下方：BC → d；f → H）

江蘇：　a → E → D → E → BC → D → F G → H → YZ

說明：F和H為本書的「政績」、「派系」因素，筆者均以加深的劃框字體來呈現。
資料來源：依據附圖1的內容來整理。

附圖2　「事件結構分析」的簡化

　　我們將每個「事件」轉化為符號，並在附圖2當中，顯示了三個個案的因果鍊。將複雜的歷史過程轉化為符號，將有助於我們思考哪一個「事件」才是影響依變項的主要關鍵。簡單來說，我們應該避免追求「微義」的要件，而該針對相對重要（非微義）的要件來建立因果關係。有一些技術可以幫助我們進行這個工作。

三、避免追求「微義」的要件：檢視變項的「相對重要性」

　　藉由附圖2，可以幫助我們去釐清哪些「變項」是最重要的解釋項。「事件結構分析」的要旨，是用以判斷自變項在「因果鍊」的地位，是否具有「相對重要性」（relative importance）。[26]從方法論而言，要判定自變項在「因果鍊」當中是否最為重要，有兩個法則可以依循。如果不符合這兩個法則的

---

[26] 這方面的探討，可參見James Mahoney, Erin Kimball, and Kendra L. Koivu, "The Logic of Historical Explanation in the Social Science," *Comparative Politics Studies*, vol. 42, no. 1 (January 2009), p. 120.

檢視，則可能是Goertz和Levy所謂之「微義的必要條件」（trivial necessary condition），它對於依變項的影響性，是相對微弱而不重要的。[27]

如何判斷自變項是否為「微義」的要件？[28]Goertz和Levy提出兩個原則的檢視。其一，是「相對次數原則」（relative frequency rule）。Goertz和Levy提到，在探討什麼因素導致一次大戰的發動，如果將自變項設定在「國家間的危機」，就不合「相對次數原則」。因為自十九世紀中葉以來，歐陸的國家間危機不斷，絕非一次大戰爆發前的獨特產物。[29]在探討一次大戰的起源，應排除出現過多次數的要件，而重視較稀少而特別的因素。其二，是「減少時間存續」（decrease the temporal duration）原則。[30]它指的是自變項所導引的依變項，存在的時間應該是較少的。如果要解釋一次大戰的起源，該解釋項就只能去解釋1914-1918年間的戰爭。如果該自變項可以解釋人類亙古以來所有的戰爭，則就不是一個有意義的自變項。[31]

---

[27] Goertz和Levy認為，研究者應避免追求「微義的必要條件」。他們曾經舉一個有趣例子：「點火」和「瓦斯外洩」都是引發「氣爆」的必要條件，但在這組因果關係來看，「瓦斯外洩」是一個較有意義的必要條件，而「點火」則是「微義的必要條件」。因為「點火」在人類行為中出現的次數頻繁，較無特殊性，而「瓦斯外洩」則因為有稀少性，因此是一個較有意義的必要條件。Goertz and Levy, "Causal Explanation, Necessary Conditions, and Case Studies," p. 40.

[28] 本書在此，並不討論該要件是否為「充分條件」、「必要條件」、抑或「充分且必要條件」。主要的原因是本書的個案太少，因此無法正確歸納要件的性質，究竟是充分或必要條件。關於利用歸納邏輯的個案比較，去討論自變項是否為充分或必要條件的著作，參見 Daniele Caramani, *Introduction to the Comparative Method with Boolean Algebra* (Los Angeles, Calif.: SAGE, 2009), pp. 56-60.

[29] Gary Goertz and Jack S. Levy, "Causal Explanation, Necessary Conditions, and Case Studies" in Gary Goertz and Jack S. Levy eds., *Explaining War and Peace: Case Studies and Necessary Condition Counterfactuals* (London; New York: Routledge, 2007), p. 40.

[30] Goertz and Levy, "Causal Explanation, Necessary Conditions, and Case Studies," p. 41.

[31] 關於「減少時間存續」原則，筆者可再用「埃及豔后的鼻子」（Cleopatra's nose）作為說明。Lebow在批判「反事實推論」的假設時，認為「『埃及豔后的鼻子』如果塌一些，世界歷史是否會改變？」這個命題，不過是一種「空想的反事實推論」（miracle-world counterfactual）。如果我們說「埃及豔后的鼻子」會改變世界歷史，這就不符合「減少時間存續」的原則，因為該變項的影響力持續2000年。一個好的「自變項」在導引「依變項」時，「依變項」所存續時間應該是較少的。這對於因果關係的建立而言，較具有實質的意義。Richard N. Lebow, "What's so Different About a Counterfactual?" *World Politics*, 52 (July 2000), pp. 567-569.

由上可知，非「微義」的要件，必須符合兩個指標：「次數」出現較少，以及影響依變項的「存續時間」較短。我們將影響Y出現與否的要件，包括B、D、E、F、H，去作出判別。從附圖2的結構中，我們可以算出B、D、E、F、H出現次數的多寡，以判別是否符合「相對次數原則」。此外，筆者再討論這些變項在「因果鍊」的位置上，是否和「依變項」（省境出現大規模政改）的距離較短，以洞察是否合於「減少時間存續原則」。筆者再次強調，B、D、E、F、H對於「省境出現大規模政改」的發生，均有一定的影響性，但這些變項一旦擺在「因果鍊」當中，吾人必須判斷哪些因素是相對重要的，而哪些僅是「微義」的要件。筆者將檢證的結果，呈現於附表4。

附表4　檢視自變項是否非「微義」的要件

省份	自變項	相對次數原則	減少時間存續原則（事件第一次發生－該省發生大規模的政改）	同時符合兩個原則的檢證
四川	基層幹部的制度創新(B)	3 (a)	1998（步雲直選）-2005	×
	中央認同基層的創新(D)	3 (b)	2002-2005（時間最短）	×
	省委書記有推動政治改革的理念、威望（E）	2(c)	2000（周永康就任）-2005	×
	省委書記追求政治改革的政績（F）	1(d)（次數最少）	2002（B、D、E都出現）-2005（時間最短）	○
	省委書記為「最高領導人」的派系（選擇與Y最鄰近的H）（H）	1(e)（次數最少）	2002（張學忠就任）-2005（時間最短）	○
廣東	基層幹部的制度創新(B)	3(f)	1999（大鵬直選）-2009	×
	中央認同基層的創新(D)	2(g)	2007-2009（時間最短）	×
	省委書記有推動政治改革的理念、威望（E）	1(h)（次數最少）	2007（汪洋就任）-2009（時間最短）	○

省份	自變項	相對次數原則	減少時間存續原則 （事件第一次發生― 該省發生大規模的政改）	同時符合 兩個原則 的檢證
廣東	省委書記追求政治改革的政績（F）	1(i) （次數最少）	2007（B、D、E都出現） -2009（時間最短）	○
	省委書記為「最高領導人」的派系（選擇與Y最鄰近的H）（H）	1(j) （次數最少）	2007（汪洋就任）-2009 （時間最短）	○
江蘇	基層幹部的制度創新(B)	1(k) （次數最少）	2003／6（宿遷政改）-2004/9 （時間最短）	×
	中央認同基層的創新(D)	1(l)	2004/5 – 2004/9	○
	省委書記有推對政治改革的理念、威望（E）	2(m)	1999（回良玉就任）-2004	×
	省委書記追求政治改革的政績（F）	1(n) （次數最少）	2004/5（B、D、E都出現） -2004/9）（時間最短）	○
	省委書記為「最高領導人」的派系（選擇與Y最鄰近的H）（H）	1(o) （次數最少）	2002（李源潮就任-2004/9） （時間最短）	×

說明：a. 1998年的步雲直選，以及2002年的雅安、2003年的成都新區所推動的「黨內民主」；
b. 十六大報告鼓勵基層民主，以及雅安的「黨代表直選」、成都新區的鄉鎮黨委書記「公推直選」，均受到中央的認同；c. 周永康、張學忠都有理念與威望推動政改；d. 張學忠追求政治改革的政績；e. 張學忠為胡錦濤的派系；f. 1999年的大鵬直選，2001年的深圳試點，以及2008年的深圳試點；g. 2001年的深圳試點和十六大政治報告的理念契合，而2008年的深圳試點和十七大的大部制有相同的思路；h. 汪洋有理念和威望推動政改；i. 汪洋追求政治改革的政績；j. 汪洋為胡錦濤的派系；k. 仇和在宿遷推動的「公推直選」；l. 胡錦濤和李源潮共同視察宿遷；m. 回良玉、李源潮均有理念和威望推動政改；n. 李源潮追求政治改革的政績；o. 李源潮是胡錦濤的派系。
資料來源：筆者自行整理。

　　由附表4可以顯見變項之間的相對重要性。只有F在三個省份的檢視中，同時符合兩項原則。其次，是H在四川、廣東的案例，也符合這兩個原則。[32]

---

[32] 即便H無法通過江蘇個案的檢證，但在江蘇出現大規模的「基層首長選制」改革時，李源潮還是該省的書記。從某種角度來看，派系的重要性仍存在。但由於李源潮就任省委書記的時間要早於中央認同基層的創新（D），因此該案例無法通過「減少時間存續原則」的檢視。

最後，是E在廣東的個案，以及D在江蘇的個案，也符合兩個原則的檢證。由上可知，F的重要性最高，再來是H，而E、D的效力要弱於F、H等因素，B的解釋力最差。換言之，與F、H相較起來，B、D、E均屬於「微義」的要件。F和H的出現次數較少，且與依變項的距離較近，因此筆者判定並非「微義」的要件，其在因果關係的重要性無庸置疑。透過檢證，筆者確信「政績」、「派系」對於建立本書的因果關係來說，是相對重要的因素。

基於這個結論，我們可以再將附圖2進行進一步的簡化為附圖3。從附圖3來看，當F和H出現之前，三個省份都各自存在一連串複雜的因果鍊，我們可以試圖建立一個有意義的「理念型」（ideal type）。這個理念型是先有基層幹部的制度創新（B），該創新繼而受到中央的認同（D），然後省委書記又有政改的理念與威望（E）。在B、D、E都存在的前提下，F才會發生。若F之後再連結H的因素，最終將導致Y的發生。F和H的因素，對於整個因果關係的建立，是屬於「非微義的要件」（non-trivial condition），我們在附圖3用NTC來表示這個概念。而省委書記所追求的政績型態（G或g），則是影響政改類型（Z或z）的關鍵。

附圖3是為因果鍊的「理念型」。這是最符合本書理論建構的一個狀態，但部分省份的因果鍊可能不是完全依據附圖3的時序來展開，例如江蘇的因果

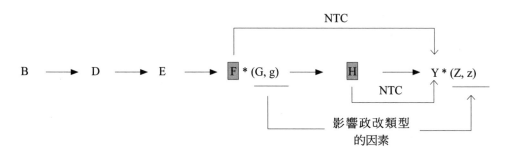

附圖3　「事件結構分析」的再簡化：因果鍊的「理念型」

說明：NTC表示「非微義的要件」。

資料來源：筆者參考於Mahoney, et al., "The Logic of Historical Explanation in the Social Science," pp. 129-132. 並依據本書內容自行整理

鍊，是E先出現，再繼而出現D和B，而非依據B、D、E的時序發生。但筆者強調，在F和H出現前，B、D、E都必須先出現，才符合本書的邏輯。附圖3是抽象而簡化的「理念型」，亦是筆者在本書當中，想要建構的理論原型。

第四節　「質性比較方法」的芻議：建立可操作的程序

在歷經本書的研究設計之旅，筆者認為「政績－派系」的因素，是具有解釋力，且不流於「微義」的複數解釋項。本書希望呈現出來的研究設計，是一個可操作的程序。不少學者認為質性研究一半是科學，一半是藝術。[33]筆者認為應適當保存質性研究的藝術性，但要將質性研究再精緻化，則必須建立一套可操作的科學程序。可操作的程序，是量化研究的特色，雖然我們不必完全同意質性與量化研究必須「依循一套統一的邏輯」（applying a unified logic），[34]但這不代表質性研究可以流於隨意與主觀。筆者試圖從本書的研究架構中，整理一套質性研究的操作程序。這套程序不流於過於空泛的方法論，而是具體、明確、可驗證的「操作手冊」，筆者將之整理於附圖4。

筆者著重的面向有兩大塊：其一，透過個案比較去建立理論，並提出因果解釋；其二，將因果解釋的變項轉換為符號，從抽象的符號運算，去檢證其是否是最適宜的解釋項。其一，就是本書所稱的「結構式比較」，筆者用之去建立理論，這有4個步驟。步驟1，選擇一個有違事實常理或是理論通則的個案，去建立新理論。筆者利用四川的個案，對於「現代化理論」的預設產生質疑，並建立「政績－派系」這項模式。步驟2，從步驟1所建立的理論切入，去找尋「反面個案」，從反面的角度去建立更為周全的理論，筆者採用廣東作為四川的「反面個案」。步驟3，試圖找尋「異例」，去加深理論的內涵。研究者根

---

[33] 黃庭康，「歷史比較社會學：一點研究經驗的分享」，收錄於齊力、林本炫（編），**質性研究方法與資料分析**（嘉義：南華大學教育社會學研究所，2003年），頁68。
[34] King, et al., *Designing Social Inquiry*, p. 3.

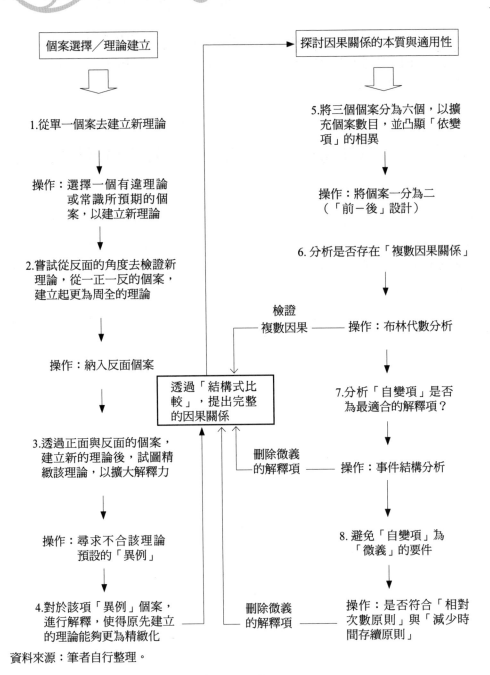

資料來源：筆者自行整理。

附圖4　本書在質性比較過程的「操作程序」

據擁有的時間與資源，去找尋有意義的個案來進行該項工作。筆者認為江蘇就是一個「異例」。步驟4，對於該項「異例」進行解釋，以精緻理論的內涵，並擴充其解釋力。上述的個案比較方法，就是筆者稱之的「結構式比較」。

接下來，就是針對理論提出的因果關係，去討論其本質與適用性。附圖4的步驟5至步驟8，都屬於這些工作。步驟5，我們可以將三個個案去分為六個，主要依據「依變項」發生的前後去作切割，這亦是筆者在本章第一節提到的「前－後」研究設計。增加個案的數目，對於理論的檢證是必須的程序，它可以解決變項太多而個案太少的問題。[35]步驟6，我們可以透過「布林代數分析」，去得出「複數因果關係」，即為$Y = B * D * E * F * H$。

即便我們探求到「複數因果關係」，也理解變項的性質，但這不代表這些變項全然有意義。我們必須排除較「微義」的變項，有兩個技術可以協助我們處理這項工作。步驟7的「事件結構分析」，主要是將個案歷程拆解為各項「事件」，並將這些「事件」做出時序的整理，以比較哪個「事件」在「因果鍊」的位置，距離依變項較為接近。在三個個案的「因果鍊」上，F、H相較於Y的距離都是最近的。最後，我們還可以利用步驟8的程序，來消除不具意義的解釋項。筆者運用兩個原則——「相對次數原則」與「減少時間存續原則」——去測試何者為「微義」的要件。筆者認為，B、D、E都是「微義」的要件。透過這兩個原則，筆者再度肯定「政績—派系」（F * H）的因素，是相對適宜的解釋項。

筆者在附圖4提出的「操作手冊」，並非最周全，但可以再深化。對質性比較來說，我們應該追求的是可供分析的「工具」、「技術」。如果質性研究能有一套可依循的程序，對於理論的精緻與驗證過程來說，是有助益的。行文至此，筆者借用Mahoney對「比較歷史分析」的一段感觸，來做總結：

　　對於建立社會科學的通則而言，「比較歷史分析」的貢獻應該要被重

---

[35] Arend Lijphart, "Comparative Politics and the Comparative Method," *American Political Science Review*, vol. 65, no. 3 (September 1971), p. 687.

視。但這種方法卻未產生重大的影響力，主要有兩個不利的因素。第一，「比較歷史分析」的方法並未在學院廣泛教授，研究者也未受到正式的訓練，導致一些相關領域的研究者，未能產生出較高層次的「方法論自我意識」（methodological self-consciousness）。……第二，許多運用統計方法的研究者，並未涉獵「比較歷史分析」，他們欠缺理解與評價該方法的背景。他們對「比較歷史分析」的評判，有時候是不適當的。[36]

　　筆者撰寫附錄的目的為何？筆者認為第三、四、五章主要是藉由文字的論述來建立理論。但這存在著一個可能的危險——文字與理論不易完全聚焦——這使得因果關係的建立，存在著模糊的空間。即便研究者的資料再豐富，但都可能存在著邏輯推理的盲點。筆者希望透過附錄的部分，將文字所要表達的命題轉換為符號，並透過質性比較的方法，進行較為系統性的驗證。

　　這項工作是否真的有存在的意義？將文字轉換為符號，必定喪失一些事件的豐富意義。這使得筆者在進行該項工作時，甚為掣肘，特別是在「真值表」的建立上，刪修數次，每次修訂都影響到之後所有的運算式子。筆者運用「布林代數分析」、「事件結構分析」，論證「政績—派系」對於解釋省級的大規模政改而言，確實是較為適合的解釋項。筆者認為透過方法論的檢證，應該可增加本書的科學性。此外，筆者認為只有建立質性方法的操作程序，並精緻分析的「工具」，才能夠提升質性比較的嚴謹度，使之不流於僅強調藝術性的敘事論述。

---

[36] James Mahoney, "Comparative-Historical Methodology," *Annual Review of Sociology*, vol. 30 (2004), pp. 96-97.

參考文獻

中文部分
中國大陸報刊

21世紀經濟報道

人民日報

人民日報（海外版）

人民日報（華東版）

人民政協報

中國青年報

中國經濟時報

四川日報

北京日報

北京青年報

江南都市報

西安晚報

法制日報

法制晚報

南方日報

南方周末

南方都市報

重慶晚報

海南日報

財經時報

深圳特區報

揚子晚報

新快報

新華日報

經濟參考報

香港報刊

大公報

文匯報

太陽報

成報

明報

東方日報
香港商報
香港經濟日報
信報財經新聞
星島日報
都市日報

澳門報刊
新華澳報
澳門日報

新加坡報刊
聯合早報

台灣報刊
中央日報
台灣新生報
自由時報

專書

「中共中央關於建立老幹部退休制度的決定」（1982年2月20日），中央辦公廳法規室等
　　（編），**中國共產黨黨內法規選編（1978-1996）**（北京：法律出版社，2001年），頁
　　305-312。

「中共中央關於加強黨的執政能力建設的決定」（2004年4月19日），中共中央文獻研究
　　室（編），**十六大以來重要文獻選編（中）**（北京：中央文獻出版社，2006年），頁
　　271-296。

「中國共產黨章程」（2002年11月14日），**中國共產黨黨內法規新編（2005年版）**（北京：
　　法律出版社，2005年），頁1-22。

「黨政領導幹部選拔任用工作條例」（2002年7月9日），中共中央組織部研究室（編），**幹
　　部人事制度改革政策法規文件選編**（北京：黨建讀物出版社，2007年），頁42-61。

中共中央組織部，「關於中國共產黨機關參照『國家公務員暫行條例』的實施意見」（1993
　　年9月3日），中央辦公室法規室等（編），**中國共產黨黨內法規選編：1978-1996**（北
　　京：法律出版社，1996年），頁371-374。

中共中央組織部，「黨政領導幹部考核工作暫行規定」（1998年5月26日），中央辦公室法規
　　室等（編），**中國共產黨黨內法規選編：1996-2000**（北京：法律出版社，2001年），頁
　　216-228。

中共中央組織部，「體現科學發展觀要求的地方黨政領導班子和領導幹部綜合考核評價試行
　　辦法」（2006年7月3日），中共中央組織部（編），**幹部人事制度改革政策法規文獻選
　　編**（北京：黨建讀物出版社，2007年），頁190-202。

中共中央辦公廳，「黨政領導幹部職務任期暫行規定」（2006年6月10日），中共中央組織部研究室（編），**幹部人事制度改革政策法規文件選編**（北京：黨建讀物出版社，2007年），頁177-179。

中國現代化戰略研究課題組，**中國現代化報告2005：經濟現代化研究**（北京：北京大學出版社，2005年）。

王長江，**中國政治文明視野下的黨的執政能力建設**（上海：上海人民出版社，2005年）。

王長江、張曉燕、張榮臣，**黨代會常任制理論與實踐探索**（北京：中央黨校出版社，2007年）。

王勇兵，「黨內民主制度創新：四川平昌縣鄉鎮黨委班子公推公選直選案例研究」，俞可平（編），**中國地方政府創新：案例研究報告**（2005-2006）（北京：北京大學出版社，2007年），頁1-24。

王紹光、胡鞍鋼，**中國國家能力報告**（香港：牛津大學出版社，1994年）。

王貴秀，**中國政治體制改革之路**（鄭州：河南人民出版社，2004年）。

毛澤東。「中國共產黨在民族戰爭中的地位」，**毛澤東選集（第二卷）**（北京：人民出版社，1969年），頁485-501。

白沙洲，**中國二等公民：當代農民考察報告**（香港：明鏡出版社，2001年）。

史衛民、潘小娟，**中國基層民主政治建設發展報告**（北京，中國社會科學出版社，2008年）。

史衛民、何鳴、趙春暉，「江蘇省宿遷市宿豫縣保安鄉『公推競選』鄉長調查報告」，收錄於史衛民等（編），**鄉鎮改革：鄉鎮選舉、體制創新與鄉鎮治理研究**（北京：中國社會科學出版社，2008年），頁241-299。

史偉民、單瀚清，「江蘇省宿遷市宿豫區蔡集鎮『公推直選』黨委書記調查報告」，收錄於史衛民等（編），鄉鎮改革：鄉鎮選舉、體制創新與鄉鎮治理研究（北京：中國社會科學出版社，2008年），頁388-417。

包永輝、徐壽松，政道：**仇和十年**（杭州：浙江人民出版社，2009年）。

朱慶芳、吳寒光，**社會指標體系**（北京：中國社會科學出版社，2001年）。

李凡，「中國基層民主發展的格局」，收錄於李凡（編），**中國基層民主發展報告2002**，西安：西安大學出版社，2002年，頁3-35。

李凡，**乘風而來：我所經歷的步雲鄉長直選**（西安：西北大學出版社，2003年）。

江澤民，「關於講政治」（1996年3月3日），中共中央文獻研究室（編），**十四大以來重要文獻選編（中）**（北京：人民出版社，1997年），頁1743-1749。

江澤民，「高舉鄧小平理論為大旗幟，把建設有中國特色社會主義事業全面推向二十一世紀」（1997年9月12日），中共中央文獻研究室（編），**十五大以來重要文獻選編（上）**（北京：人民出版社，2000年），頁1-51。

江澤民，「全面建設小康社會，開創中國特色社會主義事業新局面」，新華月報（編），**十六大以來黨和國家重要文獻選編（上）**（北京：人民出版社，2005年），頁3-45。

吳玉山，「宏觀中國：後極權資本主義發展國家——蘇東和東亞模式的揉合」，徐斯儉、吳玉山編，**黨國蛻變：中共政權的菁英與政策**（台北：五南出版社，2007年），頁

309-335。

林佳龍，「解釋台灣的民主化」，收錄於林佳龍、邱澤奇（編），**兩岸黨國體制與民主發展**（台北：月旦出版社，1999年），頁87-152。

周天勇等（編），攻堅：**十七大後中國政治體制改革研究報告**（五家渠：新疆生產建設兵團出版社，2007年）。

周天勇，**中國行政體制改革30年**（上海：格致出版社，2008年）。

周雪光，「中央集權的代價」，收錄於吳國光（編），**國家、市場與社會**（香港：牛津大學出版社，1994年），頁82-88。

周黎安、李宏彬、陳燁，「相對績效考核：中國地方官員晉升機制的一項經驗研究」，收錄於張軍、周黎安編，**為增長而競爭：中國增長的政治經濟學**（上海：格致出版社，2008年），頁140-160.

林佳龍，「解釋台灣的民主化」，收錄於林佳龍、邱澤奇（編），**兩岸黨國體制與民主發展**（台北：月旦出版社，1999年），頁87-152。

胡鞍鋼、胡聯合，**轉型與穩定：中國如何長治久安**（北京：人民出版社，2005年）。

胡錦濤，「在省部級主要領導幹部提高構建社會主義和諧社會能力專題研討班上的講話」（2005年2月29日），中共中央文獻研究室（編），**十六大以來重要文獻選編（中）**（北京：中央文獻出版社，2006年），頁695-719。

高放，**中國政治體制改革的心聲**（重慶：重慶出版社，2006年）。

浦興祖，**中華人民共和國政治制度**（上海：上海人民出版社，2002年）。

章敬平，**浙江發生了什麼：轉軌時期的民主生活**（上海：東方出版中心，2006年）。

「習仲勛主政廣東」編委會，**習仲勛主政廣東**（北京：中共黨史出版社，2007年）。

寇健文，**中共菁英政治的演變；制度化與權力轉移1979-2004**（台北：五南出版社，2004年）。

陳永發，**中國共產黨革命七十年（下）**（台北：聯經出版社，1998年）。

張錦明、馬勝康（編），**步雲直選：四川省遂寧市市中區步雲鄉直選實錄**（西安：西北大學出版社，2003年）。

黃庭康，「歷史比較社會學：一點研究經驗的分享」，收錄於齊力、林本炫（編），**質性研究方法與資料分析**（嘉義：南華大學教育社會學研究所，2003年），頁55-71。

新望，**蘇南模式的終結**（北京：新華書店，2005年）。

楊雪冬，「局部創新和制度瓶頸：四川省遂寧市市中區『公推公選』鄉鎮長和鄉鎮黨委書記」，收錄於俞可平（編），**地方政府創新與善治：案例研究**（北京：社會科學文獻出版社，2003年），頁221-262。

鄒讜，「略論中國政治中的宗派主義」，收錄於甘陽（編），**中國革命再闡釋**（香港：牛津大學出版社，2002年），頁235-252。

趙建民，**當代中共政治分析**（台北：五南出版社，1997年）。

趙紫陽，「沿著有中國特色的社會主義道路前進」（1987年10月25日），中共中央文獻研究室編，**十三大以來重要文獻選編（上）**（北京：人民出版社，1991年），頁4-61。

鄧小平，「中國本世紀的目標是實現小康」（1979年12月6日），**鄧小平文選（第二卷）**北

京：人民出版社，2002年），頁237-238。

鄧小平，「黨和國家領導制度的改革」（1980年8月18日），中共中央文獻編輯委員會（編），鄧小平文選（二）（北京：人民出版社，2002年），頁320-343。

鄧小平，「改革的步子要加快」（1987年6月12日），中共中央文獻編輯委員會（編），鄧小平文選（三）（北京：人民出版社，2002年），頁236-243。

鄧小平，「壓倒一切的是穩定」（1989年2月26日），鄧小平文選（第三卷）（北京：人民出版社，2002年），頁284-285。

鄧小平，「在武昌、深圳、珠海、上海等地的談話要點」（1992年1月18日-2月21日），中共中央文獻編輯委員會（編），鄧小平文選（第三卷）（北京：人民出版社，2002年），頁370-383。

歐陽直公，「蜀警錄」，收錄於陳力（編），中國野史集粹（成都：巴蜀書社，2000年），頁62-63。

叢進，曲折發展的歲月（鄭州：河南人民出版社，1996）。

謝寶富，萬人評議：中國地方黨政機關績效評價新方式初探（北京：北京大學出版社，2008年）。

賴海榕，中國農村政治體制改革——鄉鎮半競爭選舉研究（北京：中央編譯出版社，2009年）。

年鑒

中央社會治安綜合治理委員會辦公室（編），中國社會治安綜合治理年鑒（1991-1992）（北京：法律出版社，1996年）。

四川統計局，四川統計年鑒1999（北京：中國統計出版社，1999年）。

江蘇省統計局，江蘇統計年鑒1996（北京：中國統計出版社，1996年）。

江蘇省統計局，江蘇統計年鑒1997（北京：中國統計出版社，1997年）。

江蘇省統計局，江蘇統計年鑒1998（北京：中國統計出版社，1998年）。

江蘇省統計局，江蘇統計年鑒1999（北京：中國統計出版社，1999年）。

江蘇省統計局，江蘇統計年鑒2000（北京：中國統計出版社，2000年）。

江蘇省統計局，江蘇統計年鑒2001（北京：中國統計出版社，2001年）。

江蘇省統計局，江蘇統計年鑒2002（北京：中國統計出版社，2002年）。

江蘇省統計局，江蘇統計年鑒2003（北京：中國統計出版社，2003年）。

江蘇省統計局，江蘇統計年鑒2004（北京：中國統計出版社，2004年）。

國家統計局，中國統計年鑒1999（北京：中國統計出版，1999年）。

國家統計局，中國統計年鑒2000（北京：中國統計出版，2000年）。

國家統計局，中國統計年鑒2001（北京：中國統計出版，2001年）。

國家統計局，中國統計年鑒2002（北京：中國統計出版，2002年）。

國家統計局，中國統計年鑒2003（北京：中國統計出版，2003年）。

國家統計局，中國統計年鑒2004（北京：中國統計出版，2004年）。

國家統計局，中國統計年鑒2005（北京：中國統計出版，2005年）。

國家統計局，**中國統計年鑒2006**（北京：中國統計出版，2006年）。

國家統計局，**中國統計年鑒2007**（北京：中國統計出版，2007年）。

國家統計局，**中國統計年鑒2008**（北京：中國統計出版，2008年）。

深圳市統計局，**深圳統計年鑒2008**（北京：中國統計出版社，2008年）。

廣東省統計局，**廣東統計年鑒1996**（北京：中國統計出版社，1996年）。

廣東省統計局，**廣東統計年鑒1997**（北京：中國統計出版社，1997年）。

廣東省統計局，**廣東統計年鑒1998**（北京：中國統計出版社，1998年）。

廣東省統計局，**廣東統計年鑒1999**（北京：中國統計出版社，1999年）。

廣東省統計局，**廣東統計年鑒2000**（北京：中國統計出版社，2000年）。

廣東省統計局，**廣東統計年鑒2001**（北京：中國統計出版社，2001年）。

廣東省統計局，**廣東統計年鑒2002**（北京：中國統計出版社，2002年）。

廣東省統計局，**廣東統計年鑒2003**（北京：中國統計出版社，2003年）。

廣東省統計局，**廣東統計年鑒2004**（北京：中國統計出版社，2004年）。

期刊

「四川省委書記周永康稱要用好十種人，不用十種人」，**黨政幹部文摘**，第2期（2001年2月），頁30。

「『前衛書記』李仲彬」，**黨的建設**，第9期（2004年9月），頁42-43。

「深圳政治改革推動三分制」，**亞洲週刊**，第23卷第33期（2009年8月23日），頁34。

「醞釀『大部制』」，**中國改革**，第1期（2008年1月），頁30。

丁望，「增強接班熱身運動政治新星崛起」，**投資中國**，第88期（2001年6月1日），頁47-55。

于津濤，「一個『出格』書記的政治改革」，**黨的建設**，第10期（2005年10月），頁42-43。

中共廣漢市委黨史研究室，「改革先驅向陽鎮展新貌」，**四川黨史**，第6期（1999年11月），頁28-30。

毛壽龍，「沭陽奇跡能夠持續多久？」，**中國社會導刊**，第4期（2004年2月），頁1。

尹建權，「黨員先進性教育重在實效──專訪省委書記、省人大主任張學忠」，**世紀橋**，第4期（2005年），頁23-24。

尹鴻偉，「張錦明：基層政改探路人」，**南風窗**，第24期（2007年12月），頁21。

王怡，「鄉鎮的自治和限政：四川省步雲鄉長直選之後」，**當代中國研究**，總第83期（2003年第4期），頁40-58。

王紅茹（等），「『省管縣』改革：有望全面積極推進」，**中國經濟周刊**，第22期（2007年），頁16-21。

日曰銘，「步雲直選：一次有意義的民主嘗試」，**中國改革**，第1期（2002年1月），頁29-30。

田紀雲，「經濟改革是怎樣搞起來的──為紀念改革開放三十周年而作」，**炎黃春秋**，第1期（2008年），頁5-11。

白益華，「改革選舉制度擴大農村基層民主──兼評深圳市龍崗區大鵬鎮鎮長選舉制度改革

經驗」，**馬克思主義與現實**，第3期（2000年6月），頁23-26。

朱紅軍，「女書記的艱難政改試驗」，**鄉鎮論壇**，第9期（2007年），頁6-8。

江迅，「十七大博弈內情政治改革三大懸念」，**亞洲週刊**，第21卷43期（2007年11月4日），頁26。

吳玉山，「現代化理論 vs. 政權穩定論：中國大陸民主發展的前景」，**政治科學論叢**，第9期，1998年6月，頁 443-463。

吳理財，「羅田政改：從黨內民主啟動的憲政改革」，**決策**，第10期（2005年10月），頁40-41。

周文冰，「再探宿遷改革與仇和現象」，**時代潮**，第22期（2005年），頁10-12。

康曉光，「未來3-5年中國大陸政治穩定性分析」，**戰略與管理**，第3期（2002年3月），頁1-15。

唐建光，「四川步雲直選鄉長連任」，**中國改革（農村版）**，第3期（2002年9月），頁6-9。

唐建光，「直選黨代表」，**新聞週刊**，第3期（2003年1月），頁18-22。

徐浩程，「『蜀官』是怎麼煉成的」，**決策**，Z1期（2008年2月），頁15-18。

徐浩程，「魏宏：我們需要嘗試的東西太多」，**決策**，第Z1期（2008年2月），頁19-21。

徐斯儉，「中共十六大與政治改革」，**中國大陸研究**，第46卷第4期（2003年7/8月），頁25-54。

陳華昇，「廣東『反地方主義』與派系衝突之分析（1949-1975年）」，**中國大陸研究**，第51卷第3期（2008年9月），頁1-36。

盛華仁，「依法做好縣鄉兩級人大換屆選舉工作」，**求是**，第16期（2006年），頁37-42。

張執中，「後極權威權政體的政治改革路徑：以中共『黨內民主』為例」，**社會科學論叢**，第2卷第2期（2008年10月），頁63-111。

張勁松，「步雲選舉：社會主義國家人民地位高」，**中國改革**，第1期（2002年1月），頁24-26。

張學忠，「共產黨員必須牢固樹立的正確世界觀、人生觀、價值觀」，**高等教育研究**，第19卷第2期（2003年6月），頁1-7。

張維為，「反思西方民主」，**黨建**，第4期（2008年4月），頁59-60.

傅小隨，「『行政三權協調』與深圳的行政體制創新」，**特區理論與實踐**，第2期（2003年3月），頁36-41。

黃天柱，「行政民主：浙江的實踐與啟示」，**中共浙江省委黨校學報**，第2期（2008年4月），頁98-104。

黃衛平、張定淮，「基層民主政治發展與執政黨的地位──深圳大鵬鎮選舉制度改革的啟示」，**特區理論與實踐**，第2期（2002年2月），頁42-45。

寇健文、鄭兆祐，「黨報版面語言和中共高層互動：以『人民日報』、『解放軍報』為例」，**政治學報**，第42期（2006年12月），頁37-78。

寇健文，「胡錦濤時代團系幹部的崛起：派系考量 vs. 幹部輸送的組織任務」，**遠景基金會季刊**，第8卷第4期（2007年10月），頁49-95。

楊開煌，「中共『十六大』之接班與人事安排－內在邏輯之探討」，**遠景基金會季刊**，第3卷

第3期（2002年7月），頁103-135。

楊敏，「蜀地出『官』」，決策，Z1期（2008年2月），頁12-14。

楊敏，「四川的人與浙江的事」，決策，Z1期（2008年2月），頁27-29。

滇人，「爭民主的女人」，南風窗，第2期（2008年1月），頁37-39。

鄒樹彬、黃衛平、劉建光，「深圳市大鵬鎮與四川省步雲鄉兩次鄉長選舉改革命運之比較」，當代中國研究，總第80期（2003年第1期），頁108-118。

賴海榕，「競爭性選舉在四川省鄉鎮一級的發展」，戰略與管理，第2期（2003年4月），頁57-70。

蔡文軒，「『雅安模式』的發展與侷限：『制度張力』的解釋」，遠景基金會季刊，第9卷第1期（2008年1月），頁75-118。

蕭功秦，「『黨內民主論』的出現及其前景評估」，當代中國研究，總77期（2002年第2期），頁120-127。

關山，「以世界眼光看政治文明──袁庚訪談錄」，南方窗，第2期（2003年1月），頁120-15

網路資料

「中共政治菁英資料庫」，政治大學中國大陸研究中心，<http://ics.nccu.edu.tw/chinaleaders/index.htm>。

「于幼軍簡歷」（2009年9月11日搜尋），人民網，<http://news.xinhuanet.com/ziliao/2006-01/16/content_4055843.htm>。

「深圳市長許宗衡被雙規，昔日政壇『低調黑馬』」，（2009年6月8日），人民網，<http://leaders.people.com.cn/GB/9431826.html>。

「宿遷超常規發展已獲肯定，政策能否延續引人關注」，人民網，2006年1月26日，<http://politics.people.com.cn/BIG5/8198/4064033.html>。

「十七大特邀代表中包括江澤民李鵬朱鎔基等老同志」（2007年10月14日），中國新聞網，<http://www.cns.hk:89/gn/news/2007/10-14/1048474.shtml>。

「新一屆中央領導機構產生紀實」（2007年10月24日），中國新聞網，<http://www.chinareviewnews.com/doc/1004/7/6/8/100476818_2.html?coluid=45&kindid=0&docid=100476818&mdate=1024140021>。

「全國人大代表許宗衡：深圳早就嘗試大部制改革」（2008年03月10日），中國新聞網，<http://www.chinanews.com.cn/gn/news/2008/03-10/1186945.shtml>。

「實現跨越式發展，四川最缺的是什麼」（2008年4月7日），四川新聞網，<http://china.newssc.org/system/2008/04/07/010770617.shtml>。

「充分發揚民主，嚴格依法辦事，確保鄉級人大換屆選舉順利完成──四川省鄉級人大換屆選舉工作綜述」，民主法制建設，總162期（2002年8月），<http://www.mzfzjs.net/disppage.php?time=1248835711&id=764>。

「中國智囊秘密會議『走光』」（2006年04月9日），多維網，<http://blog.dwnews.com/?p=9416>。

「中共中央關於構建社會主義和諧社會若干重大問題的決定」（2006年10月18日），新華

網，<http://news.xinhuanet.com/politics/2006-10/18/content_5218639.htm>。

「公推直選」（2009年4月28日），新華網，<http://big5.xinhuanet.com/gate/big5/ news. xinhuanet.com/ politics/2009-04/28/content_11271088.htm>。

「公推公選『出爐』的台前幕後」（2008年12月23日），新華網，<http://news.xinhuanet.com/ politics/2008-12/23/content_10548452.htm>。

「中國省部級幹部密集調整 年輕化知識化特點突出」（2007年10月23日），新華網，<http:// big5.xinhuanet.com/gate/big5/news.xinhuanet.com/politics/2007-10/23/content_6928019. htm>。

「黨的新一屆中央領導機構是怎樣產生的」（2007年11月21日），新華網，<http://news. xinhuanet.com/banyt/2007-11/21/content_7120521.htm>。

「胡錦濤總書記在宿遷考察」（2004年5月20日），網上宿遷，<http://www.suqian.gov.cn/gov/ xwfl/tpxw/1424165100.htm>。

「銅陵17年三掀『頭腦風暴』」（2009年9月7日搜尋），銅陵市人民政府台灣事務辦公室，<http://www.huaxia.com/tltb/tldt/2008/06/1012693.html>。

英文部分

專書

Alcocer V. Jorge, "Revent Electoral Reforms in Mexico: Prospects for a Real Multiparty Democracy," in Riordan Roett ed., *The Challenge of Institutional Reform in Mexico* (Boulder: Rienner Publishers, 1995), pp. 57-75.

Baum, Richard and Alexel Shevahenko, "The 'State of the State'," in Merle Goldman and Roderick MacFarquhar eds., *The Paradox of China's Post-Mao Reforms* (Cambridge, Mass.: Harvard University Press, 1999), pp. 333-360.

Becker, Gary S., *The Economic Approach to Human Behavior* (Chicago: University of Chicago Press, 1976).

Bennett, Andrew, "Case Study Methods: Design, Use, and Comparative Advantages," in Detlef F. Sprinz and Yael Wolinsky-Nahmias eds., *Models, Numbers, and Cases: Methods for Studying International Relations* (Ann Arbor, Mich.: University of Michigan Press, 2004), pp. 19-55.

Berg-Schlosser, Dirk and Gisele De Meur, "Comparative Research Design: Case and Variable Selection," in Benoit Rihoux and Charles C. Ragin eds., *Configurational Comparative Methods* (Thousand Oaks: Sage, 2009), pp. 19-32.

Black, Cyril E., *The Dynamics of Modernization: A Study in Comparative History* (New York: Harper & Row, 1966).

Bo, Zhiyue, *Chinese Provincial Leaders: Economic Performance and Political Mobility Since 1949* (Armonk, N.Y.: M.E. Sharpe, 2002).

Brady, Henry E., "Causation and Explanation in Social Science," in Janet M. Box-Steffensmeier, Henry E. Brady and David Collier eds., *The Oxford Handbook of Political Methodology* (New

York: Oxford University Press, 2008), pp. 199-270.

Bramall, Chris, *In Praise of Maoist Economic Planning: Living Standards and Economic Development in Sichuan since 1931* (New York : Oxford University Press, 1993).

Caramani, Daniele, *Introduction to the Comparative Method with Boolean Algebra* (Los Angeles, Calif.: SAGE, 2009).

Chen, Weixing and Guoli Liu, "Building A New Political Order in China: Interpreting the New Directions in Chinese Politics," in Weixing Chen and Yang Zhong eds., *Leadership in a Changing China* (New York: Palgrave Macmillan, 2005), pp. 57-79.

Collier, David, Henry E. Brady, and Jason Seawright, "Sources of Leverage in Causal Inference: Toward an Alternative View of Methodology," in Henry E. Brady and David Collier eds., *Rethinking Social Inquiry: Diverse Tools, Shared Standards* (Lanham, Md.: Rowman & Littlefield, 2004), pp. 229-266.

Dahl, Robert A., *Democracy and its Critics* (New Haven: Yale University Press, 1989).

Diamond, Larry, *The Spirit of Democracy: the Struggle to Build Free Societies throughout the World* (New York: Times Books/Henry Holt and Company, 2008).

Dickson, Bruce J., *Democratization in China and Taiwan: The Adaptability of Leninist Parties* (New York: Oxford University Press, 1997).

Dickson, Bruce, *Red Capitalists in China: The Party, Private Entrepreneurs, and Prospects for Political Change* (New York : Cambridge University Press, 2003).

Dickson, Bruce, *Wealth into Power: the Communist Party's Embrace of China's Private Sector* (New York: Cambridge University Press, 2008).

Eckstein, Harry, "Case Study and Theory in Political Science," in Roger Gomm et al eds., *Case Study Method* (London: Sage, 2000), pp. 119-164.

Edin, Maria, "Local State Structure and Developmental Incentives in China," in Richard Boyd and Tak-Wing Ngo eds., *Asian States: Beyond the Developmental Perspective* (London; New York: RoutledgeCurzon, 2005), pp. 110-124.

Etzioni-Halevy, Eva, *Bureaucracy and Democracy: a Political Dilemma* (London: Routledge & K. Paul, 1983).

Fesler, James W. and Donald K. Kettl, *The Political of the Administrative Process* (Chatham, N.J. : Chatham House, 1991).

Frederickson, H. George., *New Public Administration* (University, Ala.: University of Alabama Press, 1980).

Frolic, B. Michael, "State-Led Civil Society," in Timothy Brook and B. Michael Frolic eds., *Civil Society in China* (Armonk, N.Y. : M.E. Sharpe, 1997), pp. 46-67.

Georg, Sorensen, *Democracy and Democratization: Processes and Prospects in a Changing World* (Boulder: Westview Press, 1998).

George, Alexander L., "Case Studies and Theory Development: The Method of Structure, Focused Comparison," in Paul Gordon Lauren ed., *Diplomacy: New Approach in History, Theory, and*

Policy (New York: Free Press, 1979), pp. 43-68.

George, Alexander L. and Andrew Bennett, *Case Studies and Theory Development in the Social Science* (Cambridge, Mass.: MIT Press, 2004).

Gerring, John, *Case Study Research: Principles and Practices* (New York: Cambridge University Press, 2007).

Gerring, John, *Social Science Methodology: A Criterial Framework* (New York: Cambridge University Press, 2001).

Gerschenkron, Alexander, *Economic Backwardness in Historical Perspective: A Book of Essays* (Cambridge: Belknap Press of Harvard University Press, 1962).

Gilley, Bruce, *China's Democratic Future: How It Will Happen and Where It will Lead* (New York: Columbia University Press, 2004).

Goertz, Gary, *Social Science Concepts: A User's Guide* (Princeton, N.J.: Princeton University Press, 2006).

Goertz, Gary and Jack S. Levy, "Causal Explanation, Necessary Conditions, and Case Studies" in Gary Goertz and Jack S. Levy eds., *Explaining War and Peace: Case Studies and Necessary Condition Counterfactuals* (London; New York: Routledge, 2007), pp. 9-45.

Goodnow, Frank J., *Politics and Administration: A study in Government* (New Brunswick, N.J.: Transaction Publishers, 2003).

Hall, David L. and Roger T. Ames, *The Democracy of the Dead: Dewey, Confucius, and the Hope for Democracy in China* (Chicago: Open Court, 1999).

He, Baogang, *The Democratization of China* (New York: Routledge, 1996).

He, Baogang, "Participatory and Deliberative Instituutions in China," in Ethan J. Leib and Baogang He eds., *The Search for Deliberative Democracy in China* (New York: Palgrave Macmillan, 2006), pp. 175-196.

He, Baogan, "Intra-party Democracy: A Revisionist Perspective from Below," in Kjeld Erik Brodsgaard and Yongnian Zheng eds., *The Chinese Communist Party in Reform* (London; New York: Routledge, 2006), pp. 192-209.

He, Baogang, *Rural Democracy in China: The Role of Village Elections* (New York, N.Y. : Palgrave Macmillan, 2007).

Heater, Derek, *What is Citizenship* (Cambridge: Polity Press, 1999).

Hirschman, Albert O., *Exit, Voice, and Loyalty: Responses to Decline in Firms, Organizations, and States* (Cambridge, Mass.: Harvard University Press, 1970).

Hu, Shaohua, *Explaining Chinese Democratization* (Westport, Conn.: Praeger, 2000).

Hu, Shaohua, "Confucianism and Western Democracy," in Suisheng Zhao ed., *China and Democracy: The Prospect for a Democratic China* (New York: Routledge, 2000), pp. 55-72.

Huang, Jing, *Factionalism in Chinese Communist Politics* (Cambridge: Cambridge University Press, 2000).

Huang, Yasheng, *Capitalism with Chinese Characteristics: Entrepreneurship and the State*

(Cambridge: Cambridge University Press, 2008).

Huntington, Samuel P., *Political Order in Changing Societies* (New Haven: Yale University Press, 1969).

Huntington, Samuel P., *The Third Wave: Democratization in the Late Twentieth Century* (Norman: University of Oklahoma Press, 1991).

King, Gary, Robert O. Keohane and Sidney Verba, *Designing Social Inquiry: Scientific Inference in Qualitative Research* (Princeton: Princeton University Press, 1994).

Knight, Frank H., *Risk, Uncertainty and Profit* (New York: Harper and Row, 1971).

Kornai, Janos, *The Socialist System: The Political Economy of Communism* (Princeton University Press, 1992).

Leonard, Mark, *What does China Think?* (New York: Public Affairs, 2008).

Lum, Thomas, *Problems of Democratization in China* (New York: Garland Publishing, 2000).

Mahoney, James, "The Elaboration Model and Necessary Causes," in Gary Goertz and Jack S. Levy eds., *Explaining War and Peace: Case Studies and Necessary Condition Counterfactuals* (London; New York: Routledge), pp. 281-306.

Malloy, James M., "The Politics of Transition in Latin America," in James M. Malloy and Mitchell A. Seligson eds., *Authoritarians and Democrats: Regime Transition in Latin America* (Pittsburgh: University of Pittsburgh Press, 1987), pp. 235-258.

Moore, Barrington, *Social Origins of Dictatorship and Democracy: Lord and Peasant in the Making of the Modern World* (Boston : Beacon Press, 1993).

Nathan, J. Andrew J., *Chinese Democracy* (New York: Distributed by Random House, 1985).

Nichols, Elizabeth, "Skocpol on Revolution: Comparative Analysis vs. Historical Conjuncture," in Richard F. Tomasson ed., *Comparative Social Research: An Annual Publication*, vol. 9 (1986), pp. 163-186.

Nordlinger, Eric A., *On the Autonomy of the Democratic State* (Cambridge: Harvard University Press, 1981).

North, Douglass C., *Institutions, Institutional Change, and Economic Performance* (Cambridge: Cambridge University Press, 1991).

O'Brien, Kevin J. and Lianjiang Li, "Accommodating 'Democracy' in a One-Party State: Introducing Village Elections in China," in Larry Diamond and Ramon H. Myers eds., *Elections and Democracy in Greater China* (Oxford: Oxford University Press, 2001), pp. 101-125.

O'Donnell, Guillermo A., *Modernization and Bureaucratic-Authoritarianism: Studies in South American politics* (Berkeley: University of California, 1973).

Ogden, Suzanne, *Inklings of Democracy in China* (Cambridge, Harvard University Asia Center: Distributed by Harvard University Press, 2002).

Oi, Jean C, *Rural China Takes Off: Institutional Foundations of Economic Reform* (Berkeley, Calif. : University of California Press, 1999).

Peerenboom, Randall, *China Modernizes: Threat to the West or Model for the Rest?* (Oxford: Oxford

University Press, 2007).

Pei, Minxin, *China's Trapped Transition: the Limits of Developmental Autocracy* (Cambridge, Mass.: Harvard University Press, 2006).

Peters, B. Guy, *Institutional Theory in Political Science: The' New Institutionalism'* (London; New York: Pinter, 1999).

Przeworski, Adam and Henry Tenue, *The Logic of Comparative Social Inquiry* (New York: Wiley & Sons, 1970).

Przeworski, Adam, *Democracy and the Market: Political and Economic in Eastern Europe and Latin America* (New York: Cambridge University Press, 1991).

Pye, Lucian W., *Aspects of Political Development* (Boston: Little, Brown, 1966).

Pye, Lucian W., *The Dynamics of Chinese Politics* (Cambridge, Mass.: Oelgeschlager, Gunn & Hain, 1981).

Ragin, Charles C., *The Comparative Method: Moving Beyond Qualitative and Quantitative Strategies* (Berkeley: University of California Press, 1987).

Ragin, Charles C., "Turning the Tables: How Case-Oriented Research Challenges Variable-Oriented Research," in Henry E. Brady and David Collier eds., *Rethinking Social Inquiry: Diverse Tools, Shared Standards* (Lanham, Md. : Rowman & Littlefield, 2004), pp. 123-138.

Remo, Joshua C., *The Beijing Consensus* (London: Foreign Policy Centre, 2004).

Saward, Michael, *Democracy* (Malden, Mass.: Distributed in the USA by Blackwell Publishing Inc., 2003).

Schunpeter, Joseph A., *Capitalism, Socialism and Democracy* (London: Allen & Unwin, 1976).

Scott, W. Richard, *Institutions and Organizations* (Thousand Oaks, Calif.: Sage Publications, 2001).

Shambaugh, David L., *China's Communist Party: Atrophy & Adaptation* (Berkeley, Calif.: University of California Press, 2008).

Shapiro, Ian, and Casiano Hacker-Cordón, "Outer Edges and Inner Edges," in Ian Shapiro and Casiano Hacker-Cordón eds., *Democracy Edges* (New York: Cambridge University Press, 1999), pp. 1-15.

Shin, Chih-yu, *Collective Democracy: Political and Legal Reform in China* (Hong Kong: Chinese University Press, 1999).

Shue, Vivienne, *The Reach of the State: Sketches of the Chinese Body Politic* (Stanford, Calif.: Stanford University Press, 1988).

Skocpol, Theda, *States and Social Revolution: A Comparative Analysis of France, Russia, and China* (Cambridge; New York : Cambridge University Press, 1979).

Tan, Qingshan, *Village Elections in China: Democratizing the Countryside* (Lewiston: Edwin Mellen Press, 2006).

Teiwes, Frederick C., *Provincial Party Personnel in Mainland China, 1956-1966* (New York: Columbia University, 1967).

Teiwes, Frederick C., *Leadership, Legitimacy, and Conflict in China* (Armonk: M.E. Sharpe, 1984).

Tsai, Kellee S., *Capitalism without Democracy: The Private Sector in Contemporary China* (Ithaca, N.Y.: Cornell University Press, 2007).

Vogel, Ezra F., *One Step Ahead in China: Guangdong under Reform* (Cambridge, Mass.: Harvard University Press, 1989).

Wang, Yanlai, *China's Economic Development and Democratization* (Aldershot: Ashgate, 2003).

Whiting, Susan H., *Power and Wealth in Rural China: the Political Economy of Institutional Change* (New York: Cambridge University Press, 2001).

Whiting, Susan, "The Cadre Evaluation System at the Grass Roots: The Paradox of Party Rule," in Barry Naughton and Dali L. Yang eds., *Holding China Together: Diversity and National Integration in the Post-Deng Era* (New York: Cambridge University Press, 2004), pp. 101-119.

Wickham-Crowley, Timothy P., *Guerrillas and Revolution in Latin America: A Comparative Study of Insurgents and Regimes since 1956* (Princeton, N.J.: Princeton University Press, 1992).

Wu, Eugene, "Contemporary China Studies: The Question of Sources," in Roderick MachFarquhar ed., *The Secret Speeches of Chairman Mao-From the Hundred Flowers to the Great Leap Forward* (Cambridge and London: Harvard University Press, 1989), pp. 59-73.

Xia, Ming, *The Dual Developmental State: Development Strategy and Institutional Arrangements for China's China* (Aldershot; Brookfield: Ashgate, 2000).

Yang, Dali L., *Calamity and Reform in China: State, Rural Society and Institutional Change Since the Great Leap Famine* (Stanford, Calif.: Stanford University Press, 1996).

Yang, Dali L., "Rationalizing the Chinese State: The Political Economy of Government Reform," in Chien-min Chao and Bruce J. Diskson eds., *Remaking the Chinese State: Strategies, Society and Security* (New York: Routledge, 2001), pp. 19-45.

Yang, Dali L., *Remaking the Chinese Leviathan: Market Transition and the Politics of Governance in China* (Stanford, Calif.: Stanford University Press, 2004).

Yin, Robert K., *Case Study Research: Design and Method* (Newbury Park, Calif.: Sage, 1989).

Zang, Xiaowei, *Elite dualism and leadership selection in China* (New York: RoutledgeCurzon, 2004).

Zheng, Yongnian, "The 16th National Congress of the Chinese Comminist Party: Institutionalization of Succession Politics," in Weixing Chen and Yang Zhong eds., *Leadership in a Changing China* (New York: Palgrave Macmillan, 2005), pp. 15-36.

Zheng, Yongnian, *De Facto Federalism in China: Reform and Dynamics of Central-Local Relations* (Hackensack, N.J.: World Scientific, 2007).

期刊

Baum, Richard D., "Red and Expert: The Politico-Ideological Foundations of China's Great Leap Forward," *Asian Survey*, vol.4, no.9 (September 1964), pp. 1048–1057

Burns, John P., "Strengthening Central CCP Control of Leadership Selection: The 1990 Nomenklatura," *The China Quarterly*, no. 138 (June 1994), pp. 458-491.

Chien, Shiun-Shen, "Local Responses to Globalization in China: A Territorial Restructuring Process

Perspective," *Pacific Economic Review*, vol. 13, no. 3 (October 2008), pp. 492-517.

Chow, King W., "The Management of Cadre Resources in Mainland China: The Problems of Job Evaluation and Position Classification, 1949-1987," *Issues & Studies*, vol. 24, no. 8 (August 1988), pp. 18-28.

Chow, King W., "Equity and Cadre Job Performance: Causation and Implications," *Issues & Studies*, vol. 23, no. 9 (September 1987), pp. 58-71.

Collier, David and James Mahoney, "Insights and Pitfalls: Selection Bias in Qualitative Research," *World Politics*, vol. 49, no. 1 (October 1996), pp. 56-91.

Collier, David and Steven Levitsky, "Democracy with Adjectives Conceptual Innovation in Comparative Research," *World Politics*, vol. 49, no. 3 (April 1997), pp. 430-451.

Dittmer, Lowell, "Bases of Power in Chinese Politics: A Theory and Analysis of the Fall of the 'Gang of Four,'" *World Politics*, vol. 31, no. 1 (October 1978), pp. 26-60.

Dittmer, Lowell, "Chinese Informal Politics," *The China Journal*, no. 34 (July 1995), pp. 1-34.

Dittmer, Lowell, and Yu-Shan Wu, "The Modernization of Factionalism in Chinese Politics," *World Politics*, vol. 47, no. 4 (July 1995), pp. 483-492.

Dittmer, Lowell, "Approaches to the Study of Chinese Politics," *Issues & Studies*, vol. 32, no. 9 (September 1996), pp. 1-18.

Dong, Lisheng, Tom Christensen and Martin Painter, "A Case Study of China's Administrative Reform: The Importation of the Super-Department," *The American Review of Public Administration*, vol. 40, no. 2 (March 2010), pp. 170-188.

Downs, George W., "The Rational Deterrence Debate," *World Politics*, vol. 41, no. 2 (January 1989), pp. 225-237.

Edin, Maria, "State Capacity and Local Agent Control in China: CCP Cadre Management from a Township Perspective," *The China Quarterly*, no. 173 (2003), pp. 35-52.

Fearon, James D., "Counterfactuals and Hypothesis Testing in Political Science,"*World Politics*, vol. 43, no. 2 (January 1991), pp. 169-195.

Gallagher, Mary E., "'Reform and Openness' Why China's Economic Reforms Have Delayed Democracy," *World Politics*, no. 54 (April 2002), pp. 338-372.

Gerring, John, "Causation: A Unified Framework for the Social Science," *Journal of Theoretical Politics*, vol. 17, no. 2 (April 2005), pp. 163-198.

Goldthorpe, John H., "Current Issues in Comparative Macrosociology: A Debate on Methodological Issues, " *Comparative Social Research*, vol. 16 (1997), pp. 1-26.

Griffin, Larry J., "Narrative, Event-Structure Analysis, and Causal Interpretation in Historical Sociology," *American Journal of Sociology*, vol. 98, no. 5 (March 1993), pp. 1094-1133.

Griffin, Larry and Charles C. Ragin, "Some Observations on Formal Methods of Qualitative Analysis," *Sociological Methods & Research*, vol. 23, no. 1 (August 1994), pp. 4-21.

Heise, David R., "Modeling Event Structures," *Journal of Mathematical Sociology*, 1989, vol. 14, no. 2-3, pp. 139-169.

Huang, Yasheng, "Information, Bureaucracy, and Economic Reforms in China and the Soviet Union," *World Politics*, vol. 47, no. 1 (October 1994), pp. 102-134.

Huang, Yasheng, "Central-Local Relations in China during the Reform Era: the Economic and Institutional Dimensions," *World Development*, vol. 24, no 4 (April 1996), pp. 655-672.

Kahneman, Daniel and Amos Tversky, "Prospect Theory: An Analysis of Decision Under Risk," *Econometrica*, vol. 47, no. 2 (March 1979), pp. 263-291.

Lebow, Richard N., "What's so Different About a Counterfactual?" *World Politics*, 52 (July 2000), pp. 550-585.

Levine, Daniel H., "Paradigm Lost: Dependence to Democracy," *World Politics*, vol. 40, no. 3 (April 1988), pp. 377-394.

Levitsky, Steven and Lucan A. Way, "Elections without Democracy: The Rise of Competitive Authoritarianism," *Journal of Democracy*, vol. 13, no. 2 (April 2002), pp. 51-65.

Levy, Jack S., "Prospect Theory, Rational Choice, and International Relations," *International Studies Quarterly,* vol. 41, no. 1 (March 1997), pp. 87-112.

Li, Lianjiang, "The Politics of Introducing Direct Township Elections in China," *The China Quarterly*, no. 171 (September 2002), pp. 704-723.

Lieberson, Stanley, "More on the Uneasy Case for Using Mill-Type Methods in Small-N Comparative Studies," *Social Force*, vol. 72, no. 4 (June 1994), pp. 1225-1237.

Lijphart, Arend, "Comparative Politics and the Comparative Method," *American Political Science Review*, vol. 65, no. 3 (September 1971), pp. 682-693.

Lipset, Seymour M., "Some Social Requisites of Democracy: Economic Development and Political Legitimacy," *The American Political Science Review*, vol. 53, no. 1 (March 1959), pp. 69-105.

Lustick, Ian S., "History, Historiography, and Political Science: Multiple Historical Records and the Problem of Selection Bias," *American Political Science Review*, vol. 90, no. 3 (September 1996), pp. 605-618.

MacFarquhar, Roderick, "Communist China's Intra-Party Dispute," *Pacific Affairs*, vol.31, no.4 (1958), pp. 323-35

Mahoney, James, "Path Dependence in Historical Sociology," *Theory and Society*, vol. 29, no. 4 (August 2000), pp. 507-548.

Mahoney, James, "Comparative-Historical Methodology," *Annual Review of Sociology*, vol. 30 (2004), pp. 81-101.

Mahoney, James, Erin Kimball, and Kendra L. Koivu, "The Logic of Historical Explanation in the Social Science," *Comparative Politics Studies*, vol. 42, no. 1 (January 2009), pp. 114-146.

Nathan, J. Andrew, "A Factionalism Model for CCP Politics," *The China Quarterly*, no. 53 (January March 1973), pp. 33-66.

Nathan, J. Andrew, "Authoritarian Resilience," *Journal of Democracy*, vol.14, no. 1 (January 2003), pp. 6-17.

Oi, Jean C, "The Role of the Local State in China's Transitional Economy," *The China Quarterly*, no.

144 (December 1995), pp. 1132-1149.

Pierson, Paul, "Increasing Returns, Path Dependences, and the Study of Politics," *American Political Science Review*, vol. 94, no. 2 (June 2000), pp. 251-267.

Poppel, Frans van and Lincoln H. Day, "A Test of Durkehim's Theory of Suicide: Without Committing the Ecological Fallacy," *American Sociological Review*, vol. 61, no. 3 (June 1996), pp. 500-507.

Przeworski, Adam and Fernando Limongi, "Modernization: Theories and Facts," *World Politics*, vol. 49, no. 2 (January 1997), pp. 155-183.

Rueschemeyer, Dietrich and John D. Stephens, "Comparing Historical Sequences-A Powerful Tool for Causal Analysis: A Reply to John Goldthorpe's 'Current Issues in Comparative Macrosociology,'" *Comparative Social Research*, vol. 16 (1997), pp. 55-72.

Savolainen, Jukka, "The Rationality of Drawing Big Conclusions Based on Small Samples: In Defense of Mill's Method," *Social Force*, vol. 72, no. 4 (June 1994), pp. 1217-1224.

Thelen, Kathleen, "Historical Institutionalism in Comparative Politics," *Annual Review of Political Science*, vol. 2 (June 1999), p. 364-404.

Thornton, John L. ,"Long Time Coming: The Prospects for Democracy in China," *Foreign Affairs*, vol. 87, no. 1 (January/February 2008), pp. 2-22.

Tsou, Tang, "Prolegomenon to the Study of Informal Groups in CCP Politics," *The China Quarterly*, no. 65 (January/ March 1976), pp. 98-114.

Verba, Sidney, "Some Dilemmas in Comparative Research," *World Politics*, vol. 20, no. 1 (October 1967), pp. 111-127.

Vis, Barbara and Kees van Kersbergen, "Why and How DO Political Actors Pursue Risky Reforms," *Journal of Theoretical Politics*, vol. 19, no. 2 (April 2007), pp. 153-172.

Yeo, Yukyung, "Remaking the Chinese State and the Nature of Economic Governance? The Early Appraisal of the 2008 'Super-Ministry' Reform," *Journal of Contemporary China*, vol. 18, no. 62 (November 2009), pp. 729-743

索　引

國家圖書館出版品預行編目資料

中共政治改革的邏輯：四川、廣東、江蘇的個
案比較／蔡文軒著. －－初版. －－臺北市：
五南，2011.06
　面；　公分
ISBN 978-957-11-6293-5（平裝）
1.中國大陸研究　2.政治改革　3.個案研究
574.1　　　　　　　　　　　100008544

1PZ7

中共政治改革的邏輯——
四川、廣東、江蘇的個案比較

作　　者 — 蔡文軒（366.5）

發 行 人 — 楊榮川

總 編 輯 — 龐君豪

主　　編 — 劉靜芬　林振煌

責任編輯 — 李奇蓁

封面設計 — 斐類設計工作室

出 版 者 — 五南圖書出版股份有限公司

地　　址：106台北市大安區和平東路二段339號4樓

電　　話：(02)2705-5066　　傳　　真：(02)2706-6100

網　　址：http://www.wunan.com.tw

電子郵件：wunan@wunan.com.tw

劃撥帳號：01068953

戶　　名：五南圖書出版股份有限公司

台中市駐區辦公室／台中市中區中山路6號

電　　話：(04)2223-0891　　傳　　真：(04)2223-3549

高雄市駐區辦公室／高雄市新興區中山一路290號

電　　話：(07)2358-702　　傳　　真：(07)2350-236

法律顧問　元貞聯合法律事務所　張澤平律師

出版日期　2011年6月初版一刷

定　　價　新臺幣380元